Karl Marx

Udo Kern · Doris Neuberger
(Hrsg.)

Karl Marx

Aspekte seines Wirkens

Hrsg.
Udo Kern
Universität Rostock
Rostock, Deutschland

Doris Neuberger
Universität Rostock
Rostock, Deutschland

ISBN 978-3-658-24841-3   ISBN 978-3-658-24842-0   (eBook)
https://doi.org/10.1007/978-3-658-24842-0

Die Deutsche Nationalbibliothek verzeichnet diese Publikation in der Deutschen Nationalbibliografie; detaillierte bibliografische Daten sind im Internet über http://dnb.d-nb.de abrufbar.

Springer Gabler

Springer Gabler ist ein Imprint der eingetragenen Gesellschaft Springer Fachmedien Wiesbaden GmbH und ist ein Teil von Springer Nature
Die Anschrift der Gesellschaft ist: Abraham-Lincoln-Str. 46, 65189 Wiesbaden, Germany

Inhaltsverzeichnis

Herausgeber- und Autorenverzeichnis

Über die Herausgeber

Udo Kern ist em. Professor für Systematische Theologie an der Universität Rostock. Seine Forschungsschwerpunkte sind u. a. Meister Eckhart, Martin Luther, Immanuel Kant, Ludwig Feuerbach und Karl Marx.

Doris Neuberger ist Professorin für Volkswirtschaftslehre an der Universität Rostock, Research Fellow DIW Berlin, Forschungsdirektorin iff Hamburg und Co-direktorin CERBE (Center for Relationship Banking and Economics) Rom. Ihre Forschungsschwerpunkte sind Household Finance und Verbraucherschutz, Finanzierung von KMU, Industrieökonomik der Bank, Finanzsysteme, Gesellschaftliche Rolle von Banken.

Autorenverzeichnis

Yves Bizeul Institut für Politik- und Verwaltungswissenschaften, Universität Rostock, Rostock, Deutschland

Gerald Braun Universität Rostock, Rostock, Deutschland

Heiner Hastedt Institut für Philosophie, Universität Rostock, Rostock, Deutschland

Einleitung

1

Udo Kern

Zusammenfassung

Vor 200 Jahren wurde Karl Marx in Trier geboren. Auf Anregung und unter Leitung von Professor Dr. Udo Kern befassten sich Rostocker Wissenschaftler mit dem Werk von Karl Marx. Sie liefern damit zugleich einen Beitrag zur 600-jährigen Geschichte der Universität Rostock im Jahre 2019. Die Beschäftigung mit Marx geschah aus sehr unterschiedlichen Perspektiven.

Der von vielen bewunderte junge französische Präsident Emmanuel Macron rät den Menschen, das *Kapital* von Karl Marx zu lesen, um die Welt zu verstehen. Wir schauen danach, ob Marx uns eine Hilfe für die heutige Welt ist.

Eine gute Einführung in Karl Marx bieten Neffe (2017) sowie Quante und Schweikard (2016). Wir zitieren in unserem Buch Marx und Engels in der Regel nach folgenden Ausgaben: Karl Marx/Friedrich Engels, Werke (MEW), Berlin 1956–1990; Karl Marx/Friedrich Engels, Gesamtausgabe (MEGA), hg. von der Internationalen Marx-Engels-Stiftung Amsterdam, Berlin 1992 ff. (1975–1989).

Der Theologe und Religionsphilosoph *Udo Kern* beschäftigte sich in unserer Marx'schen Überblicksvorlesung mit der Religionskritik von Karl Marx. Sein Thema lautete: „Karl Marx' Religionskritik: Religion als Seufzer der bedrängten Kreatur und Opium des Volks".

Die beiden philosophischen Wurzeln von Marx' Religionsverständnis sind Feuerbach und Hegel. Ohne diese wäre Marx' Religionsinterpretation nicht möglich gewesen. Allerdings erweitert bzw. verbiegt Marx sie. Sein Feuerbach-Verständnis ist unzureichend. Es beschränkt sich im Wesentlichen nur auf dessen *Wesen des Christentums*. Er wird weder dem Praxisverständnis Feuerbachs noch der Neuzeittheorie Hegels voll gerecht.

U. Kern (✉)
Universität Rostock, Rostock, Deutschland
E-Mail: udo.kern@uni-rostock.de

© Springer Fachmedien Wiesbaden GmbH, ein Teil von Springer Nature 2019
U. Kern und D. Neuberger (Hrsg.), *Karl Marx,*
https://doi.org/10.1007/978-3-658-24842-0_1

Marx hat einerseits kathartische Wirkung für die Interpretation von Religion, entspricht andererseits deren Kontingenzbewältigung und Protestverständnis nicht oder nicht genügend.

Der Politwissenschaftler *Yves Bizeul* fragte mit Emphase: „War Karl Marx ein politischer Denker?"

Karl Marx gehört zum festen Bestandteil der gängigen Sammelwerke zu den Klassikern des politischen Denkens. Er war ein politischer Aktivist und verfasste zahlreiche Artikel zu unterschiedlichen politischen Themen seiner Zeit sowie analytische Abhandlungen über geschichtliche politische Ereignisse wie die Pariser Kommune. In seinem gewaltigen Werk finden wir diverse Betrachtungen zur Demokratie, Republik, Religion und zu dem zu seiner Zeit tobenden Nationalismus. Im Unterschied zu Platon, Machiavelli, Hobbes, Locke oder Arendt gibt Marx keine systematische Abhandlung über die Politik, den Staat, die Revolution oder die Demokratie. Marx verstand sich nicht als naiver Utopist, sondern als „harter" Wissenschaftler. Seine letzten Schriften sind nicht der Politik, sondern der Ökonomie gewidmet. Über die Frage, ob er als Linkshegelianer ein Philosoph war, lässt sich trefflich streiten. Marx hat sich in erster Linie mit der politischen Ökonomie und mit dem, was wir heute soziologische Analysen nennen (vor allem mit der Elitentheorie), befasst. Es ist möglich, noch einen Schritt weiter zu gehen und zu behaupten, dass Marx' Hauptziel darin bestand, das Politische überflüssig zu machen. Am Ende der Geschichte wird *das Reich der Freiheit* herrschen. Die Konflikte, die die Quintessenz von Politik und die Grundlage des Politischen bilden, sollen dann endgültig verschwinden. Konflikte als emanzipatorischeres Vehikel begünstigen den Fortschritt sowie die Veränderung gesellschaftlicher Verhältnisse, aber eben nur bis zur sich anbahnenden Zeit ihrer endgültigen Überwindung. Daher kündigt Marx auch das Aussterben des Staats als Instrument der kapitalistischen Ausbeutung und als Regulierungsinstanz von Konflikten und sozialen Widersprüchen an. Da er die Menschenrechte als rein bürgerliche Rechte deutet, strebt er ihre Überwindung an. Der Mensch wird sich auch aus der Religion, die nicht nur das „Opium des Volkes" bildet, sondern auch für gewaltsame Auseinandersetzungen zwischen den Einzelnen sorgt, emanzipieren müssen.

Der Philosoph *Heiner Hastedt* untersucht die Marx'sche Philosophie. Er erkundigt sich nach deren Gehalt: „Hat nur Marx einen Bart oder auch seine Philosophie?"

Einst war Karl Marx der Philosoph, der bis Wladiwostok, Beijing und Havanna weltweit den allergrößten Einfluss hatte. Oder doch nicht? War er vielleicht nur die Galionsfigur eines Sozialismus, der zwar real existierte, aber die von Marx vorgebrachte allumfassende Kritik an der Entfremdung selbst nicht beachtete? Fast mehr noch interessiert heute besonders nach der Finanzkrise 2007/2008 zu seinem 200. Geburtstag die Frage, ob Marx uns noch oder wieder etwas zu sagen hat. Stimmen Kernaussagen seiner Kapitalismuskritik? Oder ist er bloß ein überholter Autor mit Bart aus dem 19. Jahrhundert? Seit der Publikation seiner Werke durchlebt die Philosophie von Marx Modewellen der übersteigerten Beachtung und solche der Missachtung. Heiner Hastedt versucht demgegenüber Marx als normalen Klassiker der Philosophie zu charakterisieren, der stetige Aufmerksamkeit verdient und der in manchen Punkten überzeugt und ebenso oft danebenliegt. Angestrebt wird also eine differenzierte Antwort, die Marx als

Philosophen weiter ernst nimmt und dabei sowohl mit Stärken als auch Schwächen seiner Philosophie rechnet. Marx' Praxisorientierung, seine Hochachtung der (bürgerlichen) Ökonomie und der Arbeit, sein Entfremdungs- und Ausbeutungstheorem, die Kritik des Warenfetischismus, die Mehrwert- und die Klassenkampftheorie werden kritisch erwogen.

Udo Kern thematisierte: „Karl Marx'/Friedrich Engels' Kritik am dialogischen Kommunismus Ludwig Feuerbachs".

Ludwig Feuerbachs Kommunismusbegriff entstammt definitiv dem deutschen Schneider Wilhelm Weitling, der in Deutschland, Europa und den USA wirkte. Dieser vertrat einen christlichen Kommunismus. Marx und Engels verdanken Feuerbach vieles. Sie unterscheiden sich aber wesentlich im Kommunismusverständnis. Für Feuerbach ist der Kommunismus *dialogisch* im Ich-Du-Verhältnis gemeinschaftlich und personal zu verstehen. Er realisiert sich in der *Liebe*. Feuerbach begreift den Kommunismus als eine Kehre, die Oben und Unten austauscht, als Wende in eine religiöse und theoretische Metamorphose. Kommunismus definiert sich nach Ludwig Feuerbach als die „ungeteilte Konzentration auf die wirkliche Welt", die „neues Leben" schafft.

„Karl Marx – der Prophet?" war das Thema des Rostocker Volkswirtes *Gerald Braun*. Ausgehend von der jüdisch-christlichen Herkunft Karl Marx' wird seine These von der zwangsläufigen Entwicklung der kapitalistischen Klassengesellschaft umrissen. Marx'sche Grundworte – Werttheorie, Fall der Profitrate, Kapitalkonzentration, Krise und Zusammenbruch des Kapitalismus – wurden grundlegend charakterisiert. Anschließend skizzierte G. Braun die Konturen einer klassenlosen postkapitalistischen Gesellschaft nach Marx (Beseitigung der Ausbeutung des Menschen durch den Menschen, Aufhebung der Entfremdung, allgemeine Freiheits- und Gleichheitsrechte etc.). Danach kommt es zu einer kritischen Würdigung von Wirken und Werk des Ökonomen und Propheten Karl Marx vor den Erfahrungen des beginnenden 21. Jahrhunderts.

Doris Neuberger, die Volkswirtschaftslehre in Rostock lehrt, deutet den Rückgriff auf Marx mit einer sehr aktuellen Fragestellung: „Kann Marx die Finanzkrise 2007/2008 erklären?"

Der ökonomische Mainstream steht seit Ausbruch der Finanzkrise 2007/2008 vermehrt unter Kritik, hatten doch nur wenige Fachwissenschaftler die Krise vorhergesehen. In der entstandenen Debatte über Ausrichtung und Methoden in der Volkswirtschaftslehre wird auch eine Rückbesinnung auf nationalökonomische Klassiker gefordert, die der Mainstream aus den Lehrbüchern weitgehend getilgt hat. Hätte Karl Marx eine bessere Prognose zur Finanzkrise gestellt? Seine Geld- und Kredittheorie erschließt sich insbesondere aus der Lektüre des dritten Bandes des *Kapitals*, den *Ökonomischen Manuskripten* dazu (1863–1865) und den *Londoner Heften* (1850–1853). Der vorliegende Beitrag rekonstruiert diese aus dem Blickwinkel der herrschenden Ökonomik. In Aspekten wie Wesen und Erscheinungsformen des Geldes, Endogenität und Neutralität des Geldes, Rolle von Krediten, Zinsen und Krisen zeigt sich, dass Marx insbesondere durch seine Analysen zum Kreditgeld die Finanzkrise besser erklären kann als der ökonomische Mainstream. Es handelt sich dabei um eine Krise der Überakkumulation von Geldkapital, die weder einzigartig noch auf das Versagen einzelner Marktakteure zurückzuführen ist. Solche Krisen entstehen unweigerlich aus einem fundamentalen Widerspruch des kapitalistischen Wirtschaftssystems, wonach das endogene Kreditgeld zugleich Triebfeder der Produktion, aber auch der Überproduktion und Überspekulation ist.

Gut wäre es gewesen, wenn Marx nicht nur gesagt hätte: „Proletarier aller Länder vereinigt euch!" (Marx und Engels 1847/1848, S. 493), sondern auch: *Menschen* aller Länder vereinigt euch.

Literatur

Neffe J (2017) Marx. Der Unvollendete. C. Bertelsmann, München
Marx K, Engels F (1847/1848) Manifest der Kommunistischen Partei. In: Institut für Marxismus-Leninismus beim ZK der SED (Hrsg) (1956–1990) Marx-Engels-Werke (MEW), Bd 4. Dietz, Berlin
Marx K, Engels F Werke (1956–1990) Marx-Engels-Werke (MEW), Dietz, Berlin
Marx K, Engels F (1975–1989) Gesamtausgabe (MEGA). In: Internationalen Marx-Engels-Stiftung (Hrsg) Amsterdam,Dietz, Berlin, 1992 ff.
Quante M, Schweikard DP (Hrsg) (2016) Werk: Marx Handbuch. Leben – Werk – Wirkung. J.B. Metzler, Stuttgart

Udo Kern ist em. Professor für Systematische Theologie an der Universität Rostock. Seine Forschungsschwerpunkte sind u.a. Meister Eckhart, Martin Luther, Immanuel Kant, Ludwig Feuerbach und Karl Marx.

Karl Marx' Religionskritik: Religion als Seufzer der bedrängten Kreatur und Opium des Volks

Udo Kern

Zusammenfassung

Der französische Präsident Emmanuel Macron (geb. 1977) beschäftigte sich intensiv mit Hegels Denken der Geschichte. Dieser Macron empfiehlt: „Das Kapital' von Karl Marx, um die Welt zu verstehen." (Neffe 2017, S. 393).

Eine gute Einführung in Karl Marx bieten Neffe (2017) sowie Quante und Schweikard (2016). Marx scheint bis heute Aktualität zu haben. Für bestimmte Autoren bleibt Marx mit seiner Kapitalismuskritik aktuell. Timo Daum schreibt: „Der Kapitalismus erfindet sich mal wieder neu, und er transformiert die Welt, uns Menschen, unsere Arbeit, unsere Beziehungen gleich mit. Karl Marx hat … zwar nicht den Digitalen Kapitalismus vorausgesehen, aber er hat ihn als ‚umwandlungsfähigen und beständig im Prozess der Umwandlung begriffenen Organismus', charakterisiert – und damit eindrucksvoll Recht behalten." (Daum 2018, S. 32). Dagmar Enkelmann, die Vorstandsvorsitzende der Rosa-Luxemburg-Stiftung, versteht den Marx'schen Kapitalismus als einen *Blick aufs Ganze:* „Marxens Analyse ist nicht auf einen bestimmten Zeitraum beschränkt, sie ist ein Blick aufs Ganze, in die Strukturen, in das scheinbar Verborgene des Kapitalismus." (Enkelmann 2018, S. 33).

Karl Heinrich Marx wurde am 05.05.1818 in Tier geboren und starb am 14.03.1883 in London. Marx stammt aus jüdischem Geschlecht. Seine Vorfahren waren z. T. auch Rabbiner. Gut charakterisiert ihn Michael Bakunin (1814–1876), den Marx liebte und hasste: „Marx ist seiner Herkunft nach Jude. Man kann sagen, dass er alle Vorzüge und alle Nachteile dieser begabten Rasse in sich vereint. Empfindlichkeit und nervös bis zur

U. Kern (✉)
Universität Rostock, Rostock, Deutschland
E-Mail: udo.kern@uni-rostock.de

© Springer Fachmedien Wiesbaden GmbH, ein Teil von Springer Nature 2019
U. Kern und D. Neuberger (Hrsg.), *Karl Marx,*
https://doi.org/10.1007/978-3-658-24842-0_2

Feigheit … ist er außerordentlich ehrgeizig und eitel, streitsüchtig, ungeduldsam und absolut, wie Jehova, der Herrgott seiner Vorväter, und wie dieser rachsüchtig bis zum Wahnsinn." (Bakunin 1973, S. 288).

Karl Marx war ein Sohn des Justizrates Heinrich Marx (1777–1883). Dieser unterstützte ihn großzügig vor allem während seines Studiums. Marx Mutter war Henriette geb. Presburg (1788–1863). Heinrich Marx konvertierte zum protestantischen Christentum. Karl Heinrich Marx wurde mit Geschwistern am 26.08.1824 getauft (evangelisch). 1834 wurde Karl Marx in der Jesuitenkirche in Trier konfirmiert. Karl Marx' Mutter sorgte dafür, dass ihr Sohn „Karl tiefe Kenntnis der Bibel" hatte (Neffe 2017, S. 45). „Die Vereinigung der Gläubigen mit Christo nach Johannis 15,1–14, in ihrem Grund und Wesen, in ihrer unbedingten Notwendig und Wirkung dargestellt", behandelt Marx' Abituraufsatz (10.08.1935).[1] Karl Marx lernte viel von seinem späteren Schwiegervater Ludwig von Westphalen (1770–1842). Nach etlichen Jahren der Verlobungszeit heiraten Karl Marx und Jenny von Westphalen (1814–1881)[2] am 16.06.1843 in Bad Kreuznach (Pauluskirche). Mit ihr lebte Karl Marx an vielerlei Orten – quasi als Migrant – fast[3] bis zu seinem Tod in London zusammen.

Kirchenaustritt hat Marx wohl nicht erwogen. „Nach allem, was wir wissen, ist er [Marx] nie aus der Kirche ausgetreten." (Neffe 2017, S. 108). Auch dem Atheismus steht er kritisch gegenüber. „Der *Atheismus* … hat keinen Sinn mehr, denn der Atheismus ist eine *Negation Gottes* und setzt durch diese Negation das *Dasein des Menschen;* aber der Sozialismus als Sozialismus bedarf einer solchen Vermittlung nicht mehr; er beginnt von dem *theoretisch und praktischen sinnlichen Bewusstsein* des Menschen und der Natur als des Wesens." (Marx 1844b, S. 546).

In seiner Schrift *Zur Judenfrage* stellt Marx kategorisch fest: „Das *Privilegium des Glaubens* ist ein *allgemeines Menschenrecht.*" (Marx1844a, S. 363). Hartmut Böhme meint: „Man darf wohl sagen, *dass Marx die aufgeklärt-moderne Gesellschaft als eine versteckt religiöse Gesellschaft ansieht, ja, zu einer solchen macht. Das ist das Tor, durch welches das Fetisch-Konzept Einzug in die Sozialanalyse nehmen kann.*" (Böhme 2001, S. 307).

Als prägende Religionskritiker gelten für uns deren Kritiker Ludwig Feuerbach (1804–1872), Karl Marx (1818–1883), Friedrich Nietzsche (1844–1900), Sigmund Freud (1856–1939), Richard Dawkins (geb. 1941).

---

[1]In seinem Religionsaufsatz (Abituraufsatz) schreibt Marx: „Also leiht die Vereinigung mit Christo innere Erhebung, Trost im Leiden, ruhige Zuversicht und ein Herz, das der Menschenliebe, das allem Edlen, allen Großen, nicht aus Ehrgeiz, nicht aus Ruhmsucht, sondern nur Christi wegen geöffnet ist; also leiht die Vereinigung mit Christo eine Freudigkeit, die der Epikuräer vergebens in seiner leichtfertigen Philosophie, die tiefere Denker vergebens in den verborgensten Tiefen des Wissens zu erhaschen strebt, die nur das unbefangene, kindliche, mit Christo und durch ihn mit Gott verbundene Gemüt kennt, die das Leben schöner gestaltet und erhebt (Joh. 15,1)" (Marx und Engels 1975, S. 452).

[2]Jenny Marx (geb. von Westphalen) schreibt am 10.03.1865 „in das Poesiealbum ihrer Tochter Jenny", dass ihr „Lieblingsschrifter: *Martin Luther*" ist (Neffe 2017, S. 192).

[3]Jenny Marx starb 1881 in London.

2.1   Die beiden Wurzeln der Marx'schen Religionskritik

Am Anfang seines Beitrages *Zur Kritik der Hegelschen Rechtsphilosophie. Einleitung* gibt Karl Marx ein Summarium dessen, was er wirklich zur Religion zu sagen hat (Marx 1844c, 378–391): „Das Fundament der irreligiösen Kritik ist: Der *Mensch macht Religion,* die Religion macht nicht den Menschen. Und zwar ist die Religion das Selbstbewusstsein und das Selbstgefühl des Menschen, der sich selbst entweder noch nicht erworben oder schon wieder verloren hat. Aber *der Mensch,* das ist kein abstraktes außer der Welt hockendes Wesen. Der Mensch, das ist *die Welt des Menschen,* Staat, Sozietät. Dieser Staat, diese Sozietät produzieren die Religion, ein *verkehrtes Weltbewusstsein,* weil sie eine *verkehrte Welt* sind. Die Religion ist die allgemeine Theorie dieser Welt, ihr enzyklopädisches Kompendium, ihre Logik in populärer Form, ihr spiritualistischer Point d'honneur, ihr Enthusiasmus, ihre moralische Sanktion, ihre feierliche Ergänzung, ihr allgemeiner Trost- und Rechtfertigungsgrund. Sie ist die *phantastische Verwirklichung* des menschlichen Wesens, weil das *menschliche Wesen* keine wahre Wirklichkeit besitzt. Der Kampf gegen die Religion ist also mittelbar der Kampf gegen *jene Welt,* deren geistiges *Aroma* die Religion ist." (Marx 1844c, S. 378).

Der menschliche Kopf produziert die Religion: „Wie der Mensch in der Religion vom Machtwerk seines eignen Kopfes, so wird er in der kapitalistischen Produktion vom Machtwerk seiner eignen Hand beherrscht." (Marx 1845/1846, S. 649). Andreas Vieth sagt: „die verkehrte Welt des Menschen [bürgerliche Gesellschaft] bringt die Religion [sc. bei Marx] als verkehrtes Bewusstsein hervor (I,2 170 f./I, 378)." (Vieth 2016, S. 170).

Das Marx'sche Religionsverständnis hat zwei Wurzeln: 1) Ludwig Feuerbachs (1804–1872) Religionsinterpretation in dessen *Wesen des Christentums* (1841)[4] und 2) Georg Wilhelm Friedrich Hegels (1770–1831) Theorie der Neuzeit.

Marx verdankt Feuerbach viel. *Der Mensch macht Religion.* Produzent von Religion ist der Mensch selbst. „*Die Geschichte* tut *nichts,* sie ‚besitzt keinen ungeheuren Reichtum‘, sie ‚kämpft keine *Kämpfe‘*! Es ist vielmehr *der Mensch,* der wirkliche, lebendige Mensch, der alles tut, besitzt und kämpft; es ist nicht etwa die ‚Geschichte‘, die der Mensch zum Mittel braucht, um *ihre* – als ob sie eine aparte Person wäre – Zwecke durchzuarbeiten, sondern sie ist *nichts* als die Tätigkeit des seine Zwecke verfolgenden Menschen." (Marx 1844–1846, S. 98). Marx sagt in *Zur Kritik der Hegelschen Rechtsphilosophie. Einleitung*: „Die Religion ist nur die illusorische Sonne, die sich um den Menschen bewegt, solange er sich nicht um sie selbst bewegt." (Marx 1844c, S. 379).

Zugleich übt Marx harte Kritik an Feuerbach: Dieser missverstehe das Wesen des Menschen als ein „dem einzelnen innewohnendes Abstraktum" und erkenne es nicht als das „Ensemble der gesellschaftlichen Verhältnisse". Er verharre bei dem stummen

---

[4]Engels schreibt (mit Hinweis auf Marx): „Wir waren alle momentan Feuerbachianer" (Engels 1886, S. 272).

allgemeinen Gattungswesen Mensch, fixiere sich auf das religiöse Gemüt, abstrahiere von der Geschichte und fokussiere das isolierte menschliche Individuum (Marx 1845a, S. 5–7).

Zwar betont Marx das qualitative Mehr Feuerbachs gegenüber den *reinen* Materialisten. Feuerbach begreife zu Recht den Menschen als *sinnlichen Gegenstand*. Allerdings fasse er ihn nicht als *sinnliche Tätigkeit*. Er bestimme ihn nicht als einen im jeweiligen gesellschaftlich konkreten Zusammenhang existierenden, hier *tätigen* Menschen. Über das abstrakte Wesen des Menschen komme er prinzipiell nicht hinaus, auch wenn er auf die Leiblichkeit und Empfindungen des Menschen abhebe. „Feuerbach hat allerdings den großen Vorzug vor den ‚reinen' Materialisten, dass er einsieht, wie auch der Mensch ‚sinnlicher Gegenstand' ist; aber abgesehen davon, dass er ihn nur als ‚sinnlichen Gegenstand', nicht als ‚sinnliche Tätigkeit' fasst, da er sich auch hierbei in der Theorie hält, die Menschen nicht in ihrem gegebenen gesellschaftlichen Zusammenhange, nicht unter ihren vorliegenden Lebensbedingungen, die sie zu Dem gemacht haben, was sie sind, auffasst, so kommt er nie zu den wirklich existierenden, tätigen Menschen, sondern bleibt bei dem Abstraktum ‚der Mensch' stehen und bringt nur dahin, den ‚wirklichen, individuellen, leibhaftigen Menschen' in der Empfindung anzuerkennen, d. h., er kennt keine andern ‚menschlichen Verhältnisse' ‚des Menschen zum Menschen', als Liebe und Freundschaft, und zwar idealisiert. Gibt es keine Kritik der jetzigen Lebensverhältnisse. Er kommt … nie dazu, die sinnliche Welt als die gesamte lebendige *Tätigkeit* der sie ausmachenden Individuen aufzufassen, und ist daher gezwungen, … zur ideellen ‚Ausgleichung in der Gattung' seine Zuflucht zu nehmen, also gerade in den Idealismus zurück zu fallen, wo der kommunistische Materialist die Notwendigkeit und zugleich die Bedingung einer Umgestaltung sowohl der Industrie wie der gesellschaftlichen Gliederung sieht." (Marx 1845b, S. 44).

Geschichte und Materialismus vertrügen sich bei Feuerbach nicht. „Soweit Feuerbach Materialist ist, kommt die Geschichte bei ihm nicht vor, und soweit er die Geschichte in Betracht zieht, ist er kein Materialist." (Marx 1845b, S. 45).

Feuerbach bleibe Theoretiker, es fehle die Orientierung auf die Praxis (Marx 1845a, S. 5–7). Hinsichtlich des Praxisdefizits bei Feuerbach irrt Marx. Feuerbach betont die „im höchsten Sinne praktische Tendenz" seiner *neuen Philosophie* (Feuerbach 1839–1846, Bd. 9, 340, § 66).

Die Marx'sche These, dass *die Welt des Menschen,* also Staat, Gesellschaft, die eigentliche Basis der Religion ist, fußt auf Hegels Theorie der Neuzeit. Nach Hegel hat die Neuzeit die Aufgabe, das im Christentum liegende (und in der Reformation[5] zum Durchbruch kommende) Prinzip der subjektiven Freiheit, welches auf dem „*Prinzip der absoluten* Freiheit in Gott" aufruht, „in die Welt hineinzubilden" (Hegel 1822–1831, S. 746, 881). Indem dieses in den protestantischen Ländern wahrgenommen wurde, sind hier Religion und Staat „in Eintracht", ist „die wahrhafte Versöhnung der Welt mit

---

[5]„Dies ist der wesentliche Inhalt der Reformation; der Mensch ist durch sich selbst bestimmt, frei zu sein" (Hegel 1822–1831, S. 882).

der Religion … vorhanden" (Hegel 1822–1831, S. 882), nicht zuletzt dadurch, dass mit der Anerkennung des Privateigentums die bürgerliche Gesellschaft Bestand gewinnen konnte (Hegel 1981, § 124, 185). „[I]ndem die Intensität des subjektiven freien Geistes sich zur Form der Allgemeinheit entschließt, kann der objektive Geist zur Erscheinung kommen." (Hegel 1822–1831, S. 882). Die protestantische Neuzeit impliziert nach Hegel, dass zur Religion die „Welt", d. i. Staat und bürgerliche Gesellschaft, unbedingt hinzugehört. Nach der Reformation – so Hegel – gilt nicht die Religion als solche allein für sich, sondern immer zugleich ist sie in ihrer weltlichen Form, in ihrer Verwirklichung in Staat und Sozietät. „Staaten und Gesetze sind nichts anderes als das Erscheinende der Religion an den Verhältnissen der Wirklichkeit." (Hegel 1822–1831, S. 882).

Marx zieht aus Hegels Theorie der Neuzeit die Konsequenz, dass bloße Kritik der Religion als solcher nicht ausreicht, sondern dass Kritik der die Religion hervorbringenden religiösen Welt notwendig ist. Hegels Theorie der (durch den Protestantismus heraufgeführten) Neuzeit lässt Marx' Religionskritik wesentlich auf den Protestantismus bezogen sein. Der Übergang Marx' von der expliziten Religionskritik zur Kritik der Politik und Ökonomie ist der Übergang von der Kritik des protestantischen Glaubens zur Kritik der protestantischen Welt (Marx 1844c, S. 379).

Marx' Annahme, dass für Deutschland „die *Kritik der Religion* im wesentlichen beendigt" ist (Marx 1844c, S. 378), widerlegt er materialiter selbst dadurch, dass zwar seine eigene Religionskritik nicht ohne Feuerbach und Hegel möglich gewesen wäre, jedoch sich essenziell durch das erweiterte menschliche Subjekt der Religion (die Welt des Menschen) qualitativ ausweitet.

Die für Marx' Zeit entsprechende Religionsform ist der Protestantismus: „Für eine Gesellschaft von Warenproduzenten, deren allgemein gesellschaftliches Produktionsverhältnis darin besteht, sich zu ihren Produkten als Waren, also als Werten zu verhalten, und in dieser sachlichen Form ihre Privatarbeit aufeinander zu beziehen als gleiche menschliche Arbeit, ist das Christentum, mit seinem Kultus des abstrakten Menschen, namentlich in seiner bürgerlichen Entwicklung, dem Protestantismus, Deismus usw., die entsprechende Religionsform." (Marx 1867, S. 93).

2.2 Der jüdische Gott des praktischen kapitalen Bedürfnisses und Eigennutzes ist im Christentum *aufgehoben*

Christentum und Judentum sind einander verwiesen. Zwar ist das Christentum das Erbe des Judentums. Anderseits kommt der jüdische Gott des praktischen Bedürfnisses im Christentum zu seiner unbegrenzten Entfaltung. „Das Judentum hat sich *neben* dem Christentum gehalten, … weil der praktisch-jüdische Geist, weil das Judentum in der christlichen Gesellschaft sich gehalten und sogar seine höchste Ausbildung erhalten hat." (Marx 1844a, S. 374).

Die Religion der bürgerlichen Gesellschaft verlangt den jüdischen Gott des praktischen Bedürfnisses und des nützlichen Egoismus mit dessen monetärer Fokussierung. Der eifrige Gott Israels ist der angebetete Gott des Geldes, das zum konstituierenden Wert von allem wird. Dabei kommt es zur Privation und Warenfetischisierung von Menschen- und Naturwelt als auch Erniedrigung aller Götter der Menschen. Universale Entfremdung wird errichtet. „Das *praktische Bedürfnis* [sc. des Judentums], *der Egoismus* ist das Prinzip der *bürgerlichen Gesellschaft* und tritt rein als solches hervor, sobald die bürgerliche Gesellschaft den politischen Staat vollständig aus sich herausgeboren. Der Gott des *praktischen Bedürfnisses und des Eigennutzes* ist das *Geld*. Das Geld ist der eifrige Gott Israels, vor welchem kein anderer Gott bestehen darf." (Marx 1844a, S. 374). Also: „Das Geld erniedrigte alle Götter des Menschen – und verwandelt sie in eine Ware. Das Geld ist der allgemeine, für sich selbst konstituierte *Wert* aller Dinge. Es hat daher die ganze Welt, die Menschenwelt wie die Natur, ihres eigentümlichen Wertes beraubt. Das Geld ist das dem Menschen entfremdete Wesen seiner Arbeit und seines Daseins, und dies fremde Wesen beherrscht ihn, und er betet es an." (Marx 1844a, S. 374 f.).

In der bürgerlichen Welt hat sich „der Gott der Juden … verweltlicht, er ist zum Weltgott geworden. Der Wechsel ist der wirkliche Gott des Juden. Sein Gott ist nur der illusorische Wechsel." (Marx 1844a, S. 375). Die jüdische Religion enthält abstrakt den selbstzwecklichen Menschen und die wirkliche *Tugend des Geldmenschen* mit dessen Desavouierung von Kunst und Geschichte. „Was in der jüdischen Religion abstrakt liegt, die Verachtung der Theorie, der Kunst, der Geschichte, des Menschen als Selbstzweck, das ist der *wirkliche bewusste* Standpunkt, die Tugend des Geldmenschen. Das Gattungsverhältnis selbst, das Verhältnis von Mann und Weib etc. wird zu einem Handelsgegenstand! Das Weib wird verschachert." (Marx 1844a, S. 375).

Marx redet von der jüdischen *schimären Kaufmannsnationalität,* die einhergeht mit einem *praktischen Jesuitismus,* der die Welt des Eigennutzes zum dominierenden, aber gleichzeitig listig zum hintergehenden Gesetz macht (Marx 1844a, S. 375). Eine Aufhebung des Judentums verlangt Eliminierung vom jüdischen Schacher und gesellschaftliche Emanzipation desselben. „Sobald es der Gesellschaft gelingt, das *empirische* Wesen des Judentums, den Schacher und seine Voraussetzungen aufzuheben, ist der Jude *unmöglich* geworden, weil sein Bewusstsein keinen Gegenstand mehr hat, weil die subjektive Basis des Judentums, das praktische Bedürfnis vermenschlicht, weil der Konflikt der individuell-sinnlichen Existenz mit der Gattungsexistenz des Menschen aufgehoben ist. Die *gesellschaftliche* Emanzipation des Juden ist die *Emanzipation der Gesellschaft vom Judentum.*" (Marx 1844a, S. 377). Allerdings ist das in der bürgerlichen Gesellschaft nicht möglich, weil „das wirkliche, *weltliche* Judentum und darum auch das *religiöse* Judentum fortwährend von dem *heutigen bürgerlichen Leben* erzeugt wird und im *Geldsystem* seine letzte Ausbildung erhält" (Marx 1844–1846, S. 115). Indes storniert die religiöse und theoretische Weiterentwicklung des Judentums, da die jüdische Weltanschauung, d. i. „die Weltanschauung des praktischen Bedürfnisses ihrer Natur borniert und in wenigen Zügen erschöpft ist." (Marx 1844a, S. 375). Vollendung konnte die jüdische Religion des praktischen Bedürfnisses „nicht in der Theorie, sondern nur in der *Praxis* finden, eben weil ihre Wahrheit die Praxis ist" (Marx 1844a, S. 376).

Jedoch erlangt das Judentum seine Perfektion erst in der bürgerlichen und damit christlichen Welt. Es ist in Letzterer aufgehoben (im Hegel'schen Sinne). „Das Judentum erreicht seinen Höhepunkt mit der Vollendung der bürgerlichen Gesellschaft; aber die bürgerliche Gesellschaft vollendet sich erst in der *christlichen* Welt." (Marx 1844a, S. 376). Denn allein „unter der Herrschaft des Christentums, welches *alle* nationalen, natürlichen, sittlichen, theoretischen Verhältnisse dem Menschen *äußerlich* macht, konnte die bürgerliche Gesellschaft sich vollständig vom Staatsleben trennen, alle Gattungsbande des Menschen zerreißen, den Egoismus, das eigennützige Bedürfnis an die Stelle dieser Gattungsbande setzen, die Menschenwelt atomistischer, feindlich gegenüberstehender Individuen auflösen." (Marx 1844a, S. 376). Hier in der christlichen Welt koinzidiert der jüdische Gott des praktischen Bedürfnisses und des (pekuniären) Eigennutzes mit dem Egoismus als Prinzip der bürgerlichen Gesellschaft (Marx 1844a, S. 374).

Das aus dem Judentum hervorgegangene Christentum wird in der bürgerlichen Gesellschaft wieder aufgelöst in das Judentum, d. i. in die Religion des praktischen Bedürfnisses. „Der Christ war von vornherein der theoretisierende Jude, der Jude daher der praktische Christ, und der praktische Christ ist wieder Jude geworden." (Marx 1844a, S. 376). Das Christentum schuf mit seiner universalen Dimensionierung den theoretischen Rahmen, unter dem sich das praktische Bedürfnis des Judentums allgemein durchsetzen konnte. So ist das Christentum „der sublime Gedanke des Judentums" und das Judentum „die gemeine Nutzanwendung des Christentums", die jedoch zu einer generellen generierte, „nachdem das Christentum als die fertige Religion die Selbstentfremdung des Menschen von sich und der Natur *theoretisch* vollendet hatte" (Marx 1844a, S. 376). „Den massenhaften, materiellen Juden wird die *christliche* Lehre von der *geistigen Freiheit, von der Freiheit in der Theorie* gepredigt, jene *spiritualistische* Freiheit, die sich auch in den Ketten *einbildet,* frei zu sein, die seelenvergnügt ist in ‚*der Idee*' und von aller massenhaften Existenz nur geniert wird." (Marx 1844–1846, S. 99). Mittels der christlichen theoretischen Grundlegung war das Judentum in der Lage, „allgemeine Herrschaft" zu erlangen „und den entäußerten Menschen, die entäußerte Natur zu *veräußerlichen,* verkäuflichen, der Knechtschaft des egoistischen Bedürfnisses, dem Schacher anheim gefallenen Gegenständen machen." (Marx 1844a, S. 376).

Die Vollendung des Judentums im Christentum und damit in der christlichen bürgerlichen Welt lässt sich auch nicht irritieren durch die dem Judentum zugemutete spiritualistische seelenvergnügte ideelle Freiheit der *Libertas Christiana.* „Den massenhaften, materiellen Juden wird die *christliche* Lehre von der *geistigen Freiheit, von der Freiheit in der Theorie* gepredigt, jene *spiritualistische* Freiheit, die sich auch in den Ketten *einbildet,* frei zu sein, die seelenvergnügt ist in ‚*der Idee*' und von aller massenhaften Existenz nur geniert wird." (Marx 1844–1846, S. 99).

Hart kritisiert Marx den Islam: „Der Koran und die auf ihn fußende muselmanische Gesetzgebung reduzieren Geographie und Ethnographie der verschiedenen Völker auf die einfache und bequeme Zweiteilung in Gläubige und Ungläubige. Der Ungläubige ist ‚harby', d. h. der Feind. Der Islam ächtet die Nation der Ungläubigen und schafft einen Zustand permanenter Feindschaft zwischen Muselman und Ungläubigen." (Marx 1854, S. 170).

2.3   Der Mensch als „das Ensemble der gesellschaftlichen Verhältnisse" ist der Produzent von Religion

„Der Christ kennt nur eine Fleischwerdung des *Logos,* trotz der Logik; der Philosoph kommt mit der Fleischwerdung gar nicht zu Ende" (Marx 1847a, S. 127). Die wahre, wirkliche Inkarnation des Logos ist nur zu begreifen von dem Menschen, der essenziell und prinzipiell als „das Ensemble der gesellschaftlichen Verhältnisse." (Marx 1845a, S. 6) zu definieren ist.

Marx entdeckte – so Engels an Marx' Grab – „das Entwicklungsgesetz der menschlichen Geschichte: die bisher unter ideologischen Überwucherungen verdeckte einfache Tatsache, dass die Menschen vor allen Dingen zuerst essen, trinken, wohnen und sich kleiden müssen, ehe sie Politik, Wissenschaft, Kunst, Religion usw. treiben können;[6] dass also die Produktion der unmittelbaren materiellen Lebensmittel und damit die jedesmalige ökonomische Entwicklungsstufe eines Volkes oder eines Zeitabschnittes die Grundlage bildet, aus der sich die Staatseinrichtungen, die Rechtsanschauungen, die Kunst und selbst die religiösen Vorstellungen der betreffenden Menschen entwickelt haben, und aus der sie daher auch erklärt werden müssen – nicht, wie bisher geschehen, umgekehrt." (Engels 1883, S. 335 f.).

Das sozialökonomische Sein bestimmt das Bewusstsein, den ideologischen Überbau, der Klassencharakter hat. Bei seiner Erforschung der *politischen Ökonomie* entdeckt Marx, dass diese „die Anatomie der bürgerlichen Gesellschaft" bestimmt. Das heißt: „In der gesellschaftlichen Produktion ihres Lebens gehen die Menschen bestimmte, notwendige, von ihrem Willen unabhängige Verhältnisse ein, Produktionsverhältnisse, die einer bestimmten Entwicklungsstufe ihrer materiellen Produktivkräfte entsprechen. Die Gesamtheit dieser Produktionsverhältnisse bildet die ökonomische Struktur der Gesellschaft, die reale Basis, worauf sich ein juristischer und politischer Überbau erhebt und welcher bestimmte gesellschaftliche Bewusstseinsformen entsprechen. Die Produktionsweise des materiellen Lebens bedingt den sozialen, politischen und geistigen Lebensprozess überhaupt. Es ist nicht das Bewusstsein der Menschen, das ihr Sein, sondern umgekehrt ihr gesellschaftliches Sein, das ihr Bewusstsein bestimmt." (Marx 1859, S. 8 f.). Dieses „seinen Studien zum Leitfaden" dienende „allgemeine Resultat" von Marx (Marx 1859, S. 8) ist auch die nicht zu hintergehende Basis des Marx'schen Religionsverständnisses.

Die bürgerliche Gesellschaft ist auf kapitalistischer Warenproduktion gegründet und wertemäßig orientiert. Die ihr entsprechende Religion ist das Christentum, insbesondere der Protestantismus: „Für eine Gesellschaft von Warenproduzenten, deren allgemein gesellschaftliches Produktionsverhältnis darin besteht, sich zu ihren Produkten als *Waren,* also als *Werten* zu verhalten, und in dieser *sachlichen* Form ihre Privatarbeit

---

[6]Bertold Brecht: „Erst kommt das Fressen, dann kommt die Moral."

aufeinander zu beziehen als *gleiche menschliche Arbeit,* ist das *Christentum* mit seinem Kultus des abstrakten Menschen, namentlich in seiner bürgerlichen Entwicklung, dem Protestantismus, Deismus usw., die entsprechendste *Religionsform.*" (Marx1867, S. 93). Der kosmopolitische Charakter des Christentums korreliert demselben des Kapitals. „Mit der Entwicklung der kapitalistischen Produktion wird ein average Niveau der bürgerlichen Gesellschaft und damit der Temperamente und dispositions in verschiedenen Völkern geschaffen. Wesentlich kosmopolitisch wie das Christentum. Christentum [sc. ist] daher auch spezifische Religion des Kapitals. In beiden gilt nur der *Mensch* [hvgh. U.K.]. An und für sich ist ein Mensch so wenig und so viel wert wie der andere. In dem einem hängt alles davon ab, ob er den Glauben, und in dem anderen, ob er Kredit hat. Außerdem kommt bei dem einen allerdings die Gnadenwahl hinzu. Bei dem anderen der Zufall, ob er von Haus aus Geld hat oder nicht." (Marx 1864, S. 441 f.). Das Christentum ist die höchste Religion, „die Religion *katexochen*". Sie enthält „das *Wesen der Religion*", das ist „der deifizierte Mensch als eine *besondere* Religion." (Marx 1843a, S. 231).

Erst das Kritikpotenzial der christlichen Religion mit ihrer Selbstkritik ermöglichte es, objektiv die früheren Mythologien zu verstehen. Dieses korreliert dem Kritikpotenzial der bürgerlichen Selbstkritik der bürgerlichen Ökonomie, der damit die Grundlage zu einem adäquaten Verständnis der vergangenen, insbesondere feudalen Gesellschaft eröffnet wurde (Marx 1859, S. 637).

Der deifizierte Mensch des Christentums – der wie jeder Mensch immer durch „das Ensemble der gesellschaftlichen Verhältnisse" (Marx 1845a, S. 6) definierte Mensch – ist der abstrakte universale Mensch der bürgerlichen Gesellschaft. Dieser durch die kapitalistische Warenproduktion bestimmte Mensch steht im Fokus der christlichen Religion. Die christliche Hoffnung, die schon den Urchristen Siegesgewissheit gab (Marx 1881, S. 161), bewährt diese auch in der bürgerlich-kapitalistischen Gesellschaft.

Das Christentum mit seinem abstrakt universalen Charakter ermöglicht die Existenz von Christen in allen Ländern und unter unterschiedlichen Staatsverfasstheiten (republikanisch, in absoluter wie konstitutionellen Monarchien). Es befindet nicht „über die *Güte* der Verfassungen", vielmehr richtet es sich in den jeweiligen staatlichen Verfasstheiten normativ gemäß Römer 13 an dem Untertansein unter jede von Gott gegebene Obrigkeit aus. Der Staat und seine Obrigkeiten verdanken sich nicht der christlichen Religion, sondern der „Natur der menschlichen Gesellschaft" (Marx 1842, S. 102).

Ein sogenannter christlicher Staat ist daher *nicht* derjenige, der die christliche Religion als Staatsreligion als Grundlage bekennt. Der „vollendete christliche Staat" ist „vielmehr der *atheistische,* der *demokratische* Staat, der Staat, der die Religion unter die übrigen Elemente der bürgerlichen Gesellschaft verweist." (Marx 1844a, S. 357). In diesem Sinne ist der christliche Staat „der Nichtstaat"[7]. Der in der Form der Religion

---

[7]„Der so genannte christliche Staat ist nur einfach der Nichtstaat, weil nicht das Christentum als Religion, sondern nur der *menschliche Hintergrund* der christlichen Religion in wirklich menschlichen Schöpfungen sich ausführen kann" (Marx 1844a, S. 357).

bekannte christliche Staat, ist einerseits „die christliche Verneinung des Staates", jedoch nicht „die staatliche Verwirklichung" der christlichen Religion. Er ist „nicht die *wirkliche Ausführung*" des anthropologischen Grundes der christlichen Religion und damit der unwirkliche, imaginäre, seine menschliche Grundlage noch nicht begriffene Staat (Marx 1844a, S. 357 f.).

Der Protestantismus als die der kapitalistischen Warenproduktion entsprechende Religionsform hat es mit der Freiheit eines Christenmenschen zu tun. Aber er hat nicht die Knechtschaft des Menschen beseitigt, sondern transformiert. Die *Religiosität des inneren Menschen* hat er kräftig etabliert. „*Luther* hat allerdings die Knechtschaft aus *Devotion* besiegt, weil er die Knechtschaft aus *Überzeugung* an ihre Stelle gesetzt hat. Er hat den Glauben an die Autorität gebrochen, weil er die Autorität des Glaubens restauriert hat. Er hat die Pfaffen in Laien verwandelt, weil er die Laien in Pfaffen verwandelt hat. Er hat den Menschen von der äußern Religiosität befreit, weil er die Religiosität zum innern Menschen gemacht hat. Er hat den Leib von der Kette emanzipiert, weil er das Herz in Ketten gelegt." (Marx 1843b, S. 386).

Die christliche Moral – so Marx mit Bezug auf Fourier – ist prinzipiell zu definieren als „der systematische Versuch, die Leidenschaften der Menschen zu unterdrücken" (Marx 1845b, S. 498). Man darf sich nicht täuschen an den sozialen Prinzipien des Christentums mit ihrer demütigen Anpassung an die Herrschaftsausübungen der dominierenden Klasse. Sie definieren und dokumentieren ihre effektive Insuffizienz hinsichtlich gesellschaftlicher Veränderung 1800 Jahre. Jetzt *bewährt* sie sich in der Sanktionierung der Ausbeutung des Proletariats. Die *duckmäuserischen sozialen Prinzipien* des Christentums und die revolutionären des Proletariats widerstehen einander und können nicht versöhnt werden. Marx schreibt:

Die sozialen Prinzipien des Christentums haben jetzt achtzehnhundert Jahre Zeit gehabt, sich zu entwickeln und bedürfen keiner ferneren Entwicklung durch preußische Konsistorialräte. Die sozialen Prinzipien des Christentums haben die antike Sklaverei gerechtfertigt, die mittelalterliche Leibeigenschaft verherrlicht und verstehen sich ebenfalls im Notfall dazu, die Unterdrückung des Proletariats, wenn auch mit etwas jämmerlicher Miene, zu verteidigen. Die sozialen Prinzipien des Christentums predigen die Notwendigkeit einer herrschenden und einer unterdrückten Klasse und haben für die letztere nur den frommen Wunsch, die erstere möge wohltätig sein. Die sozialen Prinzipien des Christentums setzten die konsistorialrätliche Ausgleichung aller Infamien in den Himmel und rechtfertigen dadurch die Fortdauer dieser Infamien auf der Erde. Die sozialen Prinzipien des Christentums erklären alle Niederträchtigkeiten der Unterdrücker gegen die Unterdrückten entweder für gerechte Strafe der Erbsünde und sonstigen Sünden oder für Prüfungen, die der Herr über die Erlösten nach seiner unendlichen Weisheit verhängt. Die sozialen Prinzipien des Christentums predigen die Feigheit, die Selbstverachtung, die Erniedrigung, die Unterwürfigkeit, die Demut, kurz alle Eigenschaften der Kanaille, und das Proletariat, das sich nicht als Kanaille behandeln lassen will, hat seinen Mut, sein Selbstgefühl, seinen Stolz und seinen Unabhängigkeitssinn noch viel nötiger als sein Brot. Die sozialen Prinzipien des Christentums sind duckmäuserisch, und das Proletariat ist revolutionär (Marx 1847b, S. 200).

2.4 Religion als „Opium des Volks", Therapeutikum und Protestation

Obwohl Marx die Religion als Epiphänomen sozialökonomischer Verhältnisse in der Klassengesellschaft ansieht, gibt es doch für ihn andererseits auch Einflüsse der Religion auf die Gesellschaft, die diese wirksam treffen und gestalten. Ingrid Miethe hat recht, wenn sie sagt: „Es gibt im Denken von Karl Marx Elemente struktureller Elemente, die man nicht kleinreden darf." (Miethe et al. 2018, S. 30). Hier ist auch die Religionskritik zu nennen. Diese hat nicht nur Bedeutung für die Religion als solche, sondern sie ist – so Marx mit Feuerbach – die Basis von Kritik überhaupt: „[D]ie Kritik der Religion ist die Voraussetzung aller Kritik" (Marx 1844c, S. 378).

Religion als noch nicht erworbenes oder wieder verlorenes Selbstbewusstsein und Selbstgefühl des Menschen (Marx 1844c, S. 378). Religion bedarf elementar des Kritikdiskurses in kritischer und affirmativer Sicht. Mit der Religion produzieren klassengesellschaftlicher und damit antagonistischer Staat und Sozietät, da sie selbst eine *verkehrte Welt* sind, *verkehrtes Weltbewusstsein*. Religion ist *enzyklopädisches Kompendium* und *Logik* der *verkehrten Welt,* deren *moralische Sanktion* und *allgemeiner Trost-* und *Rechtfertigungsgrund* (Marx 1844c, S. 378).

Dieses religiöse verkehrte Selbst- und Weltbewusstsein ist aber dennoch „*Verwirklichung*" des menschlichen Wesens", allerdings *fantastische Verwirklichung*. Da in der entfremdeten antagonistischen Klassengesellschaft „das menschliche Wesen keine wahre Wirklichkeit", sondern nur eine illusionäre, fantastische hat, ist auch folgerichtig ihr Produkt Religion illusionäre, fantastische Verwirklichung des menschlichen Wesens. Die Religion ist „geistiges Aroma" der entfremdeten Welt des Menschen in der Klassengesellschaft (Marx 1844c, S. 378). Religionskritik deckt die Generierung von Religion als Produkt der Gesellschaften mit verkehrter Welterkenntnis auf. Sie leistet sie fundamental und exemplarisch als erste produktive Kritik an der entfremdeten Welt. Sie ist damit primäre Einsicht von Entfremdungen und fantastischen Verkehrungen in der Welt antagonistischer Klassengesellschaften. Die Religionskritik geht anderen Kritiken voran. Ihr folgen (als die Kritik der neben der Religion) anderen ideologischen Formen, nämlich die der politischen, juristischen, künstlerischen und philosophischen.

Das teleologische Ende der vollendeten Religionskritik hat nach Marx ein nicht zu widerrufendes unbedingt zu beachtendes Ergebnis: 1) Der „*Mensch* [ist] *das höchste Wesen für den Menschen*." 2) Religionskritik enthält den „*kategorischen Imperativ, alle Verhältnisse umzuwerfen,* in denen der Mensch ein erniedrigtes, ein geknechtetes, ein verlassenes, ein verächtliches Wesen ist." (Marx 1844c, S. 385). Hier entsteht eine grundlegende anthropologische Verfehlung: Man soll euch tatsächliche hier wie Menschen behandeln.

Aber es gilt auch das Widerstreitpotenzial der Religion: der Protest. Der kategorische Imperativ der Religionskritik (der radikalen Eliminierung unmenschlicher, den Menschen diskreditierender und alienierender Verhältnisse) hat Grund in Protestqualität von Religion, denn: „Das *religiöse* Elend ist in einem der *Ausdruck* des wirklichen Elendes und in einem *Protestation* gegen das wirkliche Elend." (Marx 1844c, S. 378). Die Protestation fußt theoretisch auf der reformatorischen revolutionären Emanzipation (mit praktischer Relevanz). Der Protestantismus hat in Deutschland die theoretische revolutionäre Emanzipation, die zugleich „eine spezifische praktische Bedeutung für Deutschland" hat, hervorgebracht. „Deutschlands *revolutionäre* Vergangenheit ist … theoretisch, es ist die *Reformation.* Wie damals der *Mönch,* so ist es jetzt der *Philosoph,* in dessen Hirn die Revolution beginnt." (Marx 1844c, S. 385).

Religion ist nicht nur Ort der klagenden Artikulation des *realen Elends,* nicht nur *passives Erleiden* menschlicher Entfremdungen, sondern zugleich aktiver, allerdings *religiöser Protest* gegen dieselben. Und darüber hinaus gilt: „Religion ist revolutionäres Pulver." (Miethe et al. 2018, S. 31).

Ein weiteres Ergebnis der Religionskritik ist das Erkennen der Religion als schmerzartikulierendes und schmerztherapeutisches Instrumentarium der geschundenen, unterdrückten, in unmenschlicher Welt lebenden menschlichen Kreatur. „Die Religion ist der Seufzer der bedrängten Kreatur, das Gemüt einer herzlosen Welt, wie sie der Geist geistloser Zustände ist. Sie ist das Opium des Volks." (Marx 1844c, S. 378).[8]

Religion ist also nicht – wie Lenin[9] später meinen wird – *Opium für das Volk,* das dazu dient, sich in fantastischer Benebelung und Verkehrung vom bedrängten Menschen in unmenschlichen Verhältnissen abzuwenden, nein, es ist nach Marx 1) *Ausdruck des wirklichen Elendes,* 2) *Protestation* gegen dasselbe und 3) Therapeutikum *(Opium)* des bedrängten Menschen.

Der Ausdruck Religion als Opium ist nicht Erfindung von Marx. Auch der ursprüngliche Jude Moses Heß (1812–1875) verwendet ihn (1843): „Die Religion kann wohl das

---

[8]Hermann Klenner sagt: „Religion war für Marx nicht Opium für das Volk. Wohl nannte er es (Religion) – übrigens im Anschluss an Moses Heß und Heinrich Heine – Opium des Volkes. Vgl. Heinrich Heine: Sämtliche Werke, Bd. 7, Leipzig 1890, S. 116 [1940]; Moses Heß, Philosophische und sozialistische Schriften, Berlin 1980, S. 227 [1843]" (Klenner 1997, S. 5–10, hier: 6 und Anm. 6). – Heine und Marx „wussten" „wahrscheinlich nicht", „dass sie entfernte Cousins mütterlicherseits waren" (Longuet 1982, S. 75). Longuet bezieht sich hier auf: Mons (1973, S. 227–229).

[9]Lenin schreibt 1905: „Die Religion ist das Opium des Volks. Die Religion ist eine Art geistigen Fusels, in dem die Sklaven des Kapitals ihr Menschenanlitz und ihre Ansprüche auf ein halbwegs menschenwürdiges Leben ersäufen" (Lenin 1982, S. 40). „Das revolutionäre Proletariat wird durchsetzen, dass die Religion für den Staat wirklich zur Privatsache wird. Und unter diesem, vom mittelalterlichen Moder gesäuberten politischen Regime wird das Proletariat einen breiten und offenen Kampf führen, um die ökonomische Sklaverei, diese wahre Quelle der religiösen Verdummung der Menschheit, zu beseitigen" (Lenin 1982, S. 44).

Lenin: „Jetzt, und nur jetzt bei all den ausgehungerten, sich von Menschenfleisch ernährenden Leuten und den mit Hunderten, Tausenden von Leichen übersäten Straßen können (und müssen) wir mit energischem Eifer und ohne Erbarmen den Kirchenbesitz konfiszieren. Genau jetzt und nur jetzt ist der Augenblick, die Priester der Schwarzen Hundert niederzumachen, und zwar mit einer solchen Entschiedenheit, Erbarmungslosigkeit und Brutalität, dass sie sich noch jahrzehntelang daran erinnern werden" (zit. Koenen 2017, S. 821).

unglückliche Bewusstsein der Knechtschaft dadurch erträglich machen, dass sie dieselbe zur *Zerknirschtheit* steigert, in welcher jede Reaktion gegen das Übel und somit jeden Schmerz aufhört – wie das Opium in schmerzlichen Krankheiten gute Dienste leistet – der Glaube an die Wirklichkeit und an die Unwirklichkeit der Wirklichkeit kann wohl den Leidtragenden eine passive Gefühlseligkeit, eine tierische Bewusstlosigkeit, aber nicht die aktive Energie, nicht die männliche Tatkraft geben, bewusst und selbstständig gegen das Unglück zu reagieren und sich vom Übel zu befreien. Die wirkliche und die geistige Knechtschaft, das Unglück und die Religion, bedingen sich gegenseitig, und so wie die wahre Religion, das Christentum, historisch nachweisbar eine Tochter des Unglücks ist, so hat das Unglück seine größte Stütze und stärkste Garantie seine Fortdauer in der Religion." (Heß 1980, S. 227 f.).

Jedoch bei der Religionskritik ist nicht stehen zu bleiben, denn sie enthält „im *Keim die Kritik des Jammertales,* dessen *Heiligenschein* die Religion ist" (Marx 1844c, S. 379)[10]. Konsequente Religionskritik verharrt nicht in sich selbst, sondern wird (als unbedingte Folge) mithilfe der Philosophie auf die Entlarvung von sich selbst weg- und weitergeführt zur Kritik der profanen, *unheiligen Gestalten* menschlicher Selbstentfremdung: Die „*Kritik der Religion*" verwandelt sich folglich „in die *Kritik des Rechts,* die *Kritik der Theologie* in die *Kritik der Politik*", kurz: „die Kritik des Himmels … in die der Erde." (Marx 1844c, S. 379).

2.5 Abschaffung, Aufhebung, Verwerfung der Religion

Als *Ausdruck des wirklichen Elends,* der *Protestation* gegen dasselbe und als Therapeutikum *(Opium)* des bedrängten Menschen funktioniert die Religion nur in der *verkehrten Welt.* Hier produziert sie ein *verkehrtes Weltbewusstsein* und damit Religion. Das illusorische Glück der Religion wird gebraucht, solange die verkehrten Welten der fetischisierenden Klassengesellschaften illusorischen Glücks als Kompensation bedürfen. Erst die Entstehung des realen Glücks macht das illusorische der Religion überflüssig. „Die Aufhebung der Religion als des *illusorischen* Glücks des Volkes ist die Förderung seines *wirklichen* Glückes. Die Forderung, die Illusionen über seinen Zustand aufzugeben, ist die *Forderung, einen Zustand aufzugeben, der der Illusionen bedarf.* Die Kritik der Religion ist also im *Keim* die *Kritik, des Jammertales;* dessen *Heiligenschein* die Religion ist" (Marx 1844c, S. 379). Das wirkliche Glück des Volkes benötigt nicht mehr die Protestationsartikulationen und therapeutischen Trostelemente der Religion.

Religion wird nicht verschwinden, wenn man Gewalt gegen sie anwendet. „Wir wissen, dass Gewaltmaßnahmen gegen die Religion unsinnig sind. Nach unserer Auffassung wird die Religion verschwinden in dem Maße, wie der Sozialismus erstarkt. Die gesellschaft-

---

[10]„Es ist also die *Aufgabe der Geschichte,* nachdem *das Jenseits der Wahrheit* verschwunden ist, die *Wahrheit des Diesseits* zu etablieren" (Marx 1844c, S. 379).

liche Entwicklung muss diesem Verschwinden Vorschub leisten, wobei der Erziehung eine wichtige Rolle zufällt", sagt Marx 1878 (Marx 1878, S. 514). In der erstrebten sozialistischen Gesellschaft, die Abschied nimmt von der verkehrten Welt antagonistischer Klassengesellschaften, in der das wirkliche Glück der Menschen Raum greifen wird, hat das durch die Religion bereitgestellte illusorische Glück zunehmend keinen Nährboden mehr, werden die Trostfunktionen von Religion nicht mehr benötigt, wird Religion obsolet. Also einerseits scheint sich für Marx mit geänderten sozialökonomischen Gegebenheiten im Sozialismus Religion von selbst zu erledigen. Andererseits und in Spannung dazu verweist Marx auf die wichtige Rolle der Erziehung für das Absterben der Religion.[11] Den Menschen muss nachdrücklich der Entstehungsmechanismus, die Genese von Religion basierend auf bestimmten sozialökonomischen Gesellschaftsformen demonstriert und in ihrer Erziehung pädagogisch aufklärend beigebracht werden.

Erforderlich ist, Religion „aus den empirischen Bedingungen zu erklären und nachzuweisen, wie bestimmte industrielle und Verkehrsverhältnisse notwendig mit einer bestimmten Gesellschaftsform, damit einer bestimmten Staatsform, und damit einer bestimmten Form des religiösen Bewusstseins verbunden sind" (Marx 1845b, S. 137).

Für Friedrich Engels ist die Grundbedingung für das Absterben der Religion die „Besitzergreifung und planvolle Handhabung der gesamten Produktionsmittel durch die Gesellschaft." Daraus folge: „[W]enn der Mensch also nicht mehr bloß denkt, sondern auch lenkt, dann erst verschwindet die letzte fremde Macht, die sich jetzt noch in der Religion widerspiegelt". Dann „verschwindet auch die religiöse Widerspiegelung selbst", da „es dann nichts mehr widerzuspiegeln gibt" (Engels 1894, S. 295).

Nur dann wird die Religion nach Marx tatsächlich verschwinden können, also der „religiöse Widerschein der wirklichen Welt" aufhören, „sobald die Verhältnisse des praktischen Werktagslebens den Menschen tagtäglich durchsichtig vernünftige Beziehungen zueinander und zur Natur darstellen" (Marx 1867, S. 94).

Obwohl also Marx einerseits Gewaltmaßnahmen gegen die Religion als unsinnig ausschließt (Marx 1878, S. 514), betont er anderseits den auch die Religion betreffenden ideologischen Kampf. Marx unterscheidet zwischen der „Umwälzung in den ökonomischen Produktionsbedingungen und den juristischen, politischen, religiösen, künstlerischen oder philosophischen, kurz, ideologischen Formen, worin sich die Menschen dieses Konflikts bewusst werden und ihn ausfechten." (Marx 1859, S. 9). So ergibt sich auch der religiöse Kampf inklusive des Kampfes gegen die Religion notwendigerweise „aus dem vorhandenen Konflikt zwischen gesellschaftlichen Produktivkräften und Produktionsverhältnissen" (Marx 1859, S. 9).

---

[11]Dementsprechend hat die sozialistische Erziehung (von der Wiege bis zur Bahre) in der DDR auf allen Feldern der Kinder- und Erwachsenenpädagogik massivsten Kampf atheistisch hoch aufgerüstet gegen die christlichen Kirchen geführt, und zwar offen oder defizient, je nachdem wie es strategisch und taktisch ins Konzept des sozialistischen Staates und seiner zentralistischen diktatorischen Einheitspartei (SED) passte.

Das wirkliche Leben ist nach Marx zu sehen. Das bedeutet: „Die positive Aufhebung des *Privateigentums,* als die Aneignung des *menschlichen* Lebens, ist daher die positive Aufhebung aller Entfremdung, also die Rückkehr des Menschen aus Religion, Familie, Staat etc. in sein menschliches, d. h. *gesellschaftliches* Dasein. Die religiöse Entfremdung als solche geht nur in dem Gebiet *des Bewusstseins* des menschlichen Innern vor, aber die ökonomische Entfremdung ist die des *wirklichen* Lebens." (Marx 1844b, S. 537).

2.6   Relevanz des Marx'schen Religionsverständnisses

Ist das Religionsverständnis für Marx heute erledigt oder hat es aktuelle Relevanz in der Interpretation von Religion, näher der für Marx' Religion *katexochen:* des Christentums? Das Entweder-oder dieser Fragestellung verstellt die Beurteilung des Marx'schen Religionsverständnisses. Es gibt bei Marx Elemente seines Religionsverständnisses, die schlicht erledigt sind, und andere, die nicht nur historische, sondern aktuelle Bedeutung haben. Dazu im Folgenden einige exemplarische Verweise:

1. Die beiden philosophischen Wurzeln von Marx' Religionsverständnis sind Feuerbach und Hegel. Ohne diese wäre Marx' Religionsinterpretation nicht möglich gewesen. Allerdings erweitert bzw. verbiegt Marx sie. Sein Feuerbach-Verständnis ist unzureichend. Es beschränkt sich im Wesentlichen nur auf dessen *Wesen des Christentums.* Er wird weder dem Praxisverständnis Feuerbachs noch der Neuzeittheorie Hegels voll gerecht.
2. Marx urgiert sowohl eine genetische als auch eine praktisch-teleologische Verbindung von Judentum und Christentum. Er bezeichnet den *Juden* als *praktischen Christen,* der in der bürgerlichen Gesellschaft des christlichen Universalismus bedürfe und den *Christen* als *theoretisierenden Juden,* der als *praktischer Christ* wieder *Jude werde.* Hier deckt Marx Verbindungen zwischen Judentum (nicht gänzlich frei von Antisemitismen) und Christentum auf, denen es sich lohnt, näher nachzugehen.
3. Marx versteht den Menschen als *das Ensemble der gesellschaftlichen Verhältnisse* und damit als Produzenten von Religion. Marx verweist auf einen tiefgehenden genetischen Zusammenhang des religiösen Menschen mit den ihn von hier aus (und auch seine Religion) prägenden gesellschaftlichen Faktoren. Religion kann nicht ohne Gesellschaft interpretiert werden. Diese Erkenntnis Hegels vertieft auf seine Weise Marx gesellschaftlich optionalkonkret.
4. Religion ist gewiss auch – wie Marx meint – *Opium des Volks.* Davon ist die Geschichte voll. Aber auch Artikulation von Elend und Protestation gegen das wirkliche Elend sind in der Tat Grundartikulationen authentischer christlich-religiöser Existenz. Ohne diese Trostfunktionen können viele Menschen in *allen,* nicht nur – wie Marx meinte – in antagonistischen Gesellschaftsformationen existieren.

Dass Religion authentisches Leben sein kann, das Menschen geschichtlich konkret in allen Gesellschaftsformationen Halt und Orientierung geben kann, hat Marx nicht prinzipiell, sondern nur in der zu Ende gehenden Klassengesellschaft konstatiert und gleichzeitig als *fantastisches Weltbewusstsein* diskreditiert.

5. Religion kann fantastisches *illusionäres Weltbewusstsein,* aber auch gesellschaftliche *Veränderungen* generieren.

   Aber sie konstruiert dieses nicht, wie Marx meinte, *generell* als *echte Religion.* Es ist dieses vielmehr sicheres Kennzeichen und Produkt *pathogener* degenerierter und nichtauthentischer Religion.

   Für wahre Christen gilt doch auch eher die Prognose des linken Katholiken Bruno Kern: „Auf diese Weise könnte die Prognose Karl Marx' zum Trotz eine religiöse Deutung der Wirklichkeit gerade nicht als Opium erweisen, sondern als mächtige Sinnressource gesellschaftlicher Veränderung, als subjektive Kraft gegen die Mächte der Resignation und Verzweiflung, die uns für die Interessen des globalisierten Kapitalismus so gefügig machen." (Kern 2017, S. 138).

6. Marx' Aussagen zum Gott des Geldes in der modernen bürgerlichen Gesellschaft kommt aktuelle Bedeutung zu.

   Marx hat den Gott des Geldes nicht erfunden. Luther hat in seiner berühmten Erklärung zum 1. Gebot im Großen Katechismus die Produktion von Warengöttern präzise erklärt und den „Mammon, das ist Geld und Gut", als den „allergewöhnlichsten Abgott" bezeichnet (BSLK, 561). In der Apostelgeschichte 19,26 heißt es: „Was mit Händen gemacht ist, das sind keine Götter."

7. Marx' Thesen von Absterben von Religion überzeugen nicht. Mit der Etablierung des irdischen Glücks verschwindet nicht das Glück der Religion. Erzieherische gesellschaftlich vernünftige Aufklärung über Genese von Religion aufgrund bestimmter sozialökonomischer Gegebenheiten schafft nicht den Tod von Religion.

8. Der Philosoph Hermann Lübbe (geb. 1926) hat in seinem Buch *Religion der Aufklärung* (1988) mit Recht herausgearbeitet: Obwohl die durch die Aufklärung gegangene Religion sich von Dominanzansprüchen lösen musste und ein oftmals gebrochenes Verhältnis zu Religion bestünde, heißt das nicht das Verschwinden von Religion. Denn die Religion bezieht sich in ihrer religiösen Praxis, auf solche *Lebensdaten,* die von den modernen (religionskritischen) Aufklärungsprozessen nicht betroffen sind. *Religion ist Praxis des Unverfügbaren, Praxis der Kontingenzbewältigung.* Religion ist nicht erschöpft, wenn sie wie bei Marx als *Pseudokompensat* von im Laufe der gesellschaftlichen Entwicklung zu beseitigenden *Lebensmängeln* missverstanden wird.

9. Marx ist nicht religiös sensibilisiert. Das kann ihm nicht zum Vorwurf gemacht werden. Jedoch erklärt das sein letztliches Nichtwissen, seine Ignoranz gegenüber spiritualen und kultischen Dimensionen von Religion. Ohne diese zu kennen, ist umfassender, hinreichender und adäquater Umgang mit wirklicher gelebter Religion nicht möglich.

10. Marx' Religionskritik ist damit nicht generell aktual erledigt. Sie kann hilfreich sein hinsichtlich vor allen Dingen gesellschaftlicher religiöser Destruktionen, wie sie

auch heute virulent sind. Sie hat in diesem Sinne kathartische Relevanz. „Das Wahrheitspathos Marxens ist das Pathos des entlarvenden Religionskritikers." (Böhme 2001, S. 290). Einheit zwischen Christen und Marx besteht in der Entgötterung der irdischen Welt. „Zumindest in diesem Kampf gegen die irdischen Götter wissen wir Christen uns eins mit Marx." (Kern 2017, S. 106).

11. Vernunft muss kritisch sein. Immanuel Kant schreibt: „Der kritische Weg ist allein noch offen." (KrV, B 884). Aber zugleich muss man das Folgende beachten. Die Philosophin Annemarie Pieper (geb. 1941) schreibt mit Recht: „Letztendlich … kann auch die Vernunft selber entarten. Anstatt die Geltungsansprüche von Kopf, Herz, Bauch und Hand zu prüfen und miteinander in Einklang zu bringen, verfällt sie einem Alltagswahn. Sie ersetzt ihr Ganzheitlichkeitspostulat durch ein ideologisches Konstrukt, für dessen Grundsetzung sie Amok läuft." (Pieper 2015, S. 82). Diesem ist Karl Marx hinsichtlich der Religion erlegen.

12. Marx vindiziert der Religionskritik sachlich-wissenschaftliche Priorität hinsichtlich der Kritik der anderen ideologischen Überbauphänomene des sozialen, politischen, kulturellen, geistigen Lebens. Das ist mehr als ein interessanter Aspekt des kritischen Weltbegreifens, der auf seine aktuale Bedeutung hin zu prüfen ist.

13. Karl R. Popper (1902–1994) stellt fest: „Man kann Marxens Einfluss auf das Christentum vielleicht mit dem Einfluss Luthers auf die römische Kirche vergleichen. Beide waren eine Herausforderung, beide führten zu einer Gegenreformation im Lager ihrer Feinde, zu einer Revision und Neubewertung ihrer ethischen Maßstäbe." (Popper 1975, S. 245).

14. Marx sieht die Gefahr, *dumm zu werden* durch das *Haben des Privateigentums*. „Das Privateigentum hat uns so dumm und einseitig gemacht, dass ein Gegenstand erst der *unsrige* ist, wenn … [sc. es] als Kapital für uns existiert oder von uns … *gebraucht* wird. … An die Stelle *aller* dieser physischen und geistigen Sinne ist … die einfache Entfremdung *aller* dieser Sinne, der Sinn des *Habens* getreten." (Marx 1844b, S. 540).

15. „Auch die Religion der Bibel kennt" – nach Franz Segbers (geb. 1949 im Ruhrgebiet) – „eine Religionskritik. Sie spricht von Götzen der Unterdrückung. Sie macht also im Prinzip dasselbe wie Marx, wenn sie die Mächte, die Menschen unterdrücken und ausbeuten, Götzen nennt. Marx hat die biblische Tradition der Götzenkritik mit dem Begriff des Fetischismus aufgenommen. Christen sprechen wie Marx von einer Religion des Kapitalismus." (Miethe et al. 2018, S. 28). Manche werden die Position der ursprünglichen Atheistin Ingrid Miethe (geb. 1962, aufgewachsen in Plauen) teilen: „Unsere Biographien sind … komplett unterschiedlich verlaufen. Sie, Herr Segbers, kamen von der Bibel zu Marx. Bei mir lief es genau umgekehrt. Ich bin – geprägt vom marxistischen Denken – irgendwann zu der Überzeugung gekommen: Das reicht nicht. Wir brauchen mehr. Für uns war das Christentum zutiefst revolutionär und wichtig. Noch wichtiger war, dass wir mit Jesus Christus eine Instanz jenseits weltlicher Herrscher hatten. Diese Erkenntnis hat mich fasziniert." (Miethe et al. 2018, S. 28).

16. Viele stimmen wohl der Gießener Professorin für Allgemeine Erziehungswissen-schaften Ingrid Miethe zu: „Die klassenlose Gesellschaft, die Marx vorschwebte, ist eine völlige Illusion." (Miethe et al. 2018, S. 29).

17. Der Philosoph des philosophischen Personalismus Martin Buber (1887–1965) bringt das Verhältnis Religion und Wissenschaft recht zur Sprache: „Für die Wissenschaft ist das Sein erforschbar, es gibt nichts Unerforschbares. Für die Religion ist das Sein ungeachtet der Erforschbarkeit Geheimnis. Nicht Geheimnis im Sinne von Geheimnis, das noch nicht unerforscht ist, sondern das wesenhafte Geheimnis ist, Geheimnis dessen Wesen ist, unerforschlich zu sein. In der Religion haben wir ein doppeltes Verhältnis zum Geheimnis: Erstens. Ehrfurcht, Anerkennung des Geheimnisses alles Seins, des Geheimnisses, in dem wir leben. Zweitens, dass wir nicht abgehoben sind von diesem Geheimnis. Es ist die unmittelbare Beziehung. Die ewige Möglichkeit der unmittelbaren Beziehung zwischen mir und Gott. Es ist eine Gegenseitigkeit, nicht ein Subjekt-Objekt-Verhältnis. Alles Erkennen ist ein Verhältnis zwischen einem erkennenden Subjekt zu einem erkannten Gegenstand, zu einem Es. Das religiöse Verhältnis ist ein Verhältnis von Ich und Du. Diese zwei Grundhaltungen ineinander übergehen zu lassen ist Verdrehen der Achse der Welt. Diese zweifache Haltung haben wir in allem Leben: erstens wir erfassen die Dinge als Objekte, wir erkennen und verwenden Elemente. Zweitens wir erfassen die Gegenstände als Begegnung, als ausschließliche Beziehung, Gegenseitigkeit. Die Beziehung Mensch-Gott ist nur die unbedingte Beziehung die alle andern eint (nicht zusammenfasst). Der Ort des Vorgangs ist nicht im Geist, sondern zwischen Ich und Du. Alles Psychologische ist Brechung des Wirklichen. Gott ist stets gegenwärtig, es fehlt nur an der Gegenwärtigkeit des Menschen. Gottesferne ist immer Ferne des Menschen. Auch in der Latenz des religiösen Vorgangs ist der Hinweis auf das Zwischen, auf das Transzendente. Was bedeutet das von der Seele aus? *das Ganzwerden der Seele.*" (Buber 2013, S. 220 f.).

18. Martin Buber sagt: „Aber der Philosoph, der vom Glauben überwältigt wird, *muss* von der Liebe reden." (Buber 2017, S. 391). Das gilt für die *wirklich Glaubenden* generell.

Literatur

Bakunin M (1973) Staatlichkeit und Anarchie. Ullstein, Berlin

Böhme H (2001) Das Fetischismus-Konzept von Marx und sein Kontext. In: Gerhardt V (Hrsg) Marxismus. Versuch einer Bilanz. Parerga, Magdeburg

Buber M (2013) Wissenschaftliche und religiöse Welterfassung. In: Buber M (Hrsg) Werkausgabe 2.1: Mythos und Mystik. Frühe religionswissenschaftliche Schriften. Gütersloher, Gütersloh

Buber M (2017) Die Liebe zu Gott und die Gottesidee. In: Buber M (Hrsg) Werkausgabe 12: Schriften zu Philosophie und Religion. Gütersloher, Gütersloh

Daum T (2018) Bienen auf der Datenfarm. Wie Karl Marx den digitalen Kapitalismus beschreiben würde. In: zeitzeichen. Evangelische Kommentare zu Religion und Gesellschaft, 19. Jhrg.

Engels F (1883) Das Begräbnis von Karl Marx. In: Institut für Marxismus-Leninismus beim ZK der SED (Hrsg) (1956–1990) Marx-Engels-Werke (MEW), Bd 19. Dietz, Berlin

Engels F (1886) Ludwig Feuerbach und der Ausgang der klassischen deutschen Philosophie. In: Institut für Marxismus-Leninismus beim ZK der SED (Hrsg) (1956–1990) Marx-Engels-Werke (MEW), Bd 21. Dietz, Berlin

Engels F (1894) Anti-Dühring. In: Institut für Marxismus-Leninismus beim ZK der SED (Hrsg) (1956–1990) Marx-Engels-Werke (MEW), Bd 20. Dietz, Berlin

Enkelmann D (2018) Kein Schnee von gestern. Auch Klimaschützer kommen an Karl Marx und seinen Thesen nicht vorbei, In: zeitzeichen. Evangelische Kommentare zu Religion und Gesellschaft, 19. Jhrg.

Feuerbach L (1839–1846) Gesammelte Werke. In: Schuffenhauer W (Hrsg) Ludwig Feuerbach. Gesammelte Werke, Bd 1 ff. Akademie, Berlin, 1967 ff.

Hegel GWF (1822–1831) Vorlesungen über die Philosophie der Weltgeschichte. In: Lasson G (1970) (Hrsg) Hegel, Georg Wilhelm Friedrich: Vorlesungen über die Philosophie der Weltgeschichte, Zweite Hälfte. Akademie, Berlin

Hegel GWF (1981) Grundlinien der Philosophie des Rechts. Akademie, Berlin (Erstveröffentlichung 1820)

Heß M (1980) Philosophische und sozialistische Schriften 1837–1850. Eine Auswahl. hrsg. und eingel. von Wolfgang Mönke. Akademie, Berlin, S 227 f.

Kern B (2017) Es rettet uns kein höh'res Wesen'? Die Religionskritik von Karl Marx – ein solidarisches Streitgespräch. Grunewald, Ostfildern

Klenner H (1997) Über Marxens Religions- und Rechtskritik. UTOPIE Oktober 1997(84):5–10, (hier: 6 und Anm. 6). https://www.rosalux.de/fileadmin/rls_uploads/pdfs/84_Klenner.pdf

Koenen G (2017) Die Farbe Rot. Ursprünge und Geschichte des Kommunismus, 2. Aufl. Beck, München

Lenin WI (1982) Über die Religion. Eine Auswahl. Dietz, Berlin

Longuet RJ (1982) Karl Marx mein Urgroßvater, 2. Aufl. Dietz, Berlin

Marx K (1842) Der leitende Artikel in Nr. 179 der „Kölnischen Zeitung". In: Institut für Marxismus-Leninismus beim ZK der SED (Hrsg) (1956-1990) Marx-Engels-Werke (MEW), Bd 1. Dietz, Berlin

Marx K (1843a) Kritik des Hegelschen Staatsrechts. In: Institut für Marxismus-Leninismus beim ZK der SED (Hrsg) (1956–1990) Marx-Engels-Werke (MEW), Bd 1. Dietz, Berlin

Marx K (1843b) Zur Kritik der Hegelschen Rechtsphilosophie. In: Institut für Marxismus-Leninismus beim ZK der SED (Hrsg) (1956–1990) Marx-Engels-Werke (MEW), Bd 1. Dietz, Berlin

Marx K (1844a) Zur Judenfrage. In: Institut für Marxismus-Leninismus beim ZK der SED (Hrsg) (1956–1990) Marx-Engels-Werke (MEW), Bd 1. Dietz, Berlin

Marx K (1844b) Ökonomisch-philosophische Manuskripte (Ergänzungsband). In: Institut für Marxismus-Leninismus beim ZK der SED (Hrsg) (1956–1990) Marx-Engels-Werke (MEW), Bd 40. Dietz, Berlin

Marx K (1844c) Zur Kritik der Hegelschen Rechtsphilosophie. Einleitung. In: Institut für Marxismus-Leninismus beim ZK der SED (Hrsg) (1956–1990) Marx-Engels-Werke (MEW), Bd 1. Dietz, Berlin

Marx K (1844–1846) Die heilige Familie oder die Kritik der kritischen Kritik. In: Institut für Marxismus-Leninismus beim ZK der SED (Hrsg) (1956–1990) Marx-Engels-Werke (MEW), Bd 2. Dietz, Berlin

Marx K (1845a) Thesen über Feuerbach. In: Institut für Marxismus-Leninismus beim ZK der SED (Hrsg) (1956–1990) Marx-Engels-Werke (MEW), Bd 3. Dietz, Berlin

Marx K (1845b) Deutsche Ideologie. In: Institut für Marxismus-Leninismus beim ZK der SED (Hrsg) (1956–1990) Marx-Engels-Werke (MEW), Bd 3. Dietz, Berlin, S 44f.

Marx K (1845/1846) Das Kapital. In: Institut für Marxismus-Leninismus beim ZK der SED (Hrsg) (1956–1990) Marx-Engels-Werke (MEW), Bd 3. Dietz, Berlin

Marx K (1847a) Das Elend der Philosophie. In: Institut für Marxismus-Leninismus beim ZK der SED (Hrsg) (1956–1990) Marx-Engels-Werke (MEW), Bd 4. Dietz, Berlin

Marx K (1847b) Der Kommunismus des „Rheinischen Beobachters". In: Institut für Marxis-
    mus-Leninismus beim ZK der SED (Hrsg) (1956–1990) Marx-Engels-Werke (MEW), Bd 4.
    Dietz, Berlin
Marx K (1854) Zur Geschichte der orientalischen Frage. In: Institut für Marxismus-Leninismus
    beim ZK der SED (Hrsg) (1956–1990) Marx-Engels-Werke (MEW), Bd 10. Dietz, Berlin
Marx K (1859) Zur Kritik der bürgerlichen Ökonomie. In: Institut für Marxismus-Leninismus
    beim ZK der SED (Hrsg) (1956–1990) Marx-Engels-Werke (MEW), Bd 13. Dietz, Berlin
Marx K (1864) Theorien über den Mehrwert [Dritter Band des ‚Kapitals']. In: Institut für Marxis-
    mus-Leninismus beim ZK der SED (Hrsg) (1956–1990) Marx-Engels-Werke (MEW), Bd 26.3.
    Dietz, Berlin
Marx K (1867) Das Kapital. Kritik der bürgerlichen Ökonomie. In: Institut für Marxismus-Leninis-
    mus beim ZK der SED (Hrsg) (1956–1990) Marx-Engels-Werke (MEW), Bd 23. Dietz, Berlin
Marx K (1878) Interview der „Tribune". In: Institut für Marxismus-Leninismus beim ZK der SED
    (Hrsg) (1956–1990) Marx-Engels-Werke (MEW), Bd 34. Dietz, Berlin
Marx K (1881) an Ferdinand Domela Nieuwenhuis. In: Institut für Marxismus-Leninismus beim
    ZK der SED (Hrsg) (1956–1990) Marx-Engels-Werke (MEW), Bd 35. Dietz, Berlin
Marx K, Engels F (1975) Gesamtausgabe (MEGA), Erste Abteilung, Bd 1. Dietz, Berlin
Miethe I, Blüm N, Segbers F (2018) Jesus, Marx und die Krise des Kapitalismus. Ein Streit-
    gespräch, Nr. 9. Publik Forum, Oberursel
Mons H (1973) Karl Marx, Grundlagen der Entwicklung zu Leben und Werk. NCO, Trier
Neffe J (2017) Marx. Der Unvollendete. C. Bertelsmann, München
Pieper A (2015) Vernunft als Urteilskraft. In: Nickl P, Verrone A (Hrsg) Wie viel Vernunft braucht
    der Mensch. LIT, Berlin
Popper KR (1975) Die offene Gesellschaft und ihre Feinde II. Falsche Propheten. Hegel, Marx und
    die Folgen, 4. Aufl. Francke, München
Quante M, Schweikard DP (Hrsg) (2016) Marx Handbuch. Leben – Werk – Wirkung. J.B. Metzler,
    Stuttgart
Vieth A (2016) Grundbegriffe und Konzeptionen. A Philosophische Grundbegriffe, 5.1. Religion. In:
    Quante M, Schweikard DP (Hrsg) Marx Handbuch. Leben – Werk – Wirkung. J.B. Metzler, Stuttgart

Weiterführende literatur

Gerhardt V (2001) (Hrsg) Marxismus. Versuch einer Bilanz, Magdeburg
Institut für Marxismus-Leninismus beim ZK der SED (Hrsg) (1956–1990) Marx-Engels-Werke
    (MEW). Dietz, Berlin
Internationale Marx-Engels-Stiftung (Hrsg) (1975–1989) Marx-Engels-Gesamtausgabe (MEGA).
    Amsterdam
Lasson G (Hrsg) (1970) Hegel, Georg Wilhelm Friedrich: Vorlesungen über die Philosophie der
    Weltgeschichte, Zweite Hälfte. Akademie, Berlin
Marx K, Engels F (1847/1848) Manifest der Kommunistischen Partei. In: Institut für Marxismus-Leninis-
    mus beim ZK der SED (Hrsg) (1956–1990) Marx-Engels-Werke (MEW), Bd 4. Dietz, Berlin
Nickl P, Verrone A (Hrsg) (2015) Wie viel Vernunft braucht der Mensch. LIT, Berlin
Schuffenhauer W (Hrsg) (1967ff.) Ludwig Feuerbach – Gesammelte Werke, Bd 1 ff. De Gruyter, Berlin

Udo Kern ist em. Professor für Systematische Theologie an der Universität Rostock. Seine
Forschungsschwerpunkte sind u. a. Meister Eckhart, Martin Luther, Immanuel Kant, Ludwig
Feuerbach und Karl Marx.

War Karl Marx ein politischer Denker?

3

Yves Bizeul

Zusammenfassung

Im Rahmen seines umfangreichen Werks hat sich Karl Marx, allein oder zusammen mit Friedrich Engels, mit zahlreichen politischen Themenfeldern beschäftigt. Er hat Betrachtungen zu verschiedenen politischen Fragen verfasst, so z. B. zum modernen Staat, zu dem, was wir heute Ökologie nennen würden, zum Cäsarismus, zu dem zu seiner Zeit expandierenden Nationalismus, zur Demokratie und zur Revolution. Er war außerdem ein politischer Aktivist. Als solcher hat er war er vor allem nach der Oktoberrevolution 1917 äußerst erfolgreich und zog weltweit eine große Zahl politisch engagierter Intellektueller in seinen Bann. Dennoch zeigte sich Marx grundsätzlich desinteressiert gegenüber Staatsfragen. Er hat den Wert des Pluralismus für die Politik nicht erkannt und weder die grundlegende Funktion der Agonistik (Ernesto Laclau/Chantal Mouffe), des Widerstreits (Jean-Francois Lyotard) noch der Deliberation (Jürgen Habermas) oder der offenen Gesellschaft (Karl Popper) für die Demokratie gesehen.

Der Name „Karl Marx" fehlt in keinem Sammelwerk zu den Klassikern des politischen Denkens. Das ist insofern gerechtfertigt, als ein enger Bezug zwischen der Person bzw. dem Oeuvre von Marx und der Politik offenkundig ist: Marx war eine Zeit lang politischer Journalist, der zahlreiche Zeitungsartikel zu politischen Themen verfasste. Er schrieb analytische und gut dokumentierte Abhandlungen über politische Ereignisse. Allerdings hat er im Unterschied zu Platon, Aristoteles, Machiavelli, Hobbes, Locke, Arendt oder Aron keine systematische Abhandlung über Politik, Staat, Revolution oder Demokratie verfasst. Er hat als junger Mann über ein philosophisches, nicht aber

Y. Bizeul (✉)
Institut für Politik- und Verwaltungswissenschaften, Universität Rostock, Rostock, Deutschland
E-Mail: yves.bizeul@uni-rostock.de

© Springer Fachmedien Wiesbaden GmbH, ein Teil von Springer Nature 2019
U. Kern und D. Neuberger (Hrsg.), *Karl Marx,*
https://doi.org/10.1007/978-3-658-24842-0_3

politisches Thema promoviert und seine letzten Schriften sind nicht der Politik, sondern der Ökonomie gewidmet. Obwohl er Rechtswissenschaft studiert hat, hat er sich Zeit seines Lebens primär nicht mit rechtlichen, sondern mit sozialen und vor allem wirtschaftlichen Fragen beschäftigt. Wie Hennig Ottmann feststellt, ist Marx in seiner Jugend ein Philosoph, „der die Philosophie (philosophisch) verabschieden will", im Alter „ein Ökonom, der die Gesetze der kapitalistischen Wirtschaft so aufdecken will, wie Darwin die Gesetze der Natur aufgedeckt hat" (Ottmann 2008, S. 150). Es stellt sich also die Frage, ob Karl Marx zu Recht zu den „Klassikern" des politischen Denkens gezählt wird.

Ich werde dieser Frage im vorliegenden Aufsatz nachgehen. Der Beitrag gliedert sich in vier Teile: Erstens werde ich die Nähe von Marx zur politischen Utopie und zum jüdischen Messianismus untersuchen. Dann werde ich mich mit seinen Betrachtungen zur Ideologie beschäftigen. In einem dritten Teil werde ich einige von Marx erwähnte ausgewählte politische Themen ansprechen. Viertens werde ich die Frage stellen, ob Marx nicht letztendlich das Politische überflüssig machen wollte.

3.1 War Marx ein säkularer messianischer Prophet oder ein Utopist?

Manche sehen in Marx einen Propheten des säkularen Zeitalters, der in der Tradition des jüdischen Messianismus und des Millenarismus stehe (vgl. Schumpeter 1993, S. 19–42). Nach Karl Löwith war die treibende Kraft für Marx' Analysen ein „offenkundiger Messianismus, der unbewußt in Marx' eigenem Sein, in seiner Rasse wurzelt" (Löwith 1953, S. 48). Löwith, von Geburt selbst Jude, ordnete Marx also in eine bestimmte Tradition des Judentums ein, und dies, obschon Marx in seiner Schrift *Zur Judenfrage* von 1843 von den Juden – also von sich selbst – erwartete, sie sollten sich „vollständig und widerspruchslos vom Judentum los…sagen" (Marx 1844a, S. 361). Allerdings vertrat er gleichzeitig – im Unterschied zu Bruno Bauer – in derselben Schrift die Auffassung, dass auch religiöse Juden Bürgerrechte erhalten sollen und keiner vom Staat gezwungen werden soll, seine Religion aufzugeben.

Ich werde hier der Frage, ob Marx ein linker Antisemit war, wie u. a. Hannah Arendt (1993, S. 98) behauptete angesichts Marx' Aussage, der Schacher sei der weltliche Kultus der Juden (Marx 1844a, S. 372), oder aufgrund der Beschimpfung Lassalles als „jüdische[r] Nigger" (Marx 1862, S. 257), nicht nachgehen. Mich interessiert vielmehr, ob man ihn wirklich als messianischen Propheten der Moderne sehen kann, denn dann wäre sein Denken durch und durch als politisch zu betrachten.

Obwohl Marx dem Judentum, wie allen Religionen, kritisch gegenüberstand, ist es dennoch nicht völlig verkehrt, mit dem Schweizer Politologen Arnold Künzli (1966) zu behaupten, die Marx'sche Lehre sei als Folge seiner Verdrängung jüdischer Religiosität zu erklären, die, da verdrängt, umso wirksamer geworden sei. Löwith (1953, S. 48) stellt seinerseits fest: „Der ganze Geschichtsprozess, wie er im Kommunistischen Manifest dargestellt wird, spiegelt das allgemeine Schema der jüdisch-christlichen Interpretation

der Geschichte als eines providentiellen Heilsgeschehens auf ein sinnvolles Endziel hin.
Der historische Materialismus ist Heilsgeschichte in der Sprache der Nationalökonomie.
Was eine wissenschaftliche Entdeckung zu sein scheint …, ist vom ersten bis zum letzten
Satz von einem eschatologischen Glauben erfüllt." Auch der große französische Denker
jüdischer Abstammung Raymond Aron (1955, S. 78) hat Marx als säkularen Millenaristen
bezeichnet, zumal seine Geschichtsphilosophie an das Narrativ einer innerweltlichen
Heilgeschichte erinnert und bei ihm das Endziel der Geschichte einen absoluten Wert
hat. Aron (1985) betrachtete wie Eric Voegelin (1996) vor ihm und Emilio Gentile (2000,
2005) nach ihm den Marxismus als eine „politische" bzw. „säkulare" Religion.

Marx selbst hat in seinen Schriften teilweise eine klare religiöse Sprache benutzt, um
politische oder soziale Prozesse zu beschreiben. Er bezeichnete die Revolutionäre gern
als „Himmelsstürmer". In der Schrift *Der politische Indifferentismus* von 1872/1873
ruft er die Proletarier dazu auf, sich wie religiöse Gläubige zu verhalten: „Als wirklich
religiöse Leute müssen sie", so heißt es, „die Tagesbedürfnisse verachtend, voller Glauben ausrufen: ‚Gekreuzigt werde unsere Klasse, untergehen möge unsere Rasse, doch
die ewigen Prinzipien müssen makellos bleiben!' Wie fromme Christen müssen sie den
Worten des Priesters glauben, die Güter dieser Erde verachten und nur danach trachten,
das Paradies zu gewinnen. Lesen sie statt Paradies die *soziale Liquidation,* die an einem
schönen Tag in irgendeinem Krähwinkel der Welt vor sich gehen wird, niemand weiß,
wie und von wem verwirklicht, und die Mystifikation ist voll und ganz dieselbe" (Marx
1873, S. 300). Das Wort „Mystifikation" zeigt zwar, dass diese Aussagen weitgehend
ironisch gemeint waren. Dennoch hatte Pierre-Joseph Proudhon (1875, S. 199) nicht
unrecht, wenn er in einem Brief an Marx vom 17.05.1846 ihm Dogmatismus vorwarf
und warnte: „posieren wir nicht als die Apostel ["chefs"] einer neuen Religion, und mag
es sich um die Religion der Logik, die Religion der Vernunft" handeln. Marx war eben
nicht nur, wie Paul Ricœur feststellt, zusammen mit Freud und Nietzsche ein „Meister des
Argwohns" ("maître du soupçon"), sondern auch ein „Meisterdenker" (Glucksmann 1987).

Laut Michael Löwy (1997, S. 28) existiert eine enge Wahlverwandtschaft zwischen
den modernen politischen Utopien und dem alten jüdischen Messianismus, der im
Gegensatz zum christlichen Messianismus die Erlösung als „Ereignis betrachtet, das
sich notwendigerweise auf dem Schauplatz der Geschichte ereignen muß; ‚öffentlich'
sozusagen und in der Welt des Sichtbaren". Man sollte jedoch mit dem französischen
Soziologen und Anthropologen Jean Servier (1971) schärfer zwischen religiösem
Millenarismus und Utopie unterscheiden als Löwy, aber auch als Ernst Bloch und Karl
Mannheim es tun. Der religiöse Millenarismus trägt nach Servier ein echtes kritisches
und revolutionäres Potenzial in sich, zumal die Hoffnung auf eine baldige Wiederkehr
des Messias immer aufs Neue im Laufe der Geschichte zu radikalen sozialen Protest-
bewegungen geführt hat, nicht nur in Europa, sondern auch und vor allem in Brasilien
und in Afrika. Die politische Utopie hingegen zeuge von der Sehnsucht des Menschen
nach einem krisenlosen, harmonischen und tugendhaften Zustand, nach einer Gemeinschaft, in der Mensch von der Last der Eigenverantwortlichkeit für sein Leben
befreit ist, also in Wahrheit von einem „regressus ad uterum", von der Sehnsucht nach
der Rückkehr in den Mutterschoß bzw. in eine konfliktlose heile Welt. Die Utopie ist

im Unterschied zum Messianismus die Beschreibung einer durch und durch geplanten Zukunft, in der die Einzelnen ohne freien Willen auskommen können, da es dort weder Konkurrenz um Geld und Anerkennung noch Machtkämpfe gibt.

Bei Marx findet man beides: das revolutionäre Potenzial des Millenarismus und die Sehnsucht nach Harmonie der Utopie. Marx war aber, so meine Überzeugung, weder ein säkularer messianischer Prophet noch ein Utopist. Er wollte vielmehr die soziale Wirklichkeit und die Ökonomie wissenschaftlich untersuchen. Der Fortschrittsglaube und Szientismus seiner Zeit prägen sein Theoriegebäude zutiefst. Dass er Auguste Comte rezipiert hat, dokumentiert der Terminus „positive Wissenschaft" in der *Deutschen Ideologie*. Dort führt er dieses Wort als Gegenbegriff zu der durch die Metaphysik durchtränkten deutschen Philosophie seiner Zeit ins Feld.

Marx verstand sich nicht als naiver Utopist. Er wusste zwar von seiner Bringschuld zu den Entwürfen der Frühsozialisten und der sog. Sozialutopisten und plante zusammen mit Engels in den Jahren 1844 und 1845 die Gründung einer „Bibliothek der vorzüglichsten sozialistischen Schriftsteller des Auslands". Auch beabsichtigten die beiden die Werke Fouriers, Owens und der Saint-Simonisten ins Deutsche zu übersetzen (vgl. Marx und Engels 1845, S. 22, 24). Marx verstand sich aber als „harter" Wissenschaftler und Engels hat in seinem Buch von 1880 *Die Entwicklung des Sozialismus von der Utopie zur Wissenschaft* (Engels 1880, S. 177–228) dem, was er eine scharfe Abgrenzung der Marx'schen Lehre vom Frühsozialismus nannte, ein Denkmal gesetzt.

Marx' Beschreibung des Endes der Geschichte, also des zukünftigen „Reichs der Freiheit", bleibt aus diesem Grund gewollt höchst schemenhaft. Im dritten Band des *Kapitals* schreibt er dazu nur: „Das Reich der Freiheit beginnt ... erst da, wo das Arbeiten, das durch Not und äußere Zweckmäßigkeit bestimmt ist, aufhört; es liegt also der Natur der Sache nach jenseits der Sphäre der eigentlichen materiellen Produktion". Jenseits des Reichs der Notwendigkeit „beginnt die menschliche Kraftentwicklung, die sich als Selbstzweck gilt, das wahre Reich der Freiheit, das aber nur auf jenem Reich der Notwendigkeit als seiner Basis aufblühen kann. Die Verkürzung des Arbeitstages ist die Grundbedingung." In der *Deutschen Ideologie* wird die zukünftige Gesellschaft als eine Gesellschaft verstanden, in der „jeder nicht einen ausschließlichen Kreis der Tätigkeit hat, sondern sich in jedem beliebigen Zweige ausbilden kann, die Gesellschaft die allgemeine Produktion regelt und mir eben dadurch möglich macht, heute dies, morgen jenes zu tun, morgens zu jagen, nachmittags zu fischen, abends Viehzucht zu treiben, nach dem Essen zu kritisieren, wie ich gerade Lust habe, ohne je Jäger, Fischer, Hirt oder Kritiker zu werden" (Marx und Engels 1845, S. 33). Mehr über den Endzustand erfahren wir nicht. Es geht hier übrigens nicht um die Beschreibung einer zukünftigen Gesellschaft, sondern um die Ankündigung der Aufhebung der Bindung des Einzelnen mit einer einzigen Teiltätigkeit in der modernen Arbeitswelt (vgl. Fetscher 1999, S. 67).

Marx kritisiert Proudhon in einem Brief an J. B. v. Schweitzer von 1865. Er schreibt: „Zur Beurteilung [Proudhons] zweibändigen, dickleibigen Werkes muß ich Sie auf meine Gegenschrift [hier ist die *Misère de la philosophie* von 1847 gemeint] verweisen. Ich zeigte darin u. a., wie wenig [Proudhon] in das Geheimnis der wissenschaftlichen Dialektik eingedrungen; wie er andererseits die Illusionen der spekulativen Philosophie teilt, indem er die *ökonomischen Kategorien, statt als theoretische Ausdrücke histori-scher, einer bestimmten Entwickelungsstufe der materiellen Produktion entsprechender Produktionsverhältnisse* zu begreifen, sie in präexistierende, *ewige Ideen* verfaselt, und wie er auf diesem Umwege wieder auf dem Standpunkt der bürgerlichen Ökonomie ankommt. Ich zeige weiter noch, wie durchaus mangelhaft und teilweise selbst schüler-haft seine Bekanntschaft mit der ‚politischen Ökonomie‘, deren Kritik er unternahm, und wie er mit den Utopisten auf eine sogenannte ‚*Wissenschaft*‘ Jagd macht, wodurch eine Formel für die ‚Lösung der sozialen Frage‘ à priori herausspintisiert werden soll, statt die Wissenschaft aus der kritischen Erkenntnis der geschichtlichen Bewegung zu schöp-fen, einer Bewegung, die selbst die *materiellen Bedingungen der Emanzipation* produ-ziere" (Marx 1859, S. 28). Wie man sieht, wirft Marx Proudhon in erster Linie vor, nur mangelnde Kenntnisse der Ökonomie zu haben und unwissenschaftlich zu denken.

3.2 Marx' Betrachtungen zur Ideologie

Auch wenn Marx vom Positivismus seiner Zeit geprägt war, war er kein reiner Wissen-schaftler. Er wollte vielmehr mithilfe der Wissenschaft die Besitzenden und Herrschen-den theoretisch entwaffnen, um sie unschädlich zu machen. Geleitet von dieser Absicht hat er seine auch für die Politikwissenschaft bedeutenden Betrachtungen zur Ideologie entworfen. Er vergleicht in der *Deutschen Ideologie* von 1845/1846 die Ideologie mit einer *Camera obscura,* die die Welt von den Füßen auf den Kopf stellt: „Wenn in der ganzen Ideologie die Menschen und ihre Verhältnisse wie in einer Camera obscura auf den Kopf gestellt erscheinen, so geht dies Phänomen ebensosehr aus ihrem historischen Lebensprozeß hervor, wie die Umdrehung der Gegenstände auf der Netzhaut aus ihrem unmittelbar physischen" (Marx und Engels 1845, S. 26). Für Marx ist die Ideologie das genaue Gegenteil von der Wissenschaft. In dem Zitat wird aber auch klar, dass es für Marx eine enge Nähe zwischen Naturphänomenen und gesellschaftlichen Prozessen gibt.

Marx verstand die Ideologie in Anlehnung an Saint-Simon als Quelle von Legitimität und politischer Stabilität. Sie ist aber keine Erfindung der Kapitalisten und Herrschen-den, sondern das Ergebnis gesellschaftlicher Widersprüche, die das Bewusstsein der Einzelnen bestimmen. Dem Rat Terry Eagletons (1993, S. 85) folgend, sollten wir die Marx'sche Ideologietheorie als Teil seiner Entfremdungstheorie betrachten. Im Unter-schied zu Hegel, der fest an die Wirkung der „List der Vernunft" in der Geschichte glaubte, hat Marx die Entfremdung rein negativ verstanden. Bei ihm gewinnt im kapi-talistischen System die Welt der Sachen eine „selbstständige Macht" über die Produzenten. Diese werden von ihren Produkten, von ihren Tätigkeiten, vom Gattungswesen und von ihren Mitmenschen entfremdet und die Menschenwelt wird dadurch entwertet. Aus die-sen Entfremdungsprozessen sind religiöse, juristische, politische usw. Glaubenssysteme bzw. Ideologien entstanden und verschleiern die realen Machtverhältnisse. Die Ideologie ist zunächst das Resultat einer Selbsttäuschung. Sie wird aber von den Machthabern inst-rumentalisiert und sorgt dafür, dass eine bestimmte Herrschaftsordnung als gerechtfertigt erscheint. Laut Marx verbirgt die „ideologische Maske" der bürgerlichen Klasse „ihr wahres Gesicht". Im *Kapital* wird die Entfremdungstheorie der frühen Werke nicht mehr erwähnt. Anstelle dessen spricht Marx jetzt vom „Warenfetischismus". Was den marktwirtschaftlichen Akteuren als Eigenschaft von Dingen erscheint, nämlich als Wert der Waren, sei in Wirklichkeit nur die Folge der Warenproduktion.

Der Elitetheoretiker Vilfredo Pareto wird später die Marx'sche Ideologielehre in veränderter Form übernehmen. Während für Marx die Ideologie und der damit verbundene quasimagische Aberglaube des „Warenfetischismus" ein Ergebnis von Klassenkämpfen ist, das mit dem Sieg des Kommunismus und der Durchsetzung des „Reiches der Freiheit" verschwinden soll, wird es nach Pareto eine Überwindung des „falschen Bewusstseins" – ein Begriff, den Marx selbst nie verwendet hat – nie geben, zumal die Verschleierung von Wirklichkeit nicht das Ergebnis sozialer Widersprüche ist, die man durch einen revolutionären Prozess abschaffen könnte. Sie gehöre zum Kern des menschlichen Bewusstseins und Handelns selbst. Der Mensch täuscht als „ideologisches Tier" mithilfe der sog. Derivationen bzw. Derivate sich ständig selbst und seine Umgebung über die eigentlichen Motive seiner Taten (Pareto 1916, § 868, 1400). Der italienische Politikwissenschaftler Noberto Bobbio (1977, S. 109–122) sieht zwei weitere Unterschiede in den Verständnissen der Ideologie von Marx und Pareto: Die Ideologie entstehe nach Marx aus einer „falschen Universalisierung", partikulare Interessen würden als universelle Werte dargestellt. Pareto gehe hingegen von einer „falschen Rationalisierung" aus; Glaubenssätze, Gefühle und Instinkte unterliegen aufgrund rationaler Diskurse einem Prozess der Sublimierung. Marx kritisiere ferner die Ideologie von einem politischen, Pareto von einem wissenschaftlichen Standpunkt. Diese letzte Aussage ist insofern fragwürdig, da Marx sich nicht in erster Linie als politischer Denker, sondern als Wissenschaftler betrachtete. Außerdem verfolgte Paretos Ideologietheorie das politische Ziel, die sozialistische Hoffnungslehre, die er für eine Quasireligion hielt (Pareto 1916, § 1857), zu widerlegen.

Erst allmählich setzte sich im Marxismus die Einsicht durch, dass die Ideologie nicht immer und nicht vordergründig eine Verstellung der Wirklichkeit ist. Schon Marx erwähnt im Vorwort seiner Schrift von 1859 *Zur Kritik der politischen Ökonomie* die Existenz eines ideellen „Überbaus", der von der ökonomischen „Basis" weitgehend determiniert ist (Marx 1858a, S. 8). Dieser Überbau lässt sich aber nicht abschaffen, sondern nur umgestalten. Allerdings glaubte Marx an eine mögliche Aufhebung des ideologischen Kerns des Überbaus, u. a. dank einer adäquaten Analyse des „Korrespondenzaxioms" des Überbau-Unterbau-Prinzips (vgl. Plessner 1953, S. 231 f.).

Aufgrund dieses sog. „Korrespondenzaxioms" entstanden später marxistische Analysen der Ideologie, in denen diese nicht mehr als Gegensatz zur Realität, sondern als Gegenpart zur marxistischen Theorie betrachtet wird (vgl. Ricœur 1997, S. 149). So hielt Lenin (1973, S. 396 ff.) eine mögliche Umwandlung des Überbaus und der damit verbundenen Ideologie zugunsten der Arbeiterklasse für möglich und unterschied folgerichtig zwischen einer schlechten bürgerlichen und einer guten sozialistischen Ideologie. Georg Lukács (1968, S. 403 f.) hat im Marx'schen historischen Materialismus die (gute) Ideologie des Proletariats gesehen. Das proletarische Klassenbewusstsein bildet in seinen Augen insofern keine negative Ideologie, als es ein echtes universales Interesse verkörpern würde.

Man sieht: Die marxistische Deutung der Ideologie ist wichtig, um die Politik zu analysieren. Allerdings war die Ideologie für Marx nur ein vorübergehendes Phänomen.

3.3   Marx' Analysen einzelner politischer Themen

Marx hat in seinem Werk, allein oder zusammen mit Engels, zahlreiche politische Themen angesprochen und kommentiert. Seine Analysen waren oft scharfsinnig, seine Reflexionen aber nicht immer stichhaltig.

Besonders interessant sind die Betrachtungen des jungen Marx zum modernen bzw. „christlichen Staat" (siehe hierzu Udo Kerns Aufsatz in diesem Sammelband). Der moderne Staat sei die Folge einer doppelten Trennung: der Trennung von Staat und Gesellschaft (Hegel) und der Trennung von Religion und Staat. Beide bedingen sich aber gegenseitig. Für Marx konnte nur das Christentum die zweite Trennung mit sich bringen, also die Trennung von Religion und Staat. Er vertritt hier eine ähnliche These wie heute Marcel Gauchet (1985). Die Verdrängung der Religion in die Privatsphäre könne aber nicht zu einer echten Emanzipation führen, wie das Beispiel der USA zeige. Denn in diesem Land blieben die meisten Bürger trotz der scharfen Trennung von Religion und Staat zutiefst religiös. Nur eine Aufhebung der Religion könne den Weg zur wahren Emanzipation ebnen. Ähnliches gilt aber auch für die vom Staat getrennte Gesellschaft, in der die Gesetze des Privateigentums herrschen (vgl. Leopold 2007).

Man findet außerdem in Marx' Gesamtwerk einen Hang zu dem, was wir heute Ökologie nennen würden, vor allem in Gestalt einer Kritik der intensiven Landwirtschaft und der Abholzung der Wälder. Die *Ökonomisch-philosophischen Manuskripte aus dem Jahre 1844* bezeichnen den Kommunismus als „die wahrhafte Auflösung des Widerstreites zwischen dem Menschen und der Natur". Im ersten Band des *Kapitals* steht, dass die vorkapitalistischen Gesellschaften den Stoffwechsel zwischen Menschengruppen und Natur „naturwüchsig" gesichert hätten; im Sozialismus werde dieser dann „systematisch als regelndes Gesetz der gesellschaftlichen Produktion und in einer der vollen menschlichen Entwicklung adäquaten Form" erfolgen (Marx 1867, S. 528). Laut Michael Löwy (2005, S. 313 f.) ist es aber offensichtlich, dass es Marx und Engels an einer ökologischen Gesamtperspektive mangelt. Bezüglich des Themas Ökologie sind Marx' Aussagen nicht konsequent. Im bekannten Schluss des ersten Bands des *Kapitals* begrüßt er die erwartete steile Produktivitätssteigerung nach dem Sieg des Sozialismus. Er stellt fest: „Das Kapitalmonopol wird zur Fessel der Produktionsweise, die mit und unter ihm aufgeblüht ist" (Marx 1867, S. 791). Erst im Sozialismus werden diese Fesseln gesprengt.

Der Historiker Hans Mommsen (1979, S. 41) kritisiert die Tatsache, dass sich Marx und Engels „niemals systematisch mit dem Problem des Nationalismus befasst haben; in dem von ihnen entwickelten politisch-ökonomischen System hat es nur periphere Bedeutung". „Erst in späterer Zeit", so Mommsen weiter, „hat Engels die Gefahren erkannt, die der Einheit der sozialistischen Bewegung durch den Nationalismus erwuchsen. Beide Denker gingen vom westlichen Nationsbegriff aus und übernahmen die in der ersten Hälfte des 19. Jahrhunderts geläufige Terminologie. ‚Nation' und ‚Gesellschaft' wurde von ihnen wechselweise im Sinn von Staatsbürgergesellschaft gebraucht". Diese Indifferenz gegenüber dem damals ausufernden Nationalismus ist erstaunlich, zumal der Nationalismus eine „politische Religion" bildet, die sogar sozialistische Strömungen und Parteien in Europa schon damals infizierte. Zugleich vermehrten sich innerhalb der Nationen und Reiche innerstaatliche sog. Nationalitätenkonflikte, vor allem im östlichen Teil Europas.

Der „Bund der Kommunisten" hat unter Leitung von Marx und Engels während der Revolution von 1848 ein Programm entworfen, die *Forderungen der Kommunistischen Partei in Deutschland,* in dem stand: „Ganz Deutschland wird zu einer einigen, unteilbaren Republik erklärt" (Marx und Engels 1867, S. 3). Im selben Jahr wird aber im *Manifest der Kommunistischen Partei* die Gründung der deutschen Nation als eine zwar notwendige, aber vorübergehende Etappe auf dem Weg zur internationalen kommunistischen Gesellschaft betrachtet. Sie sollte keine Dauereinrichtung sein. Dort heißt es: „Den Kommunisten ist … vorgeworfen worden, sie wollten das Vaterland, die Nationalität abschaffen. Die Arbeiter haben kein Vaterland. Man kann ihnen nicht nehmen, was sie nicht haben. Indem das Proletariat zunächst sich die politische Herrschaft erobert, sich zur nationalen Klasse erhebt, sich selbst als Nation konstituieren muß, ist es selbst noch national, wenn auch keineswegs im Sinne der Bourgeoisie. Die nationalen Absonderungen und Gegensätze der Völker verschwinden mehr und mehr schon mit der Entwicklung der Bourgeoisie, mit der Handelsfreiheit, dem Weltmarkt, der Gleichförmigkeit der industriellen Produktion und der ihr entsprechenden Lebensverhältnisse. Die Herrschaft des Proletariats wird sie noch mehr verschwinden machen. Vereinigte Aktion, wenigstens der zivilisierten Länder, ist eine der ersten Bedingungen seiner Befreiung. In dem Maße, wie die Exploitation des einen Individuums durch das andere aufgehoben wird, wird die Exploitation einer Nation durch die andere aufgehoben. Mit dem Gegensatz der Klassen im Innern der Nation fällt die feindliche Stellung der Nationen gegeneinander" (Marx und Engels 1848, S. 479). Es gibt also bei Marx eine unüberwindbare Spannung zwischen Universalimus und Partikularismus.

Die wenigen Aussagen von Marx zum Nationalismus sind nicht primär politischer, sondern ökonomischer Natur. Er vertrat die Meinung, die Nation könne erst entstehen, nachdem eine bestimmte Entwicklungsstufe der Produktivkräfte und Produktionsverhältnisse erreicht worden sei. So sei in Indien der Zentralstaat die Folge der Wasserwirtschaft gewesen (Marx 1853, S. 129). Das heißt aber auch, dass die Nation, wie der Staat, den sie trägt, nicht ewig sei, sondern verschwinden werde, wenn diese geschichtliche

Entwicklungsstufe überholt werde. Kapitalismus und Bourgeoisie haben von der Nation profitiert. Der nationale Integrationsprozess hat die Herausbildung des nationalen Marktes ermöglicht, die wichtigste Triebkraft des Nationsbildungsprozesses.

Marx war ein Jakobiner und sah die großen Nationen als notwendige vorübergehende Erscheinungen auf dem Weg der klassenlosen Gesellschaft. Die Nationalitätenbewegung seiner Zeit war für ihn hingegen etwas Rückständiges. Er sprach in diesem Zusammenhang von „Fossilien". Seiner Meinung nach haben nur ausgedehnte Länder ein Anrecht, Nationen zu bilden. Die Stellungnahmen von Marx und Engels zur Frage der Wiederherstellung Polens in den Grenzen von 1772 waren von Opportunismus geprägt. Anfangs wollten sie eine solche nationale Wiedergeburt, weil sie in Polen ein Bollwerk gegen das zaristische Russland sahen. Russland war Marx zufolge eine asiatische bzw. halbasiatische Despotie, die aus der tatarischen Eroberung entstanden war. Während der Revolution 1848/1849 trat er sogar für einen Krieg der deutschen Staaten gegen Russland und für die Wiederherstellung Polens ein (vgl. Fetscher 1999, S. 138). Marx' kritische Einstellung zu Russland hat übrigens dazu geführt, dass seine brisante Abhandlung aus dem Jahr 1857 *Enthüllungen zur Geschichte der Diplomatie im 18. Jahrhundert* keinen Eingang in die marxistischen Marx-Ausgaben fand (vgl. Ottmann 2008, S. 172).

Kurz danach hatte sich die Einstellung von Marx und Engels zu Polen geändert. Jetzt sprach Engels von diesem Land als von einer ohnehin „nation foutue", also von einer „kaputten Nation", und Marx verdächtigte Russland in der Schrift *Herr Vogt* von 1860, die Wiedergeburt Polens voranzutreiben, um das Land im Namen des Panslawismus leichter dem russischen Reich einzuverleiben (Marx 1860, S. 510). In diesem Zusammenhang zeigt uns Marx, dass Russland immer wieder die gleiche Strategie bevorzugt. Bevor es sich 1783 die Krim einverleibte, hatte Russland, so Marx, mit Absicht die Unabhängigkeit der Krim proklamiert (Marx 1860, S. 498). In Manuskripten und Exzerpten aus den Jahren 1863 und 1864, die erst 1971 nur in Polen veröffentlicht wurden, verurteilt Marx hingegen die Unterdrückung der polnischen Freiheitsbewegungen durch Preußen und Russland aufs Schärfste (vgl. Fetscher 1999, S. 137). Auch in Bezug auf andere militärische Auseinandersetzungen zeigt sich die Divergenz zwischen Marx' politischen und theoretischen Erwägungen. So stand Marx während des französisch-preußischen Kriegs – in Deutschland Deutsch-Französischer Krieg genannt – 1870/1871 auf der Seite Preußens, da er fürchtete, im Falle eines Siegs Frankreichs würden die deutschen Arbeiter in das Schlepptau der französischen Arbeiter geraten, die Napoleon III. unterstützen würden (Marx 1859).

Man findet außerdem bei Marx Betrachtungen zur Globalisierung und zur Gemeinschaft. Eine der ersten Diagnosen der modernen Globalisierung findet man bereits im *Manifest der Kommunistischen Partei* von 1848. Dort heißt es: „Die große Industrie hat den Weltmarkt hergestellt, den die Entdeckung Amerikas vorbereitete. Der Weltmarkt hat dem Handel, der Schifffahrt, den Landkommunikationen eine unermessliche Entwicklung gegeben" (Marx und Engels 1848, S. 463). Staat und Nation waren nach Marx und Engels nur noch Agenturen, die das große globalisierte Geschäft verwalten.

Marx kritisiert und lobt zugleich die Gemeinschaft. Sie ist in seinen Augen gefährlich vor dem Sozialismus und gut im Sozialismus und im Kommunismus. Wenn die Menschen ihre Gemeinschaft beispielsweise über ihre regionale Zugehörigkeit, ihre Herkunft oder bestimmte Gewohnheiten definieren, so sind sie bereits den Konstruktionen der herrschenden Klasse, die „die Produktion und Distribution der Gedanken ihrer Zeit regeln" (Marx und Engels 1845, S. 46), erlegen. Erst im „Reich der Freiheit", am Ende der Geschichte also, verwirklicht sich für Marx die wahre, also die „urkommunistische Gemeinschaft" nach dem Modell des Urchristentums.

Die nur scheinbare und illusorische Gemeinschaft – ein Herrschaftsinstrument in den Händen der Kapitalisten und Herrschenden – wird erst im Sozialismus und im Kommunismus zu einer echten Gemeinschaft: „Erst in der Gemeinschaft [mit anderen hat jedes] Individuum die Mittel", heißt es in der *Deutschen Ideologie,* „seine Anlagen nach allen Seiten hin auszubilden; erst in der Gemeinschaft wird also die persönliche Freiheit möglich. In den bisherigen Surrogaten der Gemeinschaft, im Staat usw. existierte die persönliche Freiheit nur für die in den Verhältnissen der herrschenden Klasse entwickelten Individuen und nur, wenn sie Individuen dieser Klasse waren. Die scheinbare Gemeinschaft, zu der sich bisher die Individuen vereinigten, verselbstständigte sich stets ihnen gegenüber und war zugleich, da sie eine Vereinigung einer Klasse gegenüber einer andern war, für die beherrschte Klasse nicht nur ganz eine ganz illusorische Gemeinschaft, sondern auch eine neue Fessel. In der wirklichen Gemeinschaft erlangen die Individuen in und durch ihre Assoziation zugleich ihre Freiheit." (Marx und Engels 1845, S. 74). Wie Will Kymlicka (1989, S. 100) feststellt, würde Marx heute aufgrund seiner Kritik der identitären Zuschreibungen in der bürgerlichen Gesellschaft eher den Liberalen als den Kommunitariern nahestehen. Er vertrat den Perfektionismus, eine Variante der eudämonistischen Ethik (Kymlicka 2000).

Marx' Aussagen zur Revolution sind widersprüchlicher Natur. Karl Popper (2003, S. 185) hat von der „Zweideutigkeit der Gewalt" und der „Zweideutigkeit der Machtübernahme" bei Marx gesprochen. Dieser oszilliert in seinen Aussagen zwischen einer gewaltsamen Revolution und einer evolutionären Transformation. Die Fragen, ob die Proletarier durch Umsturz an die Macht kommen werden oder durch Wahlen in Ländern wie den USA, Großbritannien oder Frankreich, sowie die weitere Frage, ob nach einem eventuellen Wahlsieg der Sozialisten die Wahlen noch frei bleiben werden oder nicht, lassen sich allein mit Marx' Schriften nicht beantworten, die unterschiedlichen Interpretationen der entsprechenden Stellen divergieren dafür zu sehr.

Marx ist überzeugt, dass es zwischen der Phase des Kapitalismus und des Sozialismus eine sog. Übergangsperiode, die „Diktatur des Proletariats", geben wird. Die erste Erwähnung dieses „Durchgangspunkt[s] zur Abschaffung der Klassenunterschiede." (Marx und Engels 1850, S. 323) findet man schon in der Schrift *Die Klassenkämpfe in Frankreich 1848–1850* (Marx 1850, S. 9–107). Engels hat die Diktatur des Proletariats bereits in der Pariser Kommune von 1871 am Werk gesehen, bei Marx findet man eine derartige Deutung der Pariser Ereignisse allerdings nicht. Dafür betont er in seiner *Rede auf der Feier zum siebenten Jahrestag der Internationalen Arbeiterassoziation,* die er am

25.09.1871 in London hielt, dass die erste Voraussetzung der Diktatur des Proletariats eine Armee des Proletariats sei. Weiter heißt es: „Die arbeitenden Klassen müßten sich das Recht auf ihre Emanzipation auf dem Schlachtfeld erkämpfen. Aufgabe der Internationale sei es, die Kräfte der Arbeiter für den kommenden Kampf zu organisieren und zu vereinen" (Marx 1871, S. 433). Dennoch war für Marx, so Hannah Arendt, die Rolle der Gewalt in der Geschichte sekundär. Sie stellt fest, „nicht Gewalt, sondern die der alten Gesellschaft inhärenten Widersprüche würden ihr ein Ende bereiten und in die Revolution führen". „Das Aufkommen einer neuen Gesellschaft werde durch gewaltsame Ausbrüche eingeleitet, nicht jedoch verursacht" (Arendt 2000, S. 13).

Weniger widersprüchlich sind Marx' Überlegungen zur Demokratie. Sie sind aber rar und nicht sehr tiefgründig. Der junge Marx griff die liberale repräsentative Demokratie aufgrund ihres prometheischen Hochmuts und ihres unbegrenzten Zutrauens in die Fähigkeit der geeinten Menschen, die Natur zu beherrschen und die Gesellschaft in die richtige Bahn zu steuern, an (vgl. Aron 1998, S. 42). Allein eine „echte" Demokratie war seiner Meinung nach „das aufgelöste Rätsel aller Verfassungen" (Marx 1844c, S. 231), denn das Volk sollte der Ursprung und der Schöpfer des politischen Überbaus sein. Der Mensch könne sich nur dann selbst begreifen, wenn er zum Herren und Besitzer aller Institutionen werde, denen er früher entfremdet wurde. Demokratie bedeutet laut Marx die Souveränität des gesamten Volkes und die Aufhebung der Trennung zwischen dem privaten und dem öffentlichen Leben sowie zwischen Staat und Gesellschaft (vgl. Aron 1998, S. 37 f.).

In *Der achtzehnte Brumaire des Louis Bonaparte* bezeichnet Marx den liberalen Demokraten als Vertreter des Kleinbürgertums, also als Mitglied einer „Übergangsklasse". Die bürgerlichen Abgeordneten würden zwar behaupten, sie würden das unteilbare ganze Volk vertreten, dabei würden sie jedoch nur ihren eigenen Stand repräsentieren. Sie seien in Wahrheit die Vertreter der Interessen des Kapitals. Die Schrift beinhaltet eine für die Politikwissenschaft wertvolle politische Analyse des Cäsarismus. Louis Napoleon wurde 1851 laut Marx durch die Bauernschaft und das sog. Lumpenproletariat an die Macht getragen, nicht durch die Bourgeoisie. Marx' Analysen zum Cäsarismus werden nur selten von den Experten des heutigen Populismus rezipiert. Möglicherweise hat dies mit der Tatsache zu tun, dass der aktuelle Populismus mit den Kleinbauern, die in Marx' Werk die Hauptrolle spielen, nichts mehr zu tun hat. Höchst aktuell ist hingegen seine Schilderung Louis Bonapartes, die stark an das heutige Verhalten Donald Trumps erinnert: „Von den widersprechenden Forderungen seiner Situation gejagt, zugleich wie ein Taschenspieler in der Notwendigkeit, durch beständige Überraschung die Augen des Publikums auf sich … gerichtet zu halten, also jeden Tag einen Staatsstreich en miniature zu verrichten, bringt Bonaparte die ganze bürgerliche Wirtschaft in Wirrwarr, tastet alles an, was der Revolution von 1848 unantastbar schien, macht die einen revolutionsgeduldig, die anderen revolutionslustig und erzeugt die Anarchie selbst im Namen der Ordnung, während er zugleich der ganzen Staatsmaschine den Heiligenschein abstreift, sie profaniert, sie zugleich ekelhaft und lächerlich macht" (Marx 1852, S. 207).

Weder Marx noch Engels haben Abhandlungen zum Prinzip der Volkssouveränität verfasst. Der Begriff taucht in ihren Schriften nur selten auf. Marx bekannte sich 1843 in seiner Abhandlung *Kritik des Hegelschen Staatsrechts* zu dem, was er die „wahre Demokratie" nannte. Die bürgerliche liberale repräsentative Mehrheitsdemokratie beinhalte noch die Aufspaltung des Menschen in Privatmenschen und Staatsbürger. In der „wahren Demokratie" gebe sich das Volk selbst eine Verfassung und konstituiere sich unmittelbar zum Staate, was dazu führt, dass der Staat untergehen wird. So würde auch die durch die Französische Revolution eingeführte Spaltung von Staat und Gesellschaft aufgehoben werden. Unter Volk verstand Marx nicht die gesamte Bevölkerung, sondern die „konkreten" Arbeiter. Die „wahre Demokratie" ist letztendlich eine proletarische Demokratie. Schon im 1848 erschienenen *Kommunistischen Manifest* hatte Marx folgerichtig das Erkämpfen der Demokratie mit der Erhebung des Proletariats zur herrschenden Klasse gleichgestellt.

Marx feierte 1871 die Pariser Kommune als das Ideal der Demokratie schlechthin und als Wiedergeburt der antiken Direktdemokratie sowie der Kommune des Spätmittelalters. Die Kommunarden hatten in den verschiedenen Bezirken von Paris gewählte Stadträte gebildet. Die Mehrzahl der Volksvertreter, bemerkt Marx, bestand aus Arbeitern und anerkannten Vertretern der Arbeiterklasse. Alle öffentlichen Ämter wurden direkt gewählt. Es gab eine Ämterrotation und ein imperatives Mandat: Die Volksvertreter waren an Weisungen der Wählerbasis gebunden. Zumindest war dies in der Theorie der Fall, nicht aber in der Realität: Kein Amtsträger wurde von der Basis zurückgerufen. Es gab weder Parteien noch eine Gewaltenteilung. Gemeinsam hatten die Kommunarden die alten Machtstrukturen, darunter die Macht der Polizei, der Verwaltung und der Kirche zerbrochen. Die reguläre Armee wurde durch eine Miliz ersetzt. Die Beamten arbeiteten für den Lohn eines einfachen Arbeiters. Die Kirchen wurden enteignet. Es kam zur „Enteignung der Enteigner", also zu einer Zwangskollektivierung der Besitztümer. „Ihr wahres Geheimnis", schreibt Marx, „war dies: Sie war wesentlich eine *Regierung der Arbeiterklasse,* das Resultat des Kampfes der hervorbringenden gegen die aneignende Klasse, die endlich entdeckte politische Form, unter der die ökonomische Befreiung der Arbeit sich vollziehen konnte" (Marx 1871, S. 342).

Für Marx war die am 04.09.1870 proklamierte Republik der Pariser Kommune also eine erste Verwirklichung der kommenden „wahren Demokratie", verstanden als eine rätedemokratisch organisierte Herrschaft der Arbeiterklasse. Nach ihm wird die „wahre Demokratie" aus der Abschaffung bzw. dem „Absterben" des Staates hervorgehen. Im ersten Entwurf zum *Bürgerkrieg in Frankreich* heißt es: „Die Kommune war eine Revolution gegen den *Staat* selbst, gegen diese übernatürliche Fehlgeburt der Gesellschaft [– Hegel betrachtete den Staat noch mit Pathos als „Wirklichkeit der sittlichen Idee"! –]; sie war eine Wiederbelebung durch das Volk und des eignen gesellschaftlichen Lebens des Volkes. Sie war nicht eine Revolution, um die Staatsmacht von einer Fraktion der herrschenden Klassen an die andre zu übertragen, sondern eine Revolution, um diese abscheuliche Maschine der Klassenherrschaft selbst zu zerbrechen" (Marx 1871, S. 541).

3.4   Wollte Marx das Politische überflüssig machen?

Marx hat keine Staatslehre entworfen. In einem Brief an Ferdinand Lassalle vom 22.02.1858 erwähnt er seine Absicht, neben „Vom Kapital" noch weitere fünf Bücher zu den Themen „Vom Grundeigentum", „Von der Lohnarbeit", „Vom Staat", „Vom Internationalen Handel" und „von dem Weltmarkt" zu veröffentlichen (Marx 1858b, S. 551). Aus zeitlichen Gründen kam er jedoch nicht dazu, diese Bücher zu verfassen. Diese Auflistung zeigt allerdings, dass die politische Dimension im geplanten Vorhaben recht begrenzt war. Die Schwerpunktsetzung lag eindeutig auf der Ökonomie. Das Gesamtwerk sollte entsprechend "Das System der Bürgerlichen Ökonomie" heißen. Des Themas „Staat" angenommen hat sich später Friedrich Engels in *Der Ursprung der Familie, des Privateigentums und des Staates,* einer Schrift von 1884. Der Staat ist bei ihm aber nur ein Klassenstaat und die Staatsmaschine gehört seiner Meinung nach ins „Museum der Altertümer, neben das Spinnrad und die bronzene Axt" (Engels 1884, S. 168).

Nach Hannah Arendt (1993, S. 240 f.) zeigte sich Marx grundsätzlich desinteressiert gegenüber Staatsfragen. Er unterwarf politisches Handeln und Politik der Arbeit und der Gesetzmäßigkeit. Daher gebe es keinen großen Unterschied zwischen der Haltung Marx' und jener der Bourgeoisie der zweiten Hälfte des 20. Jahrhunderts, die sich unpolitisch zeigte. Marx habe mit seinem Ideal der Vergesellschaftung die Freiheit an die Notwendigkeit ausgeliefert (Arendt 1993, S. 81).

Marx' Modell des Staates ähnelt laut Ottmann am ehesten „einem rousseauistischen Hegelianismus, der allerdings hinter die von Hegel erreichten Differenzierungen zurückfällt. Die Hegelsche Unterscheidung von Gesellschaft und Staat wird rückgängig gemacht." (Ottmann 2008, S. 154). Marx behauptete in einer an Rousseau erinnernden Sprache: „Erst wenn der wirkliche individuelle Mensch den abstrakten Staatsbürger in sich zurücknimmt und als individueller Mensch in seinem empirischen Leben, in seiner individuellen Arbeit, in seinen individuellen Verhältnissen, *Gattungswesen* geworden ist, erst wenn der Mensch seine ‚forces propres' als *gesellschaftliche* Kräfte erkannt und organisiert hat und daher die gesellschaftliche Kraft nicht mehr in der Gewalt der *politischen* Kraft von sich trennt, erst dann ist die menschliche Emanzipation vollbracht" (Marx 1844a, S. 370). Letztlich geht es bei Marx nicht, wie bei Rousseau, um Republik und Staatsbürgerschaft, sondern um Gattungswesen und gesellschaftliche Kräfte, die den Staat – also die Republik – zerschlagen sollen.

Auch der Mensch wird von ihm mithilfe von Metaphern aus der Physik beschrieben. Nicht das politische Handeln steht im Vordergrund seiner Analysen, sondern Kräftefelder. Marx geht ziemlich weit in die Richtung einer Naturalisierung des Menschen, wenn er in den *Manuskripten von 1844* schreibt: „Dieser Kommunismus ist als vollendeter Naturalismus = Humanismus, als vollendeter Humanismus = Naturalismus, er ist die *wahrhafte* Auflösung des Widerstreits zwischen dem Menschen mit der Natur und mit dem Menschen … zwischen Freiheit und Notwendigkeit, zwischen Individuum und Gattung" (Marx 1844b, S. 536).

Es ist möglich, noch einen Schritt weiterzugehen und zu behaupten, dass Marx' Ziel die Überwindung des Politischen war. Am Ende der Geschichte, im „Reich der Freiheit", sollten die Konflikte und Widersprüche, d. h. die Quintessenz der Politik und die Grundlage des Politischen, ein für alle Mal verschwinden. Marx betrachtet zwar den Klassenkampf in der langen Phase davor als emanzipatorischeres Vehikel. Durch ihn ändern sich die gesellschaftlichen Verhältnisse aber nur bis zur sich anbahnenden Zeit seiner endgültigen Überwindung. Die Gesellschaft soll dann vollkommen transparent und ohne Unbestimmtheit werden (vgl. Gauchet 1990, S. 228 ff.). Claude Lefort und Marcel Gauchet sehen hier den Keim des Totalitarismus (Lefort und Gauchet 1990, S. 100 f.). Barbara Sichtermann (1995, S. 32), die sonst Marx gerne verteidigt, muss zugeben, dass Marx „ein Existenzrecht des Politischen als eine menschliche Aktionssphäre sui generis nicht anerkannt [hat], er hat sich nicht mit dem Gedanken befassen mögen, ob es am Ende eine überzeitliche Notwendigkeit geben könne, in einer Gesellschaft Konflikte zu regeln und dieser Regelung ein eigenes Austragungsfeld zuzubilligen".

Marx hat mit anderen Worten den Wert des Pluralismus für die Politik nicht erkannt. Er war in dieser Hinsicht zu sehr von der republikanischen Tradition beeinflusst. Er hat weder die grundlegende Funktion der Agonistik (Ernesto Laclau/Chantal Mouffe), des Widerstreits (Jean-Francois Lyotard) noch der Deliberation (Jürgen Habermas) oder der offenen Gesellschaft (Karl Popper) für die Demokratie verstanden.

3.5   Fazit

Marx hat laut Hannah Arendt das Politische, das „acting in concert" auf ein Gesetz reduziert und dadurch auch degradiert. Für sie war es kein Zufall, dass Engels den verstorbenen Marx in seiner Grabrede den „Darwin der Geschichtswissenschaft" nannte. Freilich unterscheidet sich das Gesetz der Geschichte vom darwinistischen Gesetz der Evolution. Dennoch liegt nach Arendt (1993, S. 709) das Gemeinsame der beiden Gesetze darin, dass sich „ein unwiderstehlicher Bewegungsprozess sowohl der Natur als auch der Geschichte bemächtigt hat".

Die Bedeutung des „historischen Materialismus" im Marx'schen Werk, auch wenn der Begriff nicht von Marx, sondern von Engels stammt (Engels 1892, S. 298), erklärt dieses Defizit. Marx hat zwar den historischen Materialismus nicht als eine geschlossene Lehre konzipiert, sondern als eine „Anleitung beim Studium". Der ältere Marx stellt aber in der *Kritik der politischen Ökonomie* aus dem Jahr 1859 fest: „Die Gesamtheit [der] Produktionsverhältnisse bildet die ökonomische Struktur der Gesellschaft, die reale Basis, worauf sich ein juristischer und politischer Überbau erhebt und welcher bestimmte gesellschaftliche Bewußtseinsformen entsprechen. Die Produktionsweise des materiellen Lebens bedingt den sozialen, politischen und geistigen Lebensprozeß überhaupt" (Marx 1858a, S. 8 f.). In *Das Elend der Philosophie* (geschrieben 1846/1847) wird diese These in einem Satz zusammengefasst: „Die Handmühle ergibt eine Gesellschaft mit

Feudalherren, die Dampfmühle eine Gesellschaft mit industriellen Kapitalisten" (Marx 1846/1847, S. 130).

Eine solche Aussage ist insofern problematisch, als in der Wirklichkeit die Rechtsverhältnisse und der Stand des Wissens die Basis bestimmen, bevor diese den Überbau prägen kann. Außerdem hat Ottmann (2008, S. 164) recht, wenn er beanstandet, bei Marx würde die Fixierung auf Arbeit und Technik Weichen für die Politik stellen: „Wo immer diese maßgeblich werden, entsteht eine instrumentalistische Auffassung von Politik. Es war kein Zufall, daß die Praxis-Philosophie im ehemaligen Jugoslawien Hilfe bei Heidegger und anderen Philosophen suchen mußte, um dem Marxismus etwas verschaffen zu können, was er nicht hatte: einen Begriff von Praxis und einen Begriff von Politik, der nicht auf Arbeit und Technik reduziert ist". Bei Marx konkurriert ein ökonomisch deterministisches Element mit einem voluntativ politischen (Ottmann 2008, S. 164). So ist der Staat zugleich ein Überbauphänomen und das Ergebnis der Klassenkämpfe, vor allem das Ergebnis des Willens der Kapitalisten und Herrschenden, sich und ihre Interessen durchzusetzen. Marx, so Arendt, sieht den Schwimmer zwar den Strömen überlegen, denn dieser kann den Fluss des Weltgeschehens in bestimmte Bahnen lenken. Aber dies ist „natürlich nur innerhalb der Stromgesetze" möglich, da die Stromgesetze „zugleich auch die Schwimmgesetze sind". „Die Vergeblichkeit des Marxschen Versuchs" besteht darin, so Arendt (2002, S. 45) weiter: „Der Schwimmer beschleunigt nur sein eigenes Von-der-Strömung-getragen-Sein – also am Ende seinen eigenen Untergang".

Noch problematischer ist bei Marx sein Unvermögen, die Bedeutung des Zauns des Gesetzes für die Politik zu verstehen. Lefort hat ihm vorgeworfen, die Wichtigkeit der Menschenrechte nicht erkannt zu haben. Die folgende Äußerung von Marx aus *Die Judenfrage* zeigt dies deutlich: „Die praktische Nutzanwendung des Menschenrechts auf Freiheit ist das Menschenrecht des Privateigentums" (Marx Bd. 1, 365). Die Menschenrechte waren für Marx ein Unterdrückungsinstrument in den Händen der Bourgeoisie. Nach Lefort gehören sie aber „nicht zur Ordnung des Lebens", sie haben einen „symbolischen Charakter" (Lefort 1990, S. 256). Sie stellen ein „unbeherrschbares Territorium" und eine „unauslöschbare Exterritorialität" (Lefort 1990, S. 259) der Macht dar und begrenzen so die politische Herrschaft. Für Marx wird das Reich der Freiheit aber erst „jenseits" des Reichs der Notwendigkeit erblühen (Marx 1894, S. 828).

Literatur

Arendt H (1993) Elemente und Ursprünge totaler Herrschaft, 3. Aufl. Piper, München
Arendt H (2000) In der Gegenwart: Übungen zum politischen Denken II. Piper, München
Arendt H (2002) Denktagebuch 1950 bis 1973. Piper, München
Aron R (1955) L'Opium des intellectuels. Calmann-Levy, Paris
Aron R (1985) L'avenir des religions séculières. Commentaire 8:28–29

Aron R (1998) Essai sur les libertés. Hachette, Paris

Bobbio N (1977) L'ideologia in Pareto e in Marx. Bobbio N. Saggi sulla scienza politica in Italia. Laterza, Bari, S 109–122

Eagleton T (1993) Ideologie. Eine Einführung. Metzler, Stuttgart

Engels F (1880) Die Entwicklung des Sozialismus von der Utopie zur Wissenschaft. In: Institut für Marxismus-Leninismus beim ZK der SED (Hrsg) (1956–1990) Marx-Engels-Werke (MEW), Bd 19. Dietz, Berlin, S 177–228

Engels F (1884) Der Ursprung der Familie, des Privateigentums und des Staats. Im Anschluß an Lewis H. Morgans Forschungen. In: Institut für Marxismus-Leninismus beim ZK der SED (Hrsg) (1956–1990) Marx-Engels-Werke (MEW), Bd 21. Dietz, Berlin, S 25–140

Engels F (1892) Einleitung [zur englischen Ausgabe (1892) der „Entwicklung des Sozialismus von der Utopie zur Wissenschaft". In: Institut für Marxismus-Leninismus beim ZK der SED (Hrsg) (1956–1990) Marx-Engels-Werke (MEW), Bd 22. Dietz, Berlin, S 287–311

Fetscher I (1999) Marx. Herder, Freiburg im Breisgau

Gauchet M (1985) Le Désenchantement du monde. Une histoire politique de la religion. Gallimard, Paris

Gauchet M (1990) Die totalitäre Erfahrung und das Denken des Politischen. In: Rödel U (Hrsg) Autonome Gesellschaft und libertäre Demokratie. Suhrkamp, Frankfurt a. M., S 207–238

Gentile E (2000) The sacralisation of politics: definitions, interpretations and reflections on the question of secular religion and totalitarianism. Totalitarian Mov Polit Religion 1:18–55

Gentile E (2005) Le religioni della politica. Fra democrazie e totalitarismi. Laterza, Bari

Glucksmann A (1987) Die Meisterdenker. DVA, Stuttgart

Künzli A (1966) Karl Marx – Eine Psychographie. Europa, Wien

Kymlicka W (1989) Liberalism, community, and culture. Clarendon Press, Oxford

Kymlicka W (2000) Alienation. In: Matravers D, Pike J, Warburton N (Hrsg) Reading political philosophy: Machiavelli to Mill. Routledge, London, S 297–303

Lefort C (1990) Menschenrechte und Politik. In: Rödel U (Hrsg) Autonome Gesellschaft und libertäre Demokratie. Suhrkamp, Frankfurt a. M., S 239–280

Lefort C, Gauchet M (1990) Über die Demokratie: Das Politische und die Instituierung des Gesellschaftlichen. In: Rödel U (Hrsg) Autonome Gesellschaft und libertäre Demokratie. Suhrkamp, Frankfurt a. M., S 239–280

Lenin WI (1973) Was tun? Brennende Fragen unserer Bewegung. Werke, Bd 5. Reclam, Berlin, S 355–549

Leopold D (2007) The young Karl marx. German philosophy, modern politics, and human flourishing. Cambridge University Press, Cambridge

Löwith K (1953) Weltgeschichte und Heilsgeschehen. Die theologischen Voraussetzungen der Geschichtsphilosophie. Kohlhammer, Stuttgart

Löwy M (1997) Erlösung und Utopie: Jüdischer Messianismus und libertäres Denken. Eine Wahlverwandtschaft. Kramer, Berlin

Löwy M (2005) Destruktiver Fortschritt. Marx, Engels und die Ökologie. UTOPIE 4(174):306–315

Lukács G (1968) Geschichte und Klassenbewusstsein. Studien über marxistische Dialektik. Lukács G. Geschichte und Klassenbewusstsein. Luchterhand, Neuwied, S 161–517

Marx K (1844a) Zur Judenfrage. In: Institut für Marxismus-Leninismus beim ZK der SED (Hrsg) (1956–1990) Marx-Engels-Werke (MEW), Bd 1. Dietz, Berlin, S 347–377

Marx K (1844b) Ökonomisch-philosophische Manuskripte aus dem Jahre 1844. In: Institut für Marxismus-Leninismus beim ZK der SED (Hrsg) (1956–1990) Marx-Engels-Werke (MEW), Bd 40. Dietz, Berlin, S 465–588

Marx K (1844c) Zur Kritik der Hegelschen Rechtsphilosophie. Kritik des Hegelschen Staatsrechts. In: Institut für Marxismus-Leninismus beim ZK der SED (Hrsg) (1956–1990) Marx-Engels-Werke (MEW), Bd 1. Dietz, Berlin, S 203–233

Marx K (1846/1847) Das Elend der Philosophie. Antwort auf Proudhons „Philosophie des Elends". In: Institut für Marxismus-Leninismus beim ZK der SED (Hrsg) (1956–1990) Marx-Engels-Werke (MEW), Bd 4. Dietz, Berlin, S 63–182

Marx K (1850) Die Klassenkämpfe in Frankreich 1848 bis 1850. In: Institut für Marxismus-Leninismus beim ZK der SED (Hrsg) (1956–1990) Marx-Engels-Werke (MEW), Bd 7. Dietz, Berlin, S 9–107

Marx K (1852) Der achtzehnte Brumaire des Louis Bonaparte. In: Institut für Marxismus-Leninismus beim ZK der SED (Hrsg) (1956–1990) Marx-Engels-Werke (MEW), Bd 8. Dietz, Berlin, S 111–207

Marx K (1853) Die britische Herrschaft in Indien. In: Institut für Marxismus-Leninismus beim ZK der SED (Hrsg) (1956–1990) Marx-Engels-Werke (MEW), Bd 9. Dietz, Berlin, S 127–133

Marx K (1858a) Zur Kritik der Politischen Ökonomie. In: Institut für Marxismus-Leninismus beim ZK der SED (Hrsg) (1956–1990) Marx-Engels-Werke (MEW), Bd 13. Dietz, Berlin, S 3–160

Marx K (1858b) Marx an Ferdinand Lassalle in Düsseldorf. 22. Februar 1858. In: Institut für Marxismus-Leninismus beim ZK der SED (Hrsg) (1956–1990) Marx-Engels-Werke (MEW), Bd 29. Dietz, Berlin, S 549–552

Marx K (1859) A Prussian view of the war, New York daily tribune, No. 5659, June 10, 1859. In: Marx & Engels Collected Works, Bd 16. Progress Publishers, Moskau 1980, S 341–345

Marx K (1860) Herr Vogt. In: Institut für Marxismus-Leninismus beim ZK der SED (Hrsg) (1956–1990) Marx-Engels-Werke (MEW), Bd 14. Dietz, Berlin, S 381–649

Marx K (1862) Marx an Engels in Manchester. In: Institut für Marxismus-Leninismus beim ZK der SED (Hrsg) (1956–1990) Marx-Engels-Werke (MEW), Bd 30. Dietz, Berlin, S 257–359

Marx K (1865) Über P.-J. Proudhon. Brief an J. B. v. Schweitzer. In: Institut für Marxismus-Leninismus beim ZK der SED (Hrsg) (1956–1990) Marx-Engels-Werke (MEW), Bd 16. Dietz, Berlin, S 25–32

Marx K (1867) Das Kapital. Kritik der politischen Ökonomie. Erster Band. In: Institut für Marxismus-Leninismus beim ZK der SED (Hrsg) (1956–1990) Marx-Engels-Werke (MEW), Bd 23. Dietz, Berlin

Marx K (1871) Der Bürgerkrieg in Frankreich. Adresse des Generalrats der Internationalen Arbeiterassoziation. In: Institut für Marxismus-Leninismus beim ZK der SED (Hrsg) (1956–1990) Marx-Engels-Werke (MEW), Bd 17. Dietz, Berlin, S 313–571

Marx K (1873) Der politische Indifferentismus. In: Institut für Marxismus-Leninismus beim ZK der SED (Hrsg) (1956–1990) Marx-Engels-Werke (MEW), Bd 18. Dietz, Berlin, S 299–304

Marx K (1894) Das Kapital. Kritik der politischen Ökonomie. Dritter Band. In: Institut für Marxismus-Leninismus beim ZK der SED (Hrsg) (1956–1990) Marx-Engels-Werke (MEW), Bd 25. Dietz, Berlin

Marx K, Engels F (1845) Die deutsche Ideologie. In: Institut für Marxismus-Leninismus beim ZK der SED (Hrsg) (1956–1990) Marx-Engels-Werke (MEW), Bd 3. Dietz, Berlin, S 9–530

Marx K, Engels F (1848) Manifest der Kommunistischen Partei. In: Institut für Marxismus-Leninismus beim ZK der SED (Hrsg) (1956–1990) Marx-Engels-Werke (MEW), Bd 4. Dietz, Berlin, S 459–493

Marx K, Engels F (1850) Erklärung an den Redakteur der „Neuen Deutschen Zeitung", „Neue Deutsche Zeitung" Nr. 158 vom 4. Juli 1850. In: Institut für Marxismus-Leninismus beim ZK der SED (Hrsg) (1956–1990) Marx-Engels-Werke (MEW), Bd 7. Dietz, Berlin, S 323–324

Marx K, Engels F (1867) Forderungen der Kommunistischen Partei in Deutschland. In: Institut für Marxismus-Leninismus beim ZK der SED (Hrsg) (1956–1990) Marx-Engels-Werke (MEW), Bd 5. Dietz, Berlin, S 3–5

Mommsen H (1979) Arbeiterbewegung und Nationale Frage: Ausgewählte Aufsätze. Vandenhoeck
    und Ruprecht, Göttingen
Ottmann H (2008) Geschichte des politischen Denkens, Bd 3/3, Die Neuzeit. Die politischen
    Strömungen im 19. Jahrhundert. Metzler, Stuttgart, S 147–183
Pareto V (1916) Trattato di sociologia generale, Bd 2. G. Barbèra, Firenze
Plessner H (1953) Zwischen Philosophie und Gesellschaft. Francke, Bern
Popper K (2003) Karl R. Popper. Gesammelte Werke: Die offene Gesellschaft und ihre Feinde.
    Bd 6, Falsche Propheten: Marx, Hegel und die Folgen, 8. Aufl. Mohr Siebeck, Tübingen
Proudhon P-J (1875) Correspondance de P.-J. Proudhon, Bd 2. A. Lacroix et ce, Paris, S 198–202
Ricœur P (1997) Althusser (1). Ricœur P. L'Idéologie et l'utopie. Seuil, Paris, S 149–171
Schumpeter JA (1993) Kapitalismus, Sozialismus und Demokratie, 7. Aufl. Francke, Tübingen
Servier J (1971) Der Traum von der großen Harmonie: eine Geschichte der Utopie. List, München
Sichtermann B (1995) Karl Marx – neu gelesen. „Der tote Hund beißt!". Wagenbach, Berlin
Voegelin E (1996) Die politischen Religionen. Neuauflage, Wilhelm Fink, München

Yves Bizeul ist Professor für Politische Theorie und Ideengeschichte an der Universität Rostock
und assoziierter Forscher am Centre de Sociologie des Religions et d'Éthique Sociale (C.S.R.E.S.,
Université Marc Bloch, Strasbourg). Seine Forschungsschwerpunkte sind Gestaltung des Pluralismus und der Kollektividentitäten in den spätmodernen Gesellschaften; Die politische Symbolik
und ihre Theorie; Wertewandel, Transformation der Religiosität und neue Solidaritätsformen.

Wie aktuell sind Marx' Kernaussagen heute – Hat nur er einen Bart oder auch seine Philosophie?

4

Heiner Hastedt

Zusammenfassung

In seiner Wirkung war Karl Marx der Philosoph, der bis Wladiwostok, Beijing und La Habana weltweit den allergrößten Einfluss hatte. Oder doch nicht? War er vielleicht nur die Galionsfigur eines Sozialismus, der zwar real existierte, aber die von Marx vorgebrachte allumfassende Kritik an der Entfremdung selbst nicht beachtete? Fast mehr noch interessiert heute besonders nach der Finanzkrise 2007/2008 zu seinem 200. Geburtstag im Jahr 2018 die Frage, ob Marx uns noch oder wieder etwas zu sagen hat. Stimmen Kernaussagen seiner Kapitalismuskritik? Oder ist er bloß ein überholter Autor mit Bart aus dem 19. Jahrhundert? Seit der Publikation seiner Werke durchlebt die Philosophie von Marx Modewellen der übersteigerten Beachtung und solche der Missachtung. Der folgende Text versucht demgegenüber Marx als normalen Klassiker der Philosophie zu charakterisieren, der stetige Aufmerksamkeit verdient und der in manchen Punkten überzeugt und ebenso oft danebenliegt. Sein Werk verstehe ich kontinuierlich – ohne grundsätzliche Trennung von Früh- und Spätwerk – als eine interdisziplinär angelegte Philosophie, die Ökonomie und überhaupt Sozialwissenschaften in ihrer Bedeutung für die Philosophie aufwertet und daher auch selbst praktiziert.

Dieser Text folgt meinem Beitrag in der Rostocker Ringvorlesung „Karl Marx – ist er wieder da?" am 25.04.2018; die Vorlesungsform wurde in ihrem einführenden Überblickscharakter und in ihren thetischen Einschätzungen als Diskussionsangebot für die Druckfassung beibehalten.

H. Hastedt (✉)
Institut für Philosophie, Universität Rostock, Rostock, Deutschland
E-Mail: heiner.hastedt@uni-rostock.de

Wer war Marx der Bartträger (der übrigens weder mit Bart geboren wurde noch ihn durchgängig bis zum Ende des Lebens trug)? Kurz gefasste Antwort: Er war ein Flüchtling und Freiberufler des 19. Jahrhunderts, der intellektuell besonders gegen die miserable Lage der Industriearbeiterschaft rebellierte – geboren 1818 in Trier, gestorben 1883 mit knapp 65 Jahren in London, dort lange Phasen seines Lebens im Exil verbringend (1849–1864 und 1872–1883). Schon vorher lebte er als politischer Flüchtling in Paris und Brüssel. Als Philosoph steht er besonders in der Tradition von Georg Friedrich Wilhelm Hegel, aber auch des Religionskritikers Ludwig Feuerbach. Neben seiner Verankerung in der Philosophie spielt seine Tätigkeit als Journalist („Rheinische Zeitung") und als in Bibliotheken empirisch orientiert arbeitender Sozialwissenschaftler (Gesellschaftstheoretiker, Ökonom) eine bedeutende Rolle für das Verständnis seines Werkes. Dazu kommt seine Mitwirkung in der Gründungsphase der internationalen Arbeiterbewegung, zu der er ein ambivalentes Verhältnis hat, das gleichzeitig von seinen Gegnern als autoritär empfundenen Steuerungsversuchen und von Distanz gegenüber deren naiver Unwissenschaftlichkeit geprägt ist. Er wirkt nicht als Berufspolitiker und hat anders als viele Philosophen vor und nach ihm keine Universitätsprofessur inne. Finanziell und existenziell kennt er auch als Nichtproletarier und Buchmensch prekäre Einkommensverhältnisse; die Geschenke seines reichen Freundes Friedrich Engels spielen für sein Überleben und das seiner Familie eine bedeutende Rolle. Der gleiche Freund hat das Werk allerdings in seiner Herausgeberschaft auch früh gedanklich verkürzt und ihm als Broschüren-Marx zu einer breiteren Wirksamkeit verholfen. Gegen die dadurch in der Wirkungsgeschichte von Marx hervorgerufenen Missverständnisse ist Marx selbst erst neu zu erschließen. Ähnlich wie später Friedrich Nietzsche steht auch Marx in der Gefahr, durch die Folgen einer unerfreulichen Editionsgeschichte verstellt zu werden. Das Jubiläumsjahr 2018 hat eine Fülle von Werken hervorgebracht, die insbesondere auch die Biografie von Marx in ein differenziertes Licht stellen (siehe Neffe 2017; Stedman 2017; Steinfeld 2017; Bayertz 2018; Dath 2018).

Angestrebt wird im Folgenden eine Herangehensweise, die Marx ausgehend von überwiegend sehr bekannten Zitaten aus seinem Werk als Philosophen weiter ernst nimmt. In die Abwägung werden u. a. seine Praxisorientierung, seine Hochachtung der (bürgerlichen) Ökonomie und der Arbeit, sein Entfremdungs- und Ausbeutungstheorem, die Kritik des Warenfetischismus, die Mehrwert- und die Klassenkampftheorie einbezogen. Bei aller Zwiespältigkeit in der Bewertung von Marx bleibt er auf jeden Fall ein interessanter Autor, der die Diskussion lohnt. Wie bei anderen Klassikern auch gibt es kaum etwas, das man einfach so übernehmen kann. Im Übrigen sei es schon eingangs hervorgehoben: Marx selbst ist kein Marxist (wie auch bei anderen Philosophen wie Platon, der ebenfalls kein Platonist war, mit Vereinseitigungen durch Schüler und Wirkungsgeschichte zu rechnen ist).

4.1 „Die Philosophen haben die Welt nur verschieden *interpretiert;* es kömmt darauf an sie zu *verändern"* (aus den „Thesen über Feuerbach", Marx und Engels 1845/1846, S. 49)[1]

Seine Theorie der Praxis vertritt Marx besonders markant in den „Thesen über Feuerbach", die Mitte der Vierzigerjahre des 19. Jahrhunderts als Teil der *deutschen Ideologie* erschienen sind. Der Religionskritiker Ludwig Feuerbach wird in seinem „Hauptmangel" kritisiert, wonach sein Materialismus die Praxis nur als passiven Gegenstand abbildet, während gerade die aktive „sinnlich menschliche Thätigkeit" nicht vorkomme (Marx 2008, S. 46). Praxis darf für Marx nicht ein x-beliebiger Gegenstand des Wissens sein, der aus der Distanz heraus als unabänderlicher Gegenstand untersucht wird. Vielmehr geht es um die Veränderung der Praxis – um die revolutionäre Praxis also. Berühmt ist die diesem Abschnitt zugrunde liegende 11. These über Feuerbach, deren sichtbare Verewigung in universitären Treppenhäusern bis heute zu Streit führen kann. So formuliert Marx eine scharfe Gegenstellung von Interpretation der Welt und ihrer Veränderung. In einer Version der 11. These, die auf Engels zurückgeführt wird, lautet die Formulierung sogar noch zugespitzter: „es kömmt **aber** darauf an, sie [die Welt] zu verändern". Überzieht Marx in dieser Formulierung seinen eigenen Punkt? Und konterkariert er sein eigenes Wirken als Wissenschaftler, der den Kapitalismus zu verstehen sucht? Muss es nicht eher heißen, dass die Interpretation der gesellschaftlichen Welt ihrer Veränderung dienen soll? Wohlwollend interpretiert(!) grenzt Marx eine scholastisch bleibende Philosophie ab von einer kritischen Theorie, die letztlich auf eine Veränderung der Praxis zielt (vgl. Bourdieu 2001). Mit dem Terminus von Hegel könnte auch von einer Aufhebung der Theorie in der Praxis gesprochen werden, die Anliegen der Theorie beibehält (Aufhebung 1), sie aber zugleich überführt ins Handeln (Aufhebung 2). Die reine Gegenstellung von Theorie und Praxis überzeugt nicht; die Auszeichnung einer bestimmten auf Überwindung der Entfremdung zielenden Theorie schon eher. Es gibt gute praktische Gründe, über die Gestaltung der Praxis theoretisch nachzudenken. Marx tritt also in Kritik an der Scholastik für eine Theorie ein, die Interesse am praktischen, die Verhältnisse ändernden Handeln hat. Der Gegensatz ist nicht der zwischen Theorie und Praxis, sondern zwischen verschiedenen Formen des theoretischen Wissens. Die Orientierung an den tatsächlichen Gepflogenheiten der Praxis ist für Marx ebenso wenig attraktiv wie bloße Theorie. Es geht für ihn ganz überzeugend um theoretisches Nachdenken mit dem Ziel einer Verbesserung von Praxis. Die 11. These über Feuerbach bietet so verstanden philosophiehistorisch eine neue Perspektive auf die Philosophie, die in Lesarten einer kritischen Theorie überzeugend ist, wenn sie nicht als Rechtfertigung eines nichtnachdenkenden Aktionismus genommen wird. Philosophie

---

[1]Alle Marx-Zitate sind übernommen aus Karl Marx (2008). Bei diesem im Reclam-Verlag erschienenen Werk handelt es sich um eine für den Marx-Einstieg geeignete Leseausgabe, die editorisch – wenn möglich – der wissenschaftlichen Marx-Engels-Gesamtausgabe (MEGA) folgt und die die veraltete Rechtschreibung beibehält.

muss ihre Selbstgenügsamkeit aufgeben und nicht nur ihre empirisch interdisziplinäre Anschlussfähigkeit suchen, sondern letztlich vor allem ein Interesse am Wohlergehen der Welt in den Horizont nehmen. Marx bleibt Philosoph, auch wenn er als solcher die Bedeutung der Praxis im Allgemeinen und der Ökonomie im Besonderen aufwertet. Die so verstandene Praxisorientierung zeigt Marx als Philosophen ohne Bart, der eine unverminderte Aktualität verdient und keineswegs veraltet ist.

4.2 „Die Geschichte aller bisherigen Gesellschaft ist die Geschichte von Klassenkämpfen" (Marx und Engels 1878/1848, S. 82) … „Das Kapital pumpt die Mehrarbeit, die sich im Mehrwerth und Mehrprodukt darstellt, direkt aus den Arbeitern aus" (Marx 1894, S. 275 f.)

Mit der Klassenkampflehre des historischen Materialismus grenzt sich Marx ab von personalen Geschichtsverständnissen, nach denen Männer Geschichte machen. So weit, so gut. Er ersetzt eine Vereinfachung dabei jedoch durch eine andere. Das Hauptproblem liegt im Begriff der Klasse und in ihrer empirischen Zuordnung zu gesellschaftlichen Wirklichkeiten in der geschichtlichen Diversität. Die Klassentheorie ist ein denkerisches Ergebnis von Hegels Dialektik mit ihrem Herr-Knecht-Antagonismus, das von Marx als Bestandteil einer empirischen Theorie aufgenommen wird. Wir haben in unserer Gesellschaft ebenso wie in denen der Vergangenheit zahlreiche Konflikte und Antagonismen, aber diese lassen sich nicht ohne gedankliche Reduktion auf die eine Zweiheit einer Klassentheorie bringen. Die Klassentheorie thematisiert bestenfalls einen Spezialfall von gesellschaftlichen Konflikten. Dieser Einwand trifft nicht nur die Vereinfachung des Gegensatzes von Kapitalisten und Proletariern, sondern methodisch überhaupt den Versuch, eine Gesellschaft auf der Basis von zwei Entitäten erschließen zu wollen. In unterschiedlichen historischen Konstellationen können unterschiedliche Herangehensweisen der gesellschaftlichen Realität am ehesten gerecht werden. Der klassentheoretische Zugriff wird dann am meisten überzeugen, wenn sich tatsächlich die Vielfalt von Schichten und Gruppen auf eine Zweiheit zuspitzt. Dies dürfte jedoch der Ausnahmefall sein. Daher ist es wichtig, die Richtigkeit der Klassentheorie nicht schon durch den Ansatz apriorisch zu unterstellen, wozu Marx neigt. Dies begünstigt bei ihm ein holistisches Denken und vernachlässigt die unbefangene Analyse verschiedenartiger gesellschaftlicher Konflikte. In der Tradition der späteren Kritischen Theorie der Frankfurter Schule, die sich auf Marx bezieht, spielen eine Schlüsselrolle die Angestelltenstudien der 1930er-Jahre, die im Kern feststellen, dass sich die Angestellten – idealtypisch nicht im Blaumann, sondern mit weißen Kragen arbeitend – in ihrem Bewusstsein, das von Aufstiegsorientierung geprägt ist, eher nicht als Proletarier sehen (vgl. den Bericht über solche Studien in Wiggershaus 1986, S. 132 ff.). Marx selbst hat im „Kommunistischen Manifest" verräterischerweise nicht sehr klassentheoretisch vom „Lumpenproletariat" als „passive Verfaulung der untersten Schichten [!] der alten Gesellschaft" (Marx 2008, S. 94) gesprochen, womit er den besonders verarmten, nichtrevolutionären

Teil des Proletariats meint. In heutigen Gesellschaften fällt auf, dass kaum noch Unternehmer im Tagesgeschäft als Kapitalisten agieren. Das Verhältnis von Besitzenden – oft stark gestreut vertreten in Aktiengesellschaften – und ihren angestellten Managern wird man sich nicht konfliktfrei vorstellen dürfen. Sind Bonusbanker klassentheoretisch auf der Kapitalistenseite angesiedelt nicht geradezu wild gewordene Proletarier, die auf Kosten der Eigentümer und der Allgemeinheit agieren?[2] Aufseiten der Proletarier gibt es Konflikte zwischen „alten" und „neuen" Branchen, die wie der Kohlebergbau in Deutschland vor dem Aus stehen oder wie Teile des spezialisierten Maschinenbaus, die von großen Exporterfolgen geprägt sind. Auch Konflikte zwischen Arbeitslosen und Arbeitsbesitzern lassen sich innerhalb der Gewerkschaftsbewegung diagnostizieren. Das Proletariat als Klasse ist heute in Deutschland entweder gar nicht mehr vorhanden oder neigt als Ganzes jedenfalls nicht zur Verelendung, wie von Marx prognostiziert. Diese Einschätzung blendet das Elend Einzelner keineswegs aus – egal ob es heute besonders im Kreise von Obdachlosen oder von Pflegebedürftigen zu finden ist. Weltweit nehmen im Übrigen Konflikte zwischen und um Religionen, anders als Marx es erwartet hat, keineswegs zugunsten von Klassenauseinandersetzungen ab. Die empirischen Probleme der Klassentheorie sind so weit gefächert, dass sie bestenfalls als Ausnahmetheorie für historische Spezialsituationen noch einige Brauchbarkeit entwickeln kann.

Die ökonomische Konkretisierung der Klassenkampftheorie von Marx findet sich im *Kapital* in seiner Mehrwertlehre, nach der der Kapitalist mehr Einkommen erhält, als ihm im Verhältnis zu den Proletariern zustände. In der Gewerkschaftsbewegung wurde aus der Mehrwertlehre eine wirksame Kampfparole, um Arbeitern höhere Anteile an Unternehmensgewinnen zukommen zu lassen. Die Mehrwertlehre geht rhetorisch eine Koalition ein mit dem Profitgedanken, der Gewinn in einem Unternehmen anders als das Einkommen von unselbstständig Beschäftigten unter Generalverdacht stellt. Daher könnte man sagen, dass mit der Mehrwerttheorie die Diffamierung des unternehmerischen Risikos als bloßer Profitorientierung in die Welt gesetzt wird. Andere Fragen werden durch die Pauschalität dieser Lehre an den Rand gedrängt: Was ist ein angemessener Zins für den Einsatz von Eigenkapital? Muss dieser nicht höher ausfallen als beim passiven Vermögensanleger, der ohne großen Aufwand Gewinn erzielt? Trägt die Mehrwertlehre nicht zur Erosion des Industriekapitalismus durch den virtuellen Finanzkapitalismus bei? Wer will sich als Unternehmer im Kampf mit realen Widrigkeiten herumschlagen, wenn es mit einem bloßen Finanzinvestment auch gut läuft? Ganz abgesehen davon sind Mehrwertrechnungen kompliziert; zu berücksichtigen sind zum Beispiel Kosten der Produktentwicklung, der Organisation, der Verwaltung, der Kredite, der Vermarktung, der Logistik, der Rohstoffe, der Gebühren, der Steuern. Marx folgt zu sehr dem einfachen Modell der Naturbearbeitung, bei der sich für ihn nur Kapitalisten und Handarbeiter gegenüberstehen.

---

[2]Ein Musterbeispiel des Antagonismus von Managern und Eigentümern lässt sich an dem Aktienkurs der Deutschen Bank seit der Finanz- und Wirtschaftskrise 2007/2008 studieren, der sich 2018 ungefähr auf ein Zehntel des damaligen Kurses reduziert hat. Hier scheint die Macht der Eigentümer nicht sehr stark ausgebildet zu sein – und das Personal macht offensichtlich, was es will.

Die Theorie der Klassenkämpfe und der Mehrwertlehre impliziert das Ausbeutungstheorem; denn für Marx beutet die eine Klasse immer die andere aus. Es gibt tatsächlich Ausbeutung in Vergangenheit und Gegenwart – so weit ist Marx durchaus zuzustimmen. Nicht selten ist „Ausbeutung" jedoch nur eine Kampfparole in Interessenkonflikten, womit eine Seite für die eigene Besserstellung kämpft. Die meisten Gesellschaften haben zumindest Elemente der Kooperation entwickelt, in denen Wohlstand und Lebensperspektiven sich für alle positiv entwickeln können, ohne dass dies unbedingt vollkommen gleichförmig geschehen muss. Ziel der gesellschaftlichen Entwicklung sind gerade die Abkehr von der Ausbeutung und die Entwicklung von Formen der Kooperation, die das Nullsummenspiel überwinden und bei der Gewinner nicht automatisch Verlierer hervorbringen. Es stimmt nicht immer notwendigerweise wie klassentheoretisch oft unterstellt, dass einige reich sind, weil andere arm sind. Insgesamt gehört die Klassentheorie zu den am wenigsten überzeugenden Teilen des Werkes von Marx.

4.3 „Die Bourgeoisie hat in der Geschichte eine höchst revolutionäre Rolle gespielt. … Die Bourgeoisie kann nicht existiren, ohne die Produktionsinstrumente, also die Produktionsverhältnisse, also sämmtliche gesellschaftlichen Verhältnisse fortwährend zu revolutioniren" (Marx und Engels 1847/1848, S. 84 f.)

Für Marx setzt eine erfolgreiche sozialistische Revolution die vorangehende Entfaltung der Produktivkräfte durch den Kapitalismus voraus: Der Kapitalismus schafft die Basis zur Überwindung der Knappheit, sodass Sozialismus und Kommunismus gesellschaftlichen Reichtum nicht mehr schaffen, sondern nur noch umverteilen müssen. Die gesellschaftliche Entwicklung folgt einer bestimmten Reihenfolge, sodass ein von der Agrarwirtschaft geprägter Feudalismus nicht mit Erfolg direkt in den Sozialismus „springen" kann. Vor diesem Hintergrund ist die leninistische Oktoberrevolution von 1917 in Russland eine Absurdität, die geradezu zwangsläufig in eine Parteidiktatur der Kommunisten münden musste, weil die gesellschaftlichen Verhältnisse in der Breite der russischen Gesellschaft ohne bürgerliche Gesellschaft und ohne Kapitalismus im Sinne von Marx nicht reif waren für das Stadium danach.

Eine schockierende These ausgerechnet von Marx: Der Kapitalismus wird gebraucht. Kapitalistische Dynamik mit ihrer Anstachelung des selbstverantworteten Eigeninteresses und ihrer Entfaltung der Produktivkräfte ist sinnvoll, nicht nur – wie oft unterstellt wird – bei der Wohlstandsvermehrung der jeweils Privilegierten. Marx legt Wert darauf, dass der zur Verteilung stehende Kuchen durch die Unerbittlichkeit des kapitalistischen Rechnens vor der Verteilung möglichst groß ausfällt. Ein Sozialismus auf einem niedrigen Niveau der Entfaltung der Produktivkräfte ist ein zweifelhaftes Unternehmen, weil eine solche Gesellschaft nicht auf Reichtumsverteilung, sondern auf Armutsverteilung hinausläuft. Heute wäre es denkbar, dass beispielsweise auch die Altersversorgung schrumpfender Bevölkerungen, die technische Effizienzrevolution angesichts des Klimawandels und selbst die Überwindung des Hungers in der Welt auf den Spuren von Marx gedacht vom Kapitalismus profitieren können, sofern dieser normativ erwünschte Ziele verfolgt (siehe Rajan und Zingales 2004; vgl. Zingales 2002). Daher ist fragwürdig, ob der Kapitalismus – wie von Marx suggeriert – nur ein bald zu überwindendes Durchgangsstadium bleibt, das mit Notwendigkeit nach einer großen Krise revolutionär in das neue Geschichtsstadium des Sozialismus überführt wird. Dies gilt umso mehr, wenn dies auch noch nicht einmal normativ erwünscht wäre und „kein Kapitalismus … auch keine Lösung" ist (so der Buchtitel von Ulrike Herrmann 2016).

Weltweit gibt es verschiedene Formen des Kapitalismus, die auf immer neue Krisen unterschiedlich reagieren, sodass weder im 19. Jahrhundert noch heute eine Überwindung des Kapitalismus nach der einen großen Krise wahrscheinlich ist. Das entsprechende Denkmuster der Apokalypse hat seinen Ursprung in einer spezifischen Ausrichtung der Religion, die besser nicht auf das Gesellschaftliche übertragen werden sollte. Der Begriff des Kapitalismus ist ohnehin zur alleinigen Diagnose von Gesellschaften zu grobschlächtig und unterstützt – weltanschaulich systemkritisch aufgeladen – einen intellektuellen Holismus, der ganze Gesellschaften in einem revolutionären Akt für veränderungsfähig hält. Es lohnt sich demgegenüber, in der globalen Perspektive gedanklich von „varieties of capitalism" auszugehen (Hall und Soskice 2001; vgl. ähnlich Fulcher 2007 sowie für ein breites Spektrum der Debatte Herzog und Honneth 2014). Der globalisierte Kapitalismus ist demnach nicht so gestaltungsfähig, wie man sich dies als politischer Philosoph in der Tradition von Platon bis Marx wünschen mag. Vielmehr stoßen wir auf Alternativlosigkeiten und Sachzwänge (oder zumindest deren Behauptung), die für Philosophen gedanklich nicht akzeptabel sind, aber in der modernen Welt nicht so einfach denkerisch aufgelöst werden können. Sinnvollerweise – so meine These – sollte die Gestaltbarkeit zwischen der Komplettabschaffung des Kapitalismus und der vermeintlichen Alternativlosigkeit einer gerade existierenden Form des Kapitalismus gesucht werden, um die Variabilität des Kapitalismus zugunsten einer normativ erwünschten Verbesserung der Verhältnisse auszunutzen.

Vor diesem Hintergrund bleibt auch Joseph Schumpeters Loblieb des Unternehmers aktuell, der für ihn im Sozialismus und im fortgeschrittenen Managerkapitalismus gleichermaßen untergeht (Schumpeter 2005). Ein Unternehmer heißt so, weil er risikobehaftet bereit ist etwas zu unternehmen. In diesem Sinne ist neben der unternehmerischen Eigeninitiative auch die finanzkapitalistische Bereitstellung von Risikokapital wichtig. Kapitalismus basiert – so schon Adam Smith – auf der aufgeklärten Eigeninteressiertheit der Akteure innerhalb eines ethisch und politisch gesetzten Rahmens und zielt auf rationalisierte Effektivität, Gewinn und Rentabilität (als auf Dauer gestellten Gewinn). Politisch und ethisch bedenklich ist nicht der Kapitalismus, sondern seine unregulierte und nichtgestaltete Form.[3]

---

[3]Es ist diskussionswürdig, ob und in welcher Form dieser Satz auch für den gegenwärtigen Finanzkapitalismus gilt. Immerhin helfen bei großen Investitionen Finanzinstrumente, weil sie – wie Aktien schon beim Eisenbahnbau im 19. Jahrhundert – gut konstruiert Risiken streuen und die Finanzierungsbereitschaft erhöhen.

4.4   „In der gesellschaftlichen Produktion ihres Lebens gehen die Menschen bestimmte, nothwendige, von ihrem Willen unabhängige Verhältnisse ein, Produktionsverhältnisse, die einer bestimmten Entwicklungsstufe ihrer materiellen Produktivkräfte entsprechen. … Es ist nicht das Bewußtsein der Menschen, das ihr Sein, sondern umgekehrt ihr gesellschaftliches Sein, das ihr Bewußtsein bestimmt" (Marx 1858/1859, S. 111)

Marx stellt Hegel vom Kopf auf die Füße, so lautet eine berühmte Einschätzung. Dieses suggestive Bild wird vermutlich jedoch weder Hegel noch Marx selbst gerecht: Weder ist Hegel einfach nur der Idealist, der die Gestaltung der Welt hervorhebt, noch ist Marx einfach der Materialist, der den Menschen zum Opfer seiner Verhältnisse erklärt. Hegel und Marx sind näher beieinander, als ihre plakative Gegensätzlichkeit suggeriert. Bei Hegel spielt durchaus eine große Rolle, dass der einzelne Mensch nicht in Willkürfreiheit alles neu anfangen kann, sondern sich die Menschheit – unterkomplex formuliert – in Auseinandersetzung mit ihren auch materiellen Verhältnissen entwickelt. Umgekehrt setzt Marx durchaus auf das Bewusstsein der Proletarier; denn ganz so automatisch, wie manche Stellen suggerieren, kommt die Revolution eben doch nicht. So richtet Marx unsere Aufmerksamkeit auf die ökonomische Basis der Gesellschaft und das zu Recht, aber ebenso bleibt er Bewusstseinsphilosoph, der für die Anerkennung der Subjekte untereinander kämpft. Ein Spannungsverhältnis bis hin zur Widersprüchlichkeit, das Marx gedanklich nicht auflöst, das aber seine Philosophie besser macht, als wenn er es nicht täte (vgl. erneut Quante 2018).

Viel Lärm um nichts im Streit um Sein und Bewusstsein also? Nein; denn die Leitideen der beiden Denker sind wirklich unterschiedlich. Oder, um es mit Max Weber zu sagen: Sie nähern sich dem Gefüge von Sein und Bewusstsein von unterschiedlichen Seiten, die für den Neukantianer Weber nur zwei unterschiedliche Zugangsweisen zur Realität repräsentieren (Weber 1988, besonders sinnfällig S. 12 in der Vorbemerkung). Daher hängt die Einschätzung der Thesen zum Verhältnis von Sein und Bewusstsein daran, ob sie dogmatisch die einzige Wahrheit behaupten oder ob sie methodisch reflektiert unterschiedlichen Forschungsprogrammen folgen.

In Kritik an der vielfach als überzogen empfundenen Orientierung an der Freiheit des Geistes, die Hegel propagiert, vertritt Marx einen Geschichtsdeterminismus auf ökonomischer Basis, von dem der Überbau als abhängig gedacht wird. Determinationserzählungen gibt es in der neuzeitlichen Wissenschaft angefangen von der Physik über die Evolutions- und Neurobiologie bis hin zum Freudianismus und zu Formen der Soziologie viele. Alle diese ermöglichen interessante Forschungsprogramme, aber sind nicht im Sinne einer Freiheitsleugnung und Ausschließlichkeit zu rezipieren. Demnach sind auch ökonomische Faktoren wichtig für das gesellschaftliche Menschsein, aber nur ihnen Untersuchungsraum zu geben, wäre falsch und dogmatisch. Die Anwendbarkeit eines entsprechenden Forschungsprogramms gilt prinzipiell nicht nur für Sein und Bewusstsein von Kapitalisten und Proletariern, sondern für alle in Vergangenheit und Gegenwart. Es ist interessant, nach Korrelationen zu suchen, die die ökonomische Lage von – sagen wir – Bankern, Hartz-IV-Empfängern, Priestern und Professoren auf ihr Denken beziehen. Wie produktiv und weiterführend solche Untersuchungen sind, hängt an den Forschenden, die diese betreiben. Auf jeden Fall ist offen, was dabei empirisch herauskommt.

4.5 „Zu Hause ist er [der Arbeiter], wenn er nicht arbeitet und wenn er arbeitet, ist er nicht zu Haus. … *Zwangsarbeit* … Das Leben selbst erscheint nur als *Lebensmittel*. … Die Entfremdete Arbeit kehrt das Verhältniß dahin um, daß der Mensch eben, weil er ein bewußtes Wesen ist, seine Lebensthätigkeit, sein *Wesen* nur zu einem Mittel für seine *Existenz* macht" (Marx 1844, S. 34, 37; vormals „Pariser Manuskripte")

Das Entfremdungstheorem gehört vielleicht zum interessantesten Teil des Werkes von Marx, aber auch hier bleibt die Einschätzung ambivalent. In seinem Frühwerk geht Marx von einer Viergestalt der Entfremdung aus: 1) Entfremdung vom Produkt der Arbeit wegen der Eigentumsverhältnisse; 2) Entfremdung zum Akt der Produktion (z. B. durch die Spezialisierung); 3) Entfremdung von den Mitmenschen; 4) Entfremdung vom Gattungswesen des eigentlichen Menschseins. Gegen alle vier Aspekte lassen sich Einwände erheben, ohne dass die diagnostische Kraft des Entfremdungsbegriffes damit aufgehoben wird. Gleichwohl stellen sie Fragen, die beantwortet werden müssen, um gegenwärtig den Entfremdungsbegriff überzeugend verwenden zu können: Lässt sich der Entfremdungsbegriff auch unabhängig von Wesensdefinitionen des Menschen, die auf Probleme stoßen, vertreten?[4] Wie konnte eine Arbeiterbewegung entstehen, wenn entfremdete Arbeit zur vollkommenen Distanz von den Mitmenschen führt? Führt Spezialisierung immer zur Entfremdung oder kann sie auch produktive Kräfte freisetzen? Widerlegt nicht die entfremdete Arbeit im Staatssozialismus der Marx'schen Auffassung, dass die bloße Änderung von Eigentumsverhältnissen die Entfremdung überwindet? Zu DDR-Zeiten gehörten die „Pariser Manuskripte" – so wurde mir mehrfach von Zeitzeugen erzählt – übrigens in den nicht für alle Leser zugänglichen „Giftschrank" der Bibliothek, damit bei der Lektüre wohl niemand auf die Idee kommt, dass es auch im real existierenden Sozialismus Entfremdung gibt. Unabhängig von allen Differenzierungen hinterlassen die Passagen zur Kritik der Entfremdung einen suggestiven Eindruck, durch den sich die Wucht der Kritik auf den Leser überträgt, vor dessen Auge ebenso die unerträglichen Arbeitsverhältnisse der Frühindustrialisierung zu Lebzeiten von Marx auftauchen wie nichthumane Arbeit in der Gegenwart (sei es von Textilarbeiterinnen

---

[4]Jaeggi (2016) ist es m. E. überzeugend gelungen, diese Trennung vorzunehmen.

in Bangladesch oder bei nervtötenden Tätigkeiten bei einem selbst oder in der eigenen Umgebung).

Der Entfremdungsbegriff ist so vielseitig, dass er auch in Bereichen Anwendung findet, an die sicher Marx selbst nicht als Erstes gedacht hätte. In seiner Rostocker Dissertation hat Dennis Wutzke den Entfremdungsbegriff beispielsweise auf den gegenwärtigen Wissenschaftsbetrieb angewandt (Wutzke 2018). Im Anschluss an die Arbeiten von Rahel Jaeggi nutzt er einen Begriff von Entfremdung, der die essenzialistischen Lesarten in der marxistischen Tradition mit der Unterstellung eines wahren Menschseins vermeidet und der zugleich normativ und deskriptiv agiert. In interessanter Art und Weise arbeitet Dennis Wutzke heraus, dass der Wissenschaftsbetrieb – anders als das idealisierte Selbstbild der Wissenschaft in der Tradition Platons als gerade nichtentfremdete Ideenschau suggeriert – zunehmend die bloße Betriebsamkeit affektiv besetzt. Entfremdung meint demnach in Anwendung auf den Wissenschaftsbetrieb – anders als in den Debatten der Siebzigerjahre des 20. Jahrhunderts – nicht die Distanz von der Lebenswelt, sondern die Selbstentfremdung, bei der der ursprüngliche Erkenntnisimpuls des Wissenschaftlers verloren geht. Im Ergebnis überwuchert die bloße Aktivität der Wissenschaft für Wutzke ihr Streben nach Erkenntnis; so steht am Ende der Betrachtung das Ergebnis, dass Erkenntnisarmut hoch korreliert ist mit hektischer Betriebsamkeit.

Zur Einschätzung der Anwendung auf den Wissenschaftsbetrieb stellen sich aus meiner Sicht Fragen, die auch sonst bei Debatten um Entfremdung auftauchen: Leiden Entfremdungsdiagnosen nicht darunter, dass sie es suggestiverweise schaffen, alle Lebensformen als entfremdet darzustellen? Besteht nicht das Problem der Selbstverifikation durch diese Suggestion? Wer Entfremdung nur durch ihre Thematisierung feststellt, hat anschließend immer recht. Leidet die Entfremdungsthese also unter Übergeneralisierung und hat so Probleme mit der Falsifizierung? Methodisch überzeugender wäre es m. E., die Deutung der Entfremdung als Sichtweise anzubieten und es bei der Demonstration ihrer möglichen Berechtigung zu lassen. Ob das Deutungsangebot anzunehmen ist, kann innerphilosophisch nicht mit letzten Gründen gezeigt werden, nicht zuletzt weil die normativen Anteile des Entfremdungsbegriffes Raum für unterschiedliche Einschätzungen eröffnen. Eine Entfremdungsdiagnose kann so Anlass zur Kontroverse bieten, wird aber nicht als einzige Deutung das Feld behaupten können. Der Entfremdungsbegriff dient der sinnvollen Selbstreflexion – nicht mehr und nicht weniger.

Arnold Gehlen geht in seiner Kritik des Deutschen Idealismus und des Historischen Materialismus bei Marx soweit, dass er eine Geburt der Freiheit aus der Entfremdung postuliert (Gehlen 1963, S. 232–246). Demnach wäre es anthropologisch gar nicht wünschenswert, die Entfremdung zu überwinden, da aus Divergenzen im eigenen Wesen gerade die Triebfeder zum freien Handeln entsteht. Boltanski und Chiapello (2003) haben im „neuen Geist des Kapitalismus" die Kritik an der Entfremdung (von ihnen als Künstlerkritik eingeordnet) als erfolgreich angesehen und darauf hingewiesen, dass in vielen Arbeitsverhältnissen auf das Einbringen der ganzen Person und auf Authentizität geachtet wird. Sie lassen aber offen, ob dies die Tyrannei des Kapitalismus überwindet oder verschärft.

Bevor man in Kritik der Entfremdung vorschnell bei der Sozialromantik landet, ist es wichtig, dass einem klar ist, dass zwischen Wohlstand und Entfremdung eine Korrelation zu bestehen scheint. Ohne entfremdete Entfaltung der Produktivkräfte durch Spezialisierung wäre der Wohlstand der Nationen nicht erarbeitet worden. Wenn man Gegengewichte hiergegen setzen will, ist mit Wohlstandsverlusten zu rechnen – oder an durchdachten Strategien der Vereinbarkeit ist erst noch zu arbeiten.

In Anknüpfung an das Entfremdungszitat dieses Abschnittes noch eine Bemerkung zum Arbeitsbegriff von Marx, der sich dabei an der Industriearbeit des 19. Jahrhunderts orientiert, die er als Naturbearbeitung versteht. Auffällig ist wie unbefragt Marx' Arbeit – orientiert an der Bearbeitung der Natur in der Industrie – ins Zentrum des menschlichen Lebens rückt. So überschätzt er die Bedeutung der Arbeit für den Menschen, vernachlässigt die Muße und verfolgt undifferenziert lediglich ein Verständnis von Arbeit, das beispielsweise unbezahlte Hausarbeit und Arbeit in der Dienstleistungsgesellschaft zu wenig berücksichtigt. Diese Gesichtspunkte richtet vor allem Hannah Arendt (1992) aus meiner Sicht überzeugend gegen Marx. Für Hannah Arendt ist Entfremdung in einem Teilbereich der menschlichen Existenz nicht aufhebbar; Arbeit als Maloche ist notwendigerweise Entfremdung. Dementsprechend ist es für sie wichtig, dass sich Menschen nicht allein über Arbeit definieren, sondern anderen Teilen des Lebens genügend Raum lassen; Marx erweist sich demgegenüber geradezu als Erbe der protestantischen Arbeitsorientierung. Ebenso wie die Arbeit als solche wird auch die technische Entwicklung von ihm ganz unkritisch gesehen und entsprechend gelobt, sodass Natur für ihn als bloße Ressource gesehen wird und eine Anknüpfung an ökologische Anliegen in seiner Gedankenwelt ursprünglich nicht naheliegt.

4.6 „Der mystische Charakter der Waare entspringt also nicht aus ihrem Gebrauchswerth. … Fetischismus, der den Arbeitsprodukten anklebt, sobald sie als Waaren producirt werden, und der daher von der Waarenproduktion unzertrennlich ist. Dieser Fetischcharakter der Waarenwelt entspringt … aus dem eigenthümlichen gesellschaftlichen Charakter der Arbeit, welche Waaren produziert" (Marx 1867/1890, S. 165 ff.)

Die Passagen zur Kritik des Warenfetischismus stellen im *Kapital* von Marx eine besondere Herausforderung für das Verständnis von Lesern dar. Marx nutzt mit Absicht die religiöse Anspielung, die mit dem Fetischismusbegriff verbunden und die im gegenwärtigen Sprachgebrauch auch auf Formen der Sexualität übertragen wird. Der Fetisch dient in der „Nebelregion der religiösen Welt" der Stellvertretung des Bösen oder auch des Heiligen: So kann eine Puppe als Fetisch verbrannt werden, um das Böse zu attackieren. Der Gedanke der Stellvertretung steht auch hinter dem Warenfetischismus. Für Marx ist klar, dass Waren und Warenaustausch der Bedürfnisbefriedigung zu dienen haben. Marx nutzt einen fast naiven Bedürfnisbegriff, der gedanklich geschult an den anthropologischen Grundbedürfnissen wie Trinken, Essen und Wohnen meint, diese als objektive für alle unterstellen zu können. Die Subjektivierung des Bedürfnisbegriffes in der neueren Ökonomie ist ihm fremd, wenn diese bloß an der Nachfrage des Konsumenten festgemacht und der Kontrast zu wahren Bedürfnissen aufgegeben wird. Der objektive Bedürfnisbegriff bildet den Kontrast zur Ware, die im Warenaustausch zur Fetischbildung neigt, in dem die Wertbesetzung der Ware fetischhaft an die Stelle ihrer Bedeutung für die Bedürfnisbefriedigung tritt. Marx unterscheidet in diesem Kontext Tauschwert und Gebrauchswert der Ware. Der Gebrauchswert resultiert aus der eingesetzten Arbeitskraft und bemisst sich an der Befriedigung der Bedürfnisse. So problematisch diese Bestimmung auch sein mag, die beispielsweise die längere Arbeitszeit der unkundigen Arbeitskraft gegenüber der Effektivität des Kundigen zu bevorzugen scheint, so zentral ist es für Marx, den Gebrauchswert mithilfe der je eigenen Bedürfnisse vom ökonomisierten Wert zu trennen. Darüber hinausgehende Wertsetzungen gelten Marx als Tauschwert, der den Warenfetischismus hervorbringt, insofern über die bloße natürliche Bedürfnisbefriedigung künstliche Scheinbedürfnisse geschaffen werden.

Die von Marx vorgelegte Analyse bietet nach wie vor eine zentrale Kritik an der Ökonomisierung des ganzen Lebens, auch wenn der Versuch der Objektivierung der Bedürfnisse Formen der autoritären Fremdbestimmung befürchten lassen. Bis in gegenwärtige Markenfetischismen hinein, die beispielsweise die Frage aufwerfen, ob der BMW mit seinem hohen Preis wirklich das Bedürfnis der Mobilität besonders gut befriedigt oder ob das Apple-Produkt den anderen Vehikeln der Kommunikation und Digitalisierung wirklich so überlegen ist, wie seine Fans suggerieren. Der Kapitalismus insgesamt verändert das Leben; alles lässt sich warenfetischisiert kaufen und wird zur „Kampfzone" (Houellebecq 2000) der beschleunigten Leistungsgesellschaft. Bisher geschützte Bereiche der Lebenswelt (einschließlich der Intimität) werden „kolonisiert" (so Habermas 1981). Michael Sandel (2012) prangert mithilfe von gut gewählten Beispielen eindrücklich die Monetarisierung des Lebens an (vom gekauften Schlangestehen bis zum überteuerten Wasserverkauf in Notlagen nach Katastrophen). Implizit fordert er als Kommunitarist die Remoralisierung der Ökonomie, also etwas, was Historiker der Ökonomie als überwunden durch die moderne Gesellschaft charakterisiert haben. So benennt der Autor nur das Problem der moralischen Grenzziehung richtig, aber er gibt keine haltbaren philosophischen Kriterien zur Lösung des Problems an. Klar ist auf seinen Spuren aber immerhin: Individuen und Gesellschaften müssen bewusster um die Abgrenzungsfrage ringen, welche Lebensbereiche in welchem Maße ökonomisiert gestaltet werden sollen.

4.7 „… heute dies, morgen jenes zu thun, Morgens zu jagen, Nachmittags zu fischen, Abends Viehzucht zu treiben u. nach dem Essen zu kritisiren, wie ich gerade Lust habe, ohne je Jäger Fischer Hirt oder Kritiker zu werden" (Marx und Engels 1845/1846, S. 56, zur Überwindung der Arbeitsteilung)

Die Kritik der Utopie im Frühsozialismus hat dazu geführt, dass Marx sich keine oder fast keine Gedanken über den Tag nach der Revolution gemacht hat. Statt sich Utopien auszudenken, wollte Marx ein solider Wissenschaftler sein. Bei Marx als Kritiker des utopischen Frühsozialismus überrascht die zitierte Stelle (wenn sie denn nicht als ironisch zu nehmen ist). Sofern Utopien nicht als Baupläne einer zukünftigen Gesellschaft gemeint sind, die gar mit Gewalt gegen Nichtüberzeugte durchgesetzt werden sollen, bieten sie Individuen wichtige Anregungen, um gegenwärtige Verhältnisse nicht als alternativlos wahrnehmen zu müssen. Den Ort, den klassische Utopien sich ausgemalt haben, gibt es nicht. Nirgends! Das sagt schon ihr griechisches Ursprungswort ausdrücklich. Um aber gesellschaftliche Missstände nicht rein negativ in ihrer Kritik zu belassen, ist es eine erprobungswürdige Idee, eine Welt ohne sie ganz irdisch von der positiven Vision her zu denken. Als Utopie, die nicht als Sehnsucht nach dem ganz anderen anzusehen ist, sondern als Aufruf zu konkreten Fantasien bei der Überwindung des schwer Überwindbaren mit Menschen, wie sie sind. Seit der Philosoph Karl Raimund Popper Anhänger von Utopien als Feinde einer offenen Gesellschaft gebrandmarkt hat, gelten diese als freiheitsgefährdend (Popper 1980). Er hat recht, wenn es um Utopien geht, die auf einen Schlag umgesetzt werden sollen; diese sind gefährlich, weil sie auf dem Reißbrett entworfen reale Gesellschaften und reale Menschen ignorieren. Von der Utopie zum Konzentrationslager für Nichtüberzeugte ist demnach nur ein kleiner Schritt. Wenn Utopien aber nicht als revolutionäre Entwürfe für ganze Gesellschaften verstanden werden, sondern fast spielerisch als Ideen für Verbesserungen, dann können sie positive Energien zur Weiterentwicklung von Gesellschaften erzeugen.[5]

---

[5]Ganz subjektiv fallen mir selbst sofort die folgenden Utopien ein, über deren Realisierung sich wie über viele andere Ideen nachzudenken lohnt: eine lebendige Schule, in der nicht eingezwängt im 45-min-Takt wirkliche Bildung von ganzen Menschen stattfindet; ebenso eine Universität, die Bildung wertschätzt und nicht nur Fachwissen, indem sie in ihrem Motto „Forschung und Lehre" Letztere eigenständig als Leistung wertet, eine Energiewende, die nicht teuer, fast staatssozialistisch das Große subventioniert, sondern eher technische und soziale Innovationen in ihrer ganzen Vielfalt fördert, eine Stadtentwicklung, die dem Wohnen auch in den Innenstädten neben Geschäften und Büros Raum lässt, eine Gentechnik, die nicht verboten wird, sondern für Gesundheit und Ernährung genutzt wird, eine Kranken- und Pflegeversicherung, die nicht von

4.8   „Der Sozialismus ist die Synthese der größten Errungenschaften aller vorherigen Produktionsweisen. Von der Stammesgesellschaft übernahm er den Primitivismus, von der asiatischen Produktionsweise den Despotismus, von der Antike die Sklaverei, vom Feudalismus die gesellschaftliche Herrschaft von Grundherren über Leibeigene, vom Kapitalismus die Ausbeutung und vom Sozialismus schließlich den Namen" (Žižek 2014, S. 67, wo der zitierte Text als „bekannte[r] antikommunistische[r] polnische[r] Witz" aus der Zeit vor 1989 bezeichnet wird)

In der Philosophie gilt es, zwischen Karl Marx und dem politischen Begriff des Sozialismus zu unterscheiden, um die Verstellung des Werkes von Marx durch seine Wirkungsgeschichte zu minimieren. Wo Marx zur Offenheit und zum Interesse an der Empirie neigt, gab es im real existiert habenden Sozialismus die Tendenz zur Schließung. Ein Marxist wie Ernst Bloch, der sich Marx in seinem „Prinzip Hoffnung" stark von der Bewusstseinsseite und weniger vom Determinismus des Historischen Materialismus genähert hat, zog wie viele andere daraus 1961 die Konsequenz und verließ Leipzig in Richtung Tübingen. Bloch steht wohl insgesamt für Denker in der Tradition von Marx, die diesen produktiv und offen weiterentwickeln wollten, während die Machtverhältnisse in sozialistischen Ländern dies gerade verhinderten. So erstaunlich es klingt: Die Marx-Beschäftigung im Kapitalismus war interessanter und weiterführender als die in der geschlossenen Welt des Sozialismus. Nach meiner Berufung nach Rostock kurz nach der Wende 1992 bildete sich schnell bei mir durch Berichte und durch eigene Erfahrung die Einschätzung, dass in der DDR noch nicht einmal originäre Marx-Kenntnisse verbreitet waren. Es dominierten vielmehr Merksprüche und eine Verweltanschaulichung des Marxismus-Leninismus, die mit dem Werk von Marx kaum etwas zu tun hatten. Es herrschte die Diktatur einer Partei, die sich insgesamt zu Unrecht auf Marx berief. Nach der Wende war übrigens ein sofort einsetzendes Desinteresse an Marx zu beobachten; merkwürdigerweise wurde dabei der Utopiekritiker Marx zum Utopisten, der am realen Menschen gescheitert sei.

Hat Marx aber nachträglich beurteilt nicht doch eine Mitschuld daran, dass seine Theorien als Dogmen missbraucht wurden? Die Grundsatzfrage ausklammernd, ob

---

Fehlanreizen zum Schaden der Versicherten geprägt ist, ein föderales Europa mit grundsätzlich geteilter Wertbasis, das aber institutionell weiter die Vielfalt der Nationen und Regionen schätzt, … und dass es unser Land im weitgehenden Konsens aller schafft, Migration ohne Abschottung und ohne gänzlichen Verzicht auf eine eigene Identität zu gestalten.

ein Autor wirklich Schuld daran haben kann, was Menschen nach seinem Tode aus seinem Werk machen, so sind doch Motive im Werk von Marx zu identifizieren, die seinen Nachfolgern den Missbrauch leicht machten. Von den vielen Anknüpfungspunkten will ich einige als Defizite im Werk von Marx selbst benennen: 1) Bei Marx gibt es ein Freiheitsdefizit, weil er in seinem Historischen Materialismus vor allem die Determinationsseite betont. Richtiger wäre es, herauszuarbeiten, dass Menschen sich wiederum ins Verhältnis zu ihren Determinationen setzen können (vgl. Sartre 1977–1979, wo der Autor am Beispiel von Flaubert versucht, das Geflecht von Freiheit und Determinationen subtil nachzuzeichnen). Auch, wenn der Historische Materialismus sich vor allem ablehnend auf die Freiheit als Willensfreiheit bezieht, so springt von dort die Ablehnung auf die Freiheit als politischen Wert über. 2) Dies hängt zentral mit dem Politik- und Demokratiedefizit bei Marx zusammen: Da politische Positionen nur Ausdruck der Klassenlage sind, wird die Politik nur als verlängerter Arm der Ökonomie gedacht. Revolutionen werden nicht politisch verstanden, sondern als Ergebnis einer fast automatisch wirkenden Umstürzung der Produktionsverhältnisse aufgrund der Entwicklung der Produktivkräfte. Auf dieser gedanklichen Basis fehlt das Konzept, was eigentlich am Tag nach der Revolution zu geschehen hat. Nach einem putschartigen Austausch der Herrschaftselite hat sich in einer Gesellschaft jedoch zunächst wenig geändert. Es gibt keine notwendige Entwicklung nach einer erfolgten Revolution, sondern Veränderungen müssen politisch auch dann noch ganz stetig durchdacht und gesellschaftlich erarbeitet werden. 3) Schon Hegel hatte über Moralität und Legalität geschimpft, aber sie doch als Etappen auf dem Weg zur Sittlichkeit zugelassen. Bei Marx werden Ethik und Recht zur bloßen Ideologie. Entsprechend gibt es bei Marx ein Ethik- und Rechtsdefizit.

Diese genannten drei Defizite werden im Werk von Marx insgesamt befördert durch seine Ideologiekritik, die Auffassungen von Individuen immer von deren vermeintlich objektiven Interessen her deuten und die es ihm immer erlaubt, besserwissend im Rücken der Individuen zu argumentieren. Ob jemand recht oder unrecht hat, wird ohne Kommunikation von Marx und später von der Kommunistischen Partei entscheidbar. In Konfliktlagen fällt es dann leichter, den Gegner einzusperren und zu ermorden, wie die Wirkungsgeschichte zeigt. Zusammen mit der Vernachlässigung von Offenheit und Empirie werden bei Lenin, Stalin und Mao die Gedanken von Marx zur Kampflehre, in der die Partei immer recht hat und sich die abschüssige Ebene zum „Archipel Gulag" bildet.[6]

Marx gehört neben Nietzsche, Schopenhauer und Hegel trotz seiner Wirkungsgeschichte gleichwohl zu den bleibend interessanten deutschen Philosophen des 19. Jahrhunderts; er war nicht nur kein Marxist, sondern vor allem kein Marxist-Leninist. Entsprechend differenziert sollte der philosophische Umgang mit Marx ausfallen – auch gegen die eigene Tendenz des Autors, abweichende Positionen hochfahrend und allzu selbstgewiss abzukanzeln. Die Unfähigkeit, dem möglichst wohlwollenden Verstehen des

---

[6]Solschenizyn (2008), vgl. Roman Koestler (2018) sowie insgesamt abrechnend Courtois (1998, 2004).

eigentlich Abgelehnten zu folgen, sollte nicht mit kritischem Bewusstsein verwechselt werden – weder bei Marx selbst noch bei uns als seinen Lesern. Marx sollte nicht als unwissenschaftlicher Prophet und auch nicht als Weltanschauungsautor rezipiert werden, sondern als auch empirisch arbeitender Philosoph, der zu wichtigen Kontroversen einlädt. In meiner Vorlesung wollte ich demonstrieren, dass neben immer noch überzeugenden Punkten in seinem Werk andere gänzlich problematisch oder zumindest ambivalent sind. Die Renaissance, die Marx nach 2007/2008 durch die Finanz- und Wirtschaftskrise erfährt, sehe ich in dem Rahmen als berechtigt an, dass nach einer Phase des überzogenen Desinteresses das Pendel dadurch wieder in eine andere Richtung ausschlägt. Ob Marx gegenwärtig aber wirklich spezifische Anregungen zum Umgang mit Wirtschafts- und Finanzkrisen zu bieten hat, bleibt abzuwarten. In der Hinsicht sollte man von einem Autor des 19. Jahrhunderts nicht zu viel erwarten, sodass die Philosophie von Marx nach diesem Kriterium tatsächlich einen Bart haben könnte. Aus meiner Sicht lohnt es sich aber wegen seiner grundsätzlichen Perspektiven weiterhin, Marx als normalen Klassiker der Philosophie zu nehmen, der jenseits der Moden stetige Aufmerksamkeit verdient.

Literatur

Arendt H (1992) Vita activa oder Vom tätigen Leben, 7. Aufl. Piper, München
Bayertz K (2018) Interpretieren, um zu verändern. Karl Marx und seine Philosophie. Beck, München
Boltanski L, Chiapello V (2003) Der neue Geist des Kapitalismus. UVK, Konstanz
Bourdieu P (2001) Meditationen. Zur Kritik der scholastischen Vernunft. Suhrkamp, Frankfurt a. M.
Courtois S (1998) Das Schwarzbuch des Kommunismus. Piper, München
Courtois S (2004) Das Schwarzbuch des Kommunismus: Unterdrückung, Verbrechen und Terror. Piper, München
Dath D (2018) Karl Marx. Reclam, Stuttgart
Fulcher J (2007) Kapitalismus. Reclam, Stuttgart
Gehlen A (1963) Über die Geburt der Freiheit aus der Entfremdung. In: Gehlen A (1963) Studien zur Anthropologie und Soziologie. Luchterhand, Neuwied, S. 232–246
Habermas J (1981) Theorie des kommunikativen Handelns, Bd 2. Zur Kritik der funktionalistischen Vernunft. Suhrkamp, Frankfurt a. M.
Hall PA, Soskice D (Hrsg) (2001) Varieties of capitalism. The institutional foundations of comparative advantage. Oxford University Press, Oxford
Herrmann U (2016) Kein Kapitalismus ist auch keine Lösung. Die Krise der heutigen Ökonomie oder Was wir von Smith, Marx und Keynes lernen können. Westend, Frankfurt a. M.
Herzog L, Honneth A (Hrsg) (2014) Der Wert des Marktes. Ein ökonomisch-philosophischer Diskurs vom 18. Jahrhundert bis zur Gegenwart. Suhrkamp, Berlin
Houellebecq M (2000) Ausweitung der Kampfzone. Klaus Wagenbach, Berlin
Jaeggi R (2016) Entfremdung. Zur Aktualität eines sozialphilosophischen Problems. Suhrkamp, Berlin
Koestler A (2018) Sonnenfinsternis. Nach dem deutschen Originalmanuskript. Alsinor, Coesfeld
Marx K (1844) Ökonomisch-philosophische Manuskripte, In: Institut für Marxismus-Leninismus beim ZK der SED (Hrsg) (1956–1990) Marx-Engels-Werke (MEW). Bd 40, Berlin/DDR
Marx K (1858/1859) Ökonomische Manuskripte und Schriften, 1858–1861. Berlin 1980, in MEGA II/2

Marx K (1890) Das Kapital. Kritik der politischen Ökonomie. Erster Band, Hamburg 1890. 1991, in: MEGA II/10

Marx K (1894) Das Kapital. Kritik der politischen Ökonomie, Dritter Band. Herausgegeben von Friedrich Engels. Hamburg 1894. 2004, in: MEGA II/15

Marx K (2008) Philosophische und ökonomische Schriften. Herausgegeben von Johannes Rohbeck und Peggy H. Breitenstein. Reclam, Stuttgart

Marx K, Engels F (1845/1846) Die deutsche Ideologie. Artikel, Druckvorlagen, Entwürfe, Reinschriftenfragmente und Notizen zu I. Feuerbach und II. Sankt Bruno. In: Marx-Engels-Jahrbuch 2003, Berlin

Marx K, Engels F (1847/1848) Manifest der Kommunistischen Partei. In: Institut für Marxismus-Leninismus beim ZK der SED (Hrsg) (1956-1990) Marx-Engels-Werke (MEW). Bd 4, Berlin/DDR

Neffe J (2017) Marx. Der Unvollendete. Bertelsmann, München

Popper KR (1980) Die offene Gesellschaft und ihre Feinde, Zwei Bände, 6. Aufl. Mohr Siebeck, Tübingen

Quante M (2018) Der unversöhnte Marx. Die Welt in Aufruhr. Mentis, Münster

Rajan R G, Zingales L (2004) Saving Capitalism from the Capitalists: Unleashing the Power of Financial Markets to Create Wealth and Spread Opportunity. Princeton University Press, Princeton

Sandel MJ (2012) Was man für Geld nicht kaufen kann. Die moralischen Grenzen des Marktes. Ullstein Taschenbuch, Berlin

Sartre J-P (1977–1979) Der Idiot der Familie. Gustave Flaubert 1821–1857, Vier Bände. Rowohlt, Reinbek

Schumpeter JA (2005) Kapitalismus, Sozialismus und Demokratie, 8. Aufl. UTB, Tübingen

Solschenizyn A (2008) Der Archipel GULAG, 6. Aufl. S.Fischer, Frankfurt a. M.

Stedman JG (2017) Karl Marx. Die Biographie. S.Fischer, Frankfurt a. M.

Steinfeld T (2017) Herr der Gespenster. Die Gedanken des Karl Marx. Hanser, München

Weber M (1988) Gesammelte Aufsätze zur Religionssoziologie I, 9. Aufl. Mohr Siebeck, Tübingen

Wiggershaus R (1986) Die Frankfurter Schule. Geschichte. Theoretische Entwicklung. Politische Bedeutung. Hanser, München

Wutzke D (2018) Akademische Überproduktion und Erkenntnis der Gesellschaft. Elemente einer Kritischen Theorie evaluierter Sozialwissenschaft. Rostock, (Dissertation).

Zingales L (2002) A capitalism for the people: Recapturing the lost genius of American prosperity. Basic, New York

Žižek S (2014) Žižek's Jokes. Treffen sich zwei Hegelianer …. Suhrkamp, Berlin

Heiner Hastedt ist Professor für Praktische Philosophie an der Universität Rostock. Studium der Philosophie, Sozialwissenschaften, Theologie, Germanistik und Pädagogik an den Universitäten Göttingen, Bristol/Großbritannien und Hamburg. Seine Forschungsschwerpunkte liegen in der Sozialphilosophie und in der Anthropologie.

Karl Marx'/Friedrich Engels' Kritik am dialogischen Kommunismus Ludwig Feuerbachs

5

Udo Kern

Zusammenfassung

Karl Marx und Friedrich Engels verstehen sich als *Kommunisten,* aber nicht als Marxisten. Friedrich Engels (1820–1895) schreibt am 27.08.1890 an Paul Lafargue (1842–1911), den Schwiegersohn von Karl Marx (1818–1883; Paul Lafargue war mit Karl Marx' Tochter Laura (1845–1911) verheiratet; beide begingen 1911 Suizid): Marx habe vor *Marxisten* gewarnt: „Marx sagte: ‚Alles, was ich weiß, dass ich kein Marxist bin!'" (Marx und Engels 1988, Band 37, S. 450).

Marx und Engels haben viel von Feuerbach gelernt: „Wir [sc. Marx und Engels] waren alle momentan Feuerbachianer", (Engels 1886, S. 272). Aber sie differenzieren sich dann sehr prägnant und präzise von Ludwig Feuerbach.

Als was begreift sich der Philosoph Ludwig Andreas Feuerbach (1804–1873), der den *dialogischen Menschen* in den Vordergrund seiner philosophischen Überlegungen stellt? Feuerbach schreibt von sich selbst: „Also weder Materialist noch Idealist noch Identitätsphilosoph ist F[euerbach]. Nun was denn? Er ist mit Gedanken, was er der Tat nach, im Geiste, was er im Fleisch, im Wesen, was er in den Sinnen ist – *Mensch;* oder vielmehr, da Feuerbach nur in die Gemeinschaft das Wesen des Menschen versetzt –: Gemeinmensch, *Kommunist*" (Feuerbach 1845a, S. 441). So charakterisiert Ludwig Feuerbach sich 1845 selbst.

U. Kern (✉)
Universität Rostock, Rostock, Deutschland
E-Mail: udo.kern@uni-rostock.de

5.1   Feuerbachs kommunistische Intention

Am 25.02.1845 schreibt Feuerbach an seinen Leipziger Vertragsbuchhändler Otto
Wigand (1795–1870): „Ich bekümmre mich überhaupt um gar nichts mehr ernstlich und
herzlich als … um den *Kommunismus*. Nur diesem hoffe ich noch meine Feder zu wid-
men, sowie ich mit meiner bisherigen Aufgabe fertig bin. Was aber die Herren auf dem
Thron oder auf dem Katheder machen, … das ist mir alles eins" (Schuffenhauer 1967 ff.,
Band 19, S. 9). Dem Kommunismus will er sein Hauptaugenmerk geben. Feuerbach versteht sich selbst als Kommunist: „Ich bin kein Egoist, sondern Kommunist" (Feuerbach
an O. Wigand, 16.11.1847, Schuffenhauer 1967 ff., Band 19, S. 137).

Das sagt Feuerbach in Abgrenzung zu anderen Zuordnungen und philosophischen
Etiketten: wie Materialist, Idealist, Identitätsphilosoph, Atheist, Rationalist (Feuerbach
1843b, S. 260 und Feuerbach 1845a, S. 441). Diese philosophischen Zuordnungen akzeptiert er nicht für sich selbst. Vielmehr urgiert er nachdrücklich, dass das in Gedanken und
Tat ihn wesentlich adäquat Kennzeichnende sich unter dem Begriff Kommunist sub-
sumieren ließe (Feuerbach 1845a, S. 441).

Was charakterisiert nun nach Marx den Kommunismusbegriff? Er formuliert: „Nun
aber besteht eines der wesentlichen Prinzipien des Kommunismus …: *Jedem nach
Bedürfnis;* dass … die *Verschiedenheit* in der Tätigkeit, in den Arbeiten, keine *Ungleichheit,* kein *Vorrecht* des Besitzes und Genusses begründet" (Marx 1845/1846, S. 528).
Der Kommunismus differenziert sich nach Marx von anderen Bewegungen: „Der
Kommunismus unterscheidet sich von allen bisherigen Bewegungen dadurch, das er die
Grundlage aller bisherigen Produktions- und Verkehrsverhältnisse umwälzt und an alle
naturwüchsigen Voraussetzungen zum ersten Mal mit Bewusstsein als Geschöpfe der
bisherigen Menschen behandelt, ihrer Naturwüchsigkeit entkleidet und der Macht der vereinigten Individuen unterwirft. Seine Einrichtung ist daher wesentlich ökonomisch, die
materielle Herstellung der Bedingungen dieser Vereinigung; sie macht die vorhandenen
Bedingungen zu Bedingungen der Vereinigung" (Marx 1845/1846, S. 70). Kommunismus
wendet sich gegen Aneignung fremder Arbeit. „Der Kommunismus nimmt keinem die
Macht, sich gesellschaftliche Produkte anzueignen, er nimmt nur die Macht, sich durch
diese Aneignung fremde Arbeit[1] zu unterjochen" (Marx und Engels 1847/1848, S. 477).[2]

---

[1]Marx sagt: „Der Gegenstand, den die Arbeit produziert, ihr Produkt, tritt ihr als ein *fremdes
Wesen,* als eine von dem Produzenten *unabhängige Macht* gegenüber. … Die Verwirklichung der
Arbeit ist ihre Vergegenständlichung. Diese … erscheint in dem nationalökonomischen Zustand als
Entwirklichung des Arbeiters, die Vergegenständlichung als *Verlust und Knechtschaft des Gegen-
standes,* die Aneignung als *Entfremdung,* als *Entäußerung*" (Marx 1844b, S. 511 f.).
[2]Mao Tsetung definiert 1940 den Kommunismus so: „Kommunismus bedeutet das gesamte System der
Ideologie des Proletariats und zugleich auch ein neues Gesellschaftssystem. Diese Ideologie und diese
Gesellschaftsordnung unterscheiden sich von jeder anderen Ideologie und Gesellschaftsordnung, sie sind
das vollkommenste, fortschrittlichste, revolutionärste und vernünftigste ideologische beziehungsweise
soziale System in der ganzen Menschheitsgeschichte. … Die Ideologie und die Gesellschaftsordnung
des Kapitalismus … kommen auch bald ins Museum. Allein die kommunistische Ideologie und Gesellschaftsordnung sind voller Jugendfrische und Lebenskraft, sie gleichen einer allmächtigen Naturgewalt,
die mit unwiderstehlicher Kraft über das ganze Erdenrund hinwegfegt" (Tsetung o. J., S. 28 f.).

Ludwig Feuerbach verdankt sein Kommunismussein dem Schneidergesellen Wilhelm Weitlings (1808–1871).[3] Dessen Schrift *Garantien der Harmonie und Freiheit* von 1842, die Feuerbach im Sommer 1845 las, lehrt ihn den Kommunismus zu verstehen.

Wilhelm Weitling vertrat einen christlichen Kommunismus. „So war auch Jesus ein Kommunist, er lehrte das Prinzip der Gemeinschaft …; die Verwirklichung desselben, und die Form … überließ er der Zukunft" (Weitling 1845, S. 59). Friedrich Engels schrieb 1843: „Weitling und seine Partei … behaupten, Christentum sei Kommunismus" (Engels 1843, S. 491). Weitling fokussiert sich auf das Eigentum: *„Das Eigentum ist die Ursache alles Übels! –* Erlöse uns, Herr, vom dem Übel" (Weitling 1955, S. 24). Nötig dagegen sei: „Man darf nur ein System der Freiheit, der Harmonie und der Gemeinschaft aller – … *aller !! aller!!!* – wollen, so wird man es finden" (Weitling 1955, S. 191).[4] Für Weitling ist es also wichtig, Freiheit und Harmonie *aller* zu finden. Dietrich-Eckard Franz schreibt: „Scharfe Kritik übte W[eitling] am Geld und am Handel, die er für die … Missstände der alten Gesellschaft verantwortlich machte. Im ersten Teil seiner ‚Garantien' untersuchte er … die Entstehung der gesellschaftlichen Übel und alle jene Widersprüche, die aus dem Herrschaft-Knechtschaft-Verhältnis der Klassengesellschaften entstehen. Im zweiten Teil unterbreitet er ‚Ideen einer Reorganisation der Gesellschaft', entwirft eine neue, bessere Ordnung der Dinge, wobei er davon ausgeht, dass es der Menschheit nie möglich sein würde, das ‚höchste Ideal der Vollkommenheit' zu erreichen, weil man sonst einen ‚Stillstand des geistigen Fortschritts' der Menschheit annehmen müsste" (Franz 1982, S. 924). Wilhelm Weitling habe nach Dietrich-Eckard Franz „mit seinen ‚Garantien', einen hervorragenden Beitrag zur Verbreitung kommunistischer Ideen geleistet, wenngleich es ihm auch nicht gelang, durch gründliche Analyse der ökonomischen und politischen Fakten … den Kommunismus auf wissenschaftliche Grundlage zu stellen" (Franz 1982, S. 927). Wir sind nach Weitling arme Sünder im Lichte des Evangeliums der Freiheit: Wilhelm Weitling schreibt: „Arme Sünder und Sünderinnen! Dies Evangelium ist für euch; *machet daraus ein Evangelium der Freiheit*" (Weitling 1845, S. 3). Essenziell ist für Weitling der *wendende Glaube:* „Der Glaube wird es aus seinen Irrtum reißen, die Bahn der Hoffnung lichten, und der Liebe und Freiheit Glut in aller Sünder Herz schütten. So geschehe es!" (Weitling 1845, S. 5).

---

[3]Noch 1844 lobt Marx den Schneider Wilhelm Weitling: „Was den Bildungsstand oder die Bildungsfähigkeit der deutschen Arbeiter im allgemeinen betrifft, so erinnere ich an *Weitlings* geniale Schriften, die in theoretischer Hinsicht oft selbst über *Proudon* hinausgehen sosehr sie in der Ausführung nachstehen. Wo hätte die Bourgeoisie – ihre Philosophen und Schriftgelehrten eingerechnet – ein ähnliches Werk wie Weitlings ‚*Garantien der Harmonie und Freiheit'* in Bezug auf die Emanzipation der Bourgeoisie – die *politische* Emanzipation – aufzuweisen?" (Marx 1844a, S. 404 f.).

[4]Marx schreibt: „Das Privateigentum hat uns so dumm und einseitig gemacht, dass ein Gegenstand erst der *unsrige* ist, wenn … [sc. es] als Kapital für uns existiert oder von uns … *gebraucht* wird. … An die Stelle *aller* dieser physischen und geistigen Sinne ist … die einfache Entfremdung *aller* dieser Sinne, der Sinn des *Habens* getreten" (Marx 1844b, S. 540).

Die Bibel lehrt uns: „Gott und die Liebe … wurden von der Lehre des Gottmenschen in eines verschlungen; der Christ sagte: *Gott ist die Liebe*" (Weitling 1845, S. 15). Es gilt also nach Weitling: „Die Religion muss … nicht zerstört, sondern *benützt* werden, um die Menschheit zu befreien. Das Christentum ist die Religion der Freiheit, der Mäßigung und des Genusses, und nicht die der Unterwerfung, der Verschwendung und der Entbehrung. Christus ist ein Prophet der Freiheit, seine Lehre die der Freiheit und Liebe, und er darum uns ein Sinnbild Gottes und der Liebe. … Und darum lieben wir ihn!" (Weitling 1845, S. 16 f.).

Von dem Nazarener Jesus lernen wir: *„Jesus lehre die Abschaffung der Eigentums"* (Weitling 1845, S. 50), *„der Erbschaft"* (Weitling 1845, S. 53), *„des Geldes"* (Weitling 1845, S. 58), *„der Strafen"* (Weitling 1845, S. 61). Jesus „hat viel verziehen, er muss auch viel geliebt haben; lasst ihn unser Vorbild sein" (Weitling 1845, S. 91). Daher gilt: *„Allgemeine christliche Moral"* (Weitling o. J., S. 10) – nach der wir uns richten. Sie besteht in: *„Mäßigung"* (Weitling o. J., S. 12), *„Geduld"* (Weitling o. J., S. 13), *„Treue"* (Weitling o. J., S. 13), *„Aufrichtigkeit"* (Weitling o. J., S. 14), *„Bescheidenheit", „Wohlwollen"* (Weitling o. J., S. 14), *„Barmherzigkeit"* (Weitling o. J., S. 14), *„Verschwiegenheit"* (Weitling o. J., S. 15).

Weitling definiert den Kommunismus so: „Kommunismus ist der Zustand einer gesellschaftlichen Organisation, in welcher alle menschlichen Kräfte, das heißt alle Hände, Köpfe und Herzen, jede Fähigkeit, jede Intelligenz und jedes Gefühl in Bewegung gesetzt werden, um jedem Individuum – nach den für alle gleichen Verhältnissen – die möglichst volle Befriedigung seiner Bedürfnisse, Begierden und Wünsche, oder mit anderen Worten, den möglichst vollen Genuss seiner persönlichen Freiheit zu sichern" (Seidel-Höppner 1967, S. 186).

Feuerbach begreift den Kommunismus als eine Kehre, die Oben und Unten austauscht, als in eine religiöse und theoretische Metamorphose (Feuerbach 1845b, S. 398 f.). Fasziniert ist Feuerbach vom Kommunismus Weitlings: „Also, meine Brüder! auf mit der alten bewährten Liebe, dem alten bewährten Glauben an den Sieg der Sache …; auf von den neuem in dieser Zeit der Ereignisse für das volle Ganze, für den Kommunismus in die Schranken durch Wort und Tat, durch Opfer und Vertrauen" (Weitling 1955, S. 302). Wilhelm Weitling schreibt: „Der Kommunismus war die Wissenschaft, welche … Christus lehrte" (Weitling 1845, S. 23). Der Dichter „Heinrich Heine berichtet, Weitlings ‚Garantien' seien lange Zeit der Katechismus der deutschen Kommunisten gewesen" (Seidel-Höppner o. J., S. 275).

Feuerbach wehrt sich gegen einen schrankenlosen Kommunismus. Er schreibt (Feuerbach 1844b, S. 386): „Überhaupt hat der Kommunismus für mich den großen Reiz der Wahrheit … Ich wäre zehnmal lieber Lehrer, Kommunist, als gelehrter und philosophischer Schriftsteller." Auch will sich Feuerbach nicht in einen gleichsam kollektivistischen und gemeinen Kommunismus vereinnahmen lassen. Das quasi apriorische Missverständliche des Terminus Kommunismus macht ihm zu schaffen, sodass es ihm geraten scheint, mehr als gelegentlich auf dieses Wort zu verzichten (Feuerbach 1847b, S. 109 f.).

Feuerbachs Kommunismus entspricht weder geläufiger Kommunismusdefinition[5] noch diesbezüglicher proletarischer Fokussierung. Engels sagt: *„Was ist Kommunismus?* Antwort: Der Kommunismus ist die Lehre von den Bedingungen der Befreiung des Proletariats" (Engels 1847, S. 363). Marx und Engels formulieren: „Der Kommunismus ist für uns nicht ein *Zustand,* der hergestellt werden soll, ein *Ideal,* wonach die Wirklichkeit sich zu richten haben [wird]. Wir nennen Kommunismus die *wirkliche* Bewegung, welche den jetzigen Zustand aufhebt" (Marx 1845/1846, S. 35).

Marx äußert sich zur zinstragenden Form des Kapitals: „Im zinstragenden Kapital erreicht das Kapitalverhältnis seine äußerste und fetischartigste Form. ... Das Kapital erscheint als mysteriöse und selbstschöpferische Quelle des Zinses, seiner eignen Vermehrung. Das *Ding* (Geld Ware, Wert) ist nun als Ding schon Kapital[6], und das Kapital erscheint als bloßes Ding ... Das wirklich fungierende Kapital ... stellt sich selbst so dar, dass es den Zins nicht als fungierendes Kapital, sondern als Kapital an sich, als Geldkapital abwirft" (Marx 1894, S. 404 f.).

Feuerbach will sich nicht einfangen lassen in einen *allgemeinen Kollektivbegriff Kommunismus.* Viele verstehen vieles unter diesem Wort. In dieser pluralen Undeutlichkeit mag Feuerbach sich nicht verorten. Eigenständig ist in Feuerbachs Perspektive sein Kommunismusverständnis. *Seine* Bestimmung des Kommunismus ist ihm normativ (Feuerbach 1847b, S. 109). Das ambivalente Verhältnis von Marx und Engels zu Feuerbach hat seinen Grund darin, dass Feuerbach *seinen* Kommunismus *selbst* definiert.

Marx und Engels sprechen letztlich Feuerbach nachhaltig ab, Kommunist zu sein. Zwar waren „wir ... alle momentan Feuerbachianer", wie Engels angesichts des Erscheinens von Feuerbachs *Wesen des Christentums* schreibt, aber selbst in dieser Begeisterung schwingt schon die Abgrenzung mit (Engels 1886 S. 272). In der *Deutschen Ideologie* wird der Feuerbach'sche Kommunismus attackiert, denunziert und destruiert.

Feuerbach unterliege prinzipieller Fehldeutung des Kommunismus, wenn er Kommunisten mit den *Gemeinmenschen* identifiziere. Sein Kommunismus artikuliere nur das allgemeine Einander-nötig-Haben aller Menschen. Ein bloßer Theoretiker bleibe Feuerbach, der zwar auf richtiges Bewusstsein aus sei, aber die revolutionäre Praxis einschließlich einer revolutionären Partei, ohne die es Kommunismus nicht gäbe, nicht kenne (Marx 1845/1846, S. 41 f.). Die berühmte Marx'sche 11. Feuerbach-These indiziert in Marx' Sicht den entscheidenden Mangel des Feuerbach'schen Kommunismus: „Die Philosophen haben die Welt nur verschieden *interpretiert,* es kömmt drauf an, sie zu *verändern*" (Marx 1845, S. 7). Feuerbach missverstehe das Wesen des Menschen

---

[5]„Das von communis ... abgeleitete Wort bezeichnet das Eintreten für eine auf Gütergemeinschaft fundierte Gesellschaftsordnung" (Fetscher 1959, Bd. 3, S. 1737).

[6]„Marx' ‚Kapital' enthält drei Grundthesen: 1. Hinter scheinbar sachlichen ökonomischen Verhältnissen verstecken sich in Wahrheit gesellschaftliche Beziehungen. 2. Die Quelle des Kapitalgewinns ist die Ausbeutung der Arbeitskraft. 3. Die inneren Widerstände des Kapitalismus führen zu seinem Zusammenbruch" (Hosfeld 2010, S. 172).

als ein „dem einzelnen innewohnendes Abstraktum" und erkenne dieses nicht als das „ensemble der gesellschaftlichen Verhältnisse", verharre bei dem stummen allgemeinen Gattungswesen Mensch, fixiere sich auf das religiöse Gemüt, abstrahiere von der Geschichte und fokussiere auf das isolierte menschliche Individuum (Marx und Engels 1988, Band 3, S. 6).

Feuerbachs machtlose Philosophie – so Engels (Engels 1932, S. 541) – habe drei Charakteristika: 1. an der Natur sich berauschende Naturphilosophie, 2. in der Liebe gipfelnde physiologische und psychologische Anthropologie und 3. allgemeinmenschliche Moraloption.

Zwar betonen Marx und Engels das qualitative Mehr Feuerbachs gegenüber den *reinen* Materialisten. Das darin bestehe, dass er den Menschen als *sinnlichen Gegenstand* begreife. Allerdings fasse er ihn nicht als *sinnliche Tätigkeit,* bestimme ihn nicht als einen im jeweiligen gesellschaftlich konkreten Zusammenhang existierenden, hier *tätigen* Menschen. Über das abstrakte Wesen des Menschen komme er prinzipiell nicht hinaus, auch wenn er auf die Leiblichkeit und Empfindungen des Menschen abhebe (Marx 1845/1846, S. 44 f.). Feuerbach bleibe Theoretiker, es fehle die Orientierung auf die Praxis. „Feuerbach, mit dem *abstrakten Dasein* nicht zufrieden, will die *Anschauung;* aber er fasst die Sinnlichkeit nicht als *praktische* menschlich-sinnliche Tätigkeit" (Marx 1845, S. 6).

„Feuerbach sieht daher nicht, dass das ‚religiöse Gemüt' selbst ein gesellschaftliches Produkt ist und dass das abstrakte Individuum, das er analysiert, einer bestimmten Gesellschaftsform angehört" (Marx 1845, S. 7). „Feuerbach will sinnliche – von den Gedankenobjekten wirklich unterschiedene Objekte: aber er fasst die menschliche Tätigkeit selbst nicht als *gegenständliche* Tätigkeit. Er betrachtet daher im ‚Wesen des Christentums' nur das theoretische Verhalten als das echt menschliche, während die Praxis nur in ihrer schmutzig jüdischen Erscheinungsform gefasst und fixiert wird. Er begreift daher nicht die Bedeutung der ‚revolutionären', der ‚praktisch-kritischen' Tätigkeit" (Marx 1845, S. 5).

Dieser letzte Vorwurf trifft Feuerbach nicht. Feuerbach orientiert durchaus auf die Praxis: „Die neue Philosophie hat … wesentlich eine *praktische,* … im höchsten Sinne praktische, Tendenz", und zwar „unbeschadet der Würde und Selbständigkeit der Theorie", mit der vielmehr die Praxis im „innigsten Einklang" steht (Feuerbach 1843a, § 66, S. 340). Feuerbach konstatiert jedoch einen naturnotwendigen Bruch zwischen Praxis und Theorie. Es gibt keine nahtlose und vollständige Überführung der Theorie in die Praxis. Die Metapher der Theorie ist der Kreis, die der Weltwirklichkeit die Ellipse. Feuerbach kann sich „eine unbedingte und uneingeschränkte Realisation der Theorie nicht denken …, da es nicht nur einen zufälligen und unwahren, sondern auch notwendigen, naturbegründeten Bruch zwischen Theorie und Praxis gibt. Der ‚Kreis' ist die Bahn der Welt in unserm Kopf, aber die ‚Ellipse' die Bahn der Welt in Wirklichkeit, was *gerade,* ist in unserm Schädel das Krumme und bricht entzwei die Natur" (Feuerbach 1846d, S. 77). Feuerbach bezieht Kreis und Ellipse so aufeinander, dass *der naturnotwendige Bruch zwischen Praxis und Natur* nicht ideologisch holistisch und utopistisch eliminiert wird, sondern um der Praxis und Theorie willen klar erkannt und konkret beachtet wird.

5.2 Realontologische Basis und Subjektprofil des Feuerbach'schen Kommunismus

Feuerbach definiert rechte wahre Philosophie als „*reele[n]* Philosophie". Sie „ist die Erkenntnis dessen, *was ist*. Die Dinge und Wesen *so* zu denken, *so* zu erkennen, *wie sie sind* – das ist das höchste Gesetz, die höchste Aufgabe der Philosophie" (Feuerbach 1843b, S. 251). Realontologisch ist die Philosophie dimensioniert. Das, was und wie etwas ist, das reele Seiende ist der Gegenstand der reelen Philosophie, deren *formelle* Notas *Wahrhaftigkeit, Einfachheit* und *Bestimmtheit* sind. Das Principium, der unvordenkliche Anfang der Philosophie, ist das Sein. Jedoch „(d)as Sein, mit dem die Philosophie beginnt, kann nicht vom Bewusstsein", dieses „nicht vom Sein abgetrennt werden" (Feuerbach 1843b, S. 251 f.).

Feuerbach geht es um das wirkliche Sein, um das *Sein als Gegenstand des Seins,* um das sinnliche, anschauliche, empfindende, liebende Sein (Feuerbach 1843a, § 34, S. 317). Das Sein ist „*kein allgemeiner, von den Dingen abtrennbarer Begriff. Es ist eins mit dem, was ist. Es ist nur mittelbar denkbar – nur denkbar durch die Prädikate, welche das Wesen eines Dinges begründen. Das Sein ist die Position des Wesens. Was mein Wesen, ist mein Sein*" (Feuerbach 1843a, § 27, S. 306). Das allein mittelbar, ausschließlich qua *Prädikate* denkbare Sein, weist auf die differenten Verschiedenheiten des Seins. Allein durch die dem Wesen wesende Verschiedenheit ist das Sein (Feuerbach 1843a, § 27, S. 306 f.).

Sein ist zunächst einmal profiliertes Subjektsein: „Sein heißt *Subjekt* sein, heißt *für sich* sein" (Feuerbach 1843a, § 25, S. 304). Dieses Für-sich-Sein des Subjektseins garantiert einerseits originaliter das *Subjektsein* selbst, aber zugleich auch die *Verschiedenheit* des Seins. Die „*Wahrheit* des Subjektes" ist das Prädikat (Feuerbach 1841b, S. 55 f.). Die Quiddität, die Washeit des Subjekts, „liegt nur im Prädikat" (Feuerbach 1841b, S. 55). Personifiziertes Prädikat ist das Subjekt: „Das Subjekt ist nur das personifizierte, das existierende Prädikat. Subjekt und Prädikate unterscheiden sich nur wie *Existenz* und *Wesen. Die Negation der Prädikate ist daher die Negation des Subjekts*" (Feuerbach 1841b, S. 56 B/C-Vers.). Ohne die Prädikate ist das Subjekt nichts.

Zugleich mit dem Für-sich-Sein des Subjekts steht die Verschiedenheit des Seins. „Die Existenz, das Sein ist so verschieden, als die Qualität verschieden ist" (Feuerbach 1841b, S. 57). Diese Verschiedenheit des Seins verfehlen nach Feuerbach die Hegelsche Logik und die traditionelle Metaphysik. Das von ihnen definierte Sein nivelliert das Sein, indem es als das allen Dingen gleiche Sein allen *unterschiedslos* vindiziert wird (Feuerbach 1843a, § 27, S. 305). „Dieses *unterschiedslose Sein* ist … ein *abstrakter Gedanke, ein Gedanke ohne Realität. Das Sein ist so verschieden als die Dinge, welche sind*" (Feuerbach 1843a, § 27, S. 304).

Die Frage nach dem Sein ist wesentlich „eine praktische Frage, eine …, bei dem unser Sein beteiligt ist, eine … auf Tod und Leben" (Feuerbach 1843a, § 28, S. 308). Das Sein darf nicht als logisches Konstrukt des denkenden Subjekts missverstanden werden. Dem widerspricht die qualifizierte sequenzielle, in ihrer Sequenz nicht vertauschbare

Zuordnung von Sein und Denken. Es gilt: „Das *Sein* ist *Subjekt, das Denken* ist *Prädikat*" (Feuerbach 1843b, S. 258). Das gründet in der Subsistenz des Seins: „Sein ist aus sich und durch sich – Sein wird nur durch Sein gegeben – Sein hat seinen Grund in sich" (Feuerbach 1843b, S. 258).

Feuerbach beharrt energisch auf dem *Mysterium essendi,* dem *Geheimnis des Seins* (Feuerbach 1843a, § 28, S. 308). Dieses korreliert der Subsistenz des Seins. Das Subjektsein des Seins bedeutet nicht Solipsismus, denn „Sein ist etwas, wobei nicht ich allein, sondern auch die andern, vor allem auch der *Gegenstand* selbst *beteiligt* ist" (Feuerbach 1843a, § 25, S. 304). Dem entspricht auch die Verschiedenheit des Seins.

Hier hätte Feuerbach Emmanuel Lévinas (1906–1995) zustimmen können: „Die abendländische Philosophie fällt mit der Enthüllung des Anderen zusammen … Von ihrem Beginn an ist die Philosophie vom Entsetzen vor dem Anderen, das Andere bleibt, ergriffen, von einer unüberwindbaren Allergie. Aus diesem Grunde ist sie wesentlich Philosophie des Seins, ist Seinsverständnis ihr letztes Wort und die fundamentale Struktur des Menschen" (Lévinas 2012, S. 211). Das heißt: *Radikal gedacht ist das Werk … eine Bewegung des Selben zum Anderen, die niemals zu Selben zurückkehrt*" (Lévinas und Krewani 2012, S. 215). „Im Begehren richtet sich das Ich auf den Anderen" (Lévinas und Krewani 2012, S. 219). „Von daher bedeutet Ichsein, sich der Verantwortung nicht entziehen können" (Lévinas und Krewani 2012, S. 224).

Feuerbachs Kommunismus ist realontologisch und subjektorientiert bestimmt. Somit hat er auch *personales* Profil. Subjekt- bzw. Personsein und kommunistisches Wesen des Menschen implizieren einander streng. Dieses ist nicht ein kollektives „Man". Von seiner subjekt-personalen Verwiesenheit kann es nicht abgelöst werden. Es ist durch und durch personal dimensioniert. Wer die personale Originalität des Menschen beschädigt, bedrängt, zu eliminieren versucht, defiziert, bereitet den essenziellen Tod des kommunistischen Wesens des Menschen nicht nur realiter vor, sondern verwirklicht ihn tatsächlich.

Im *Kommunismus* geschieht die Entwicklung des *eigenen Wesens* so, dass diese praktisch und teleologisch auf den *anderen* bezogen ist und damit der Zweck des Lebens erreicht wird: „*Die Entfaltung des eignen Wesens ist der Zweck des Lebens*. Denkt nicht, dass der nicht auch andern lebt, der wahrhaft sich selbst lebt" (Feuerbach 1834, S. 602, C-Vers.). Jedoch dieses je eigene Wesen ist ontologisch nur als Zusammensein: „[W]as ist, ist notwendig mit anderm, in anderm, für andres; Sein ist Gemeinschaft" (Feuerbach 1830, S. 337). Gemeinschaft wird von Feuerbach als Kommunismus begriffen.

5.3 Poröses Ich als dialogisch ich-du-strukturiertes anthropologisches Wesen

Das Individuum ist „das absolute, *d. i. wahre, wirkliche,* Wesen". Das ist auch der Standpunkt des Christentums. Individuum sein bedeutet *Egoist* sein (Feuerbach 1845a, S. 432). Egoismus ist nicht moralisch, sondern *metaphysisch* im Wesen des Menschen begründet. Es ist dem Menschen lebensnotwendig (Feuerbach 1851, S. 61). Den *moralischen* Egoismus, den durch „Rücksichtslosigkeit im Denken und Handeln", den philistäischen *bourgeoisen,* „der bei allem, was er tut, selbst scheinbar für andere, nur seinen Vorteil im Auge hat", lehnt Feuerbach kategorisch ab (Feuerbach 1851, S. 61). Der gebotene unerlässliche (metaphysische) Egoismus ist das der „Vernunft gemäße" lebensnotwendige „Sich-selbst-Geltendmachen" des Menschen, „die Liebe des Menschen *zu sich selbst,* d. h. die Liebe zum *menschlichen Wesen*", „die Liebe des Individuums zu Individuen seinesgleichen" (Feuerbach 1851, S. 60 f.).

Dem tatsächlichen und nicht (nur) dem spekulativ *denkkonstruierten* Ich ist anthropologisch zu entsprechen. Dem wird man nicht gerecht, wenn das idealistische Fichte'sche Lied des Ich=Ich gesungen wird, denn mit dessen „einfältige[r] monotone[r] Litanei" ist nichts anzufangen (Feuerbach 1841a, S. 152). Das Ich ist aus dieser Gefangenschaft zu befreien.

Als *universales Deduktionsprinzip* muss das befreite Ich verstanden werden, wenn denn in ihm selbst Differenz, d. h. *Nicht-Ich* gegeben ist (Feuerbach 1841a, S. 152). Das in sich unterschiedene Ich nötigt das befreite Ich, *poröses Ich* zu sein. Allein als solches ist es lebensfähig. Das personale Ich des Menschen ist analytisch *porös*. Als *poröses Ich* ist das Ich auf den *anderen* hin ausgelegt. Durch dieses Ausgelegtsein auf den anderen wird es selbst- und weltfähig. „Das Bewusstsein der Welt ist … für das Ich vermittelt durch das Bewusstsein des Du" (Feuerbach 1841b, S. 166). Die Existenz des Ich ist nur durch die Vermittlung des Du gegeben. Das Du kreiert das Bewusstsein der Welt für das Ich. „Der *andere* Mensch ist das Band zwischen mir und der Welt. … Ohne den andern wäre die Welt für mich nicht nur tot und leer, sondern auch sinn- und verstandlos. Nur an dem andern wird der Mensch sich klar und selbstbewusst; aber erst wenn ich mir selbst klar, wird mir die Welt klar. Ein absolut für sich allein existierender Mensch würde sich selbstlos und unterschiedslos in den Ozean der Natur verlieren; er würde weder sich als Mensch noch die Natur als Natur erfassen. Der *erste* Gegenstand des Menschen ist der Mensch" (Feuerbach 1841b, S. 165). Evident ist das in der personalen Geschlechterdifferenz von Ich und Du.[7]

Das Ich=Ich kann im strengen Sinne nicht gedacht werden. Im Denken ist das Ich immer schon dem nichtporösen Ich abgestorben. Indem ich denke, wird das Ich in das *universale Esse* eingestellt (Feuerbach 1828a, S. 8). Denkend bin ich kommunitär alle Menschen: „*Cogito, ergo omnes sum homines*" (Feuerbach 1828a, S. 94). Diese Aussage ist identisch mit der, dass ich im Denkvollzug der andere bin (Feuerbach 1828a, S. 126, 128).

---

[7]„Die *Persönlichkeit* ist … *nichts ohne Geschlechtsdifferenz;* die Persönlichkeit unterscheidet sich *wesentlich* in männliche und weibliche Persönlichkeit. Wo kein Du, ist kein Ich" (Feuerbach 1841b, S. 177 f.). Engels Kritik zeugt hier von seinem tiefen Missverständnis Feuerbachs: „Soweit kommt die Philosophie, dass sie die triviale Tatsache über die Unentbehrlichkeit des Verkehrs zwischen den Menschen … als das größte Resultat … hinstellt. Und noch dazu in der mysteriösen Form der ‚Einheit von Ich und Du'. Diese Phrase wäre gar nicht möglich, wenn Feuerbach nicht an den Geschlechtsakt, den Gattungsakt, die Gemeinschaft von Ich und Du *kat' exochen* gedacht hätte. Und soweit seine Gemeinschaft *praktisch* wird, beschränkt sie sich auch auf den Geschlechtsakt und die Verständigung über philosophische Gedanken und Probleme, die ‚wahre Dialektik', … den Dialog, auf ‚die *Erzeugung* des Menschen, des geistigen so gut wie des physischen' …" (Engels 1932, S. 541 f.).

Das Ich ist insofern der andere, als das Ich erst durch seine *Porosität* in seinem rela-tionalen *Angelegtsein auf den anderen* Ich sein kann. Das *Unum* des Ich verdankt sich nicht dem *Unum ipsum,* ist nicht *per Unum ipsum.* Es *ist* erst *per Alterum unum.* Wie die Eins nicht ohne die Zwei, so ist das *Unum* des Ich nicht ohne das *per Alterum unum* (Feuerbach 1828a, S. 128).

Monologische Existenz bedeutet Isolation, Einsamkeit, Beschränktheit; *dialogische Existenz* besagt Freiheit: Unendlichkeit, Göttlichkeit. „Einzeln ist die menschliche Kraft eine beschränkte, *vereinigt* eine *unendliche* Kraft" (Feuerbach 1841b, S. 166). Empha-tisch urgiert Feuerbach die dialogische Ich-Du-Struktur des menschlichen Wesens: „*Einsamkeit* ist *Endlichkeit* und *Beschränktheit, Gemeinschaftlichkeit* ist *Freiheit* und *Unendlichkeit.* Der Mensch *für sich* ist Mensch [im gewöhnlichen Sinne]; Mensch *mit* Mensch – die *Einheit von Ich und Du* – ist Gott" (Feuerbach 1843a, § 62, 339).

Martin Buber (1878–1965), die Galionsfigur des *Dialogischen Personalismus,* hat die Entdeckung des Du für das Ich durch Feuerbach „ein elementares Ereignis" und „die ‚kopernikanische Tat' des modernen Denkens" genannt, die einen „zweiten Neuanfang" der neueren Philosophie setze und den primären kartesianischen Anfang transzendiere (Buber 1952, S. 62).

Der Mensch wird durch einen anderen Menschen zum Menschen. Essenzialität und Gewissheit enthält er in der Gemeinschaft mit dem Menschen (Feuerbach 1843a, § 42, S. 324). „Der einzelne Mensch *für sich* hat das *Wesen* des Menschen *nicht in sich, weder in sich als moralischem, noch in sich als denkendem Wesen.* Das *Wesen* des Menschen ist nur in der Gemeinschaft, in der *Einheit des Menschen mit dem Menschen* enthalten – eine Einheit, die sich aber nur auf die *Realität* des *Unterschieds* von Ich und Du stützt" (Feuerbach 1843a, § 61, S. 338 f.).

Insofern ist der Mensch ein dialektisch-dialogisches Wesen (Feuerbach 1843a, § 64, S. 339). Die Einheit zwischen Ich und Du, eine Einheit, die nicht Nivellierung des Unter-schieds, sondern gerade das Ineinander zweier Unterschiedener (Feuerbach 1843a, § 61, S. 339) – und nicht die Natur – ist „das höchste, das *letzte* Prinzip" der Philosophie (Feuerbach 1842, S. 227).

Nicht der Monolog, sondern der Dialog bestimmt das Menschsein. „Die *wahre* Dia-lektik ist *kein Monolog des einsamen Denkers mit sich selbst,* sie ist ein *Dialog zwischen Ich und Du*" (Feuerbach 1843a, § 64, S. 339). Hier kommt es zur funktionalen Überein-stimmung, zur gemeinsamen *Actio,* nicht zur Koinzidenz oder passiven Identität, zwi-schen der „Wahrheit des Denkens", dem Ich und der „Wahrheit der Sinnlichkeit", dem Du (Feuerbach 1860, S. 311).

Entscheidend sind für Feuerbach Proportionen der maskulinen und femininen Dimen-sion des Menschseins. Das Verhältnis zwischen Mann und Frau als „*ein wirklicher, leben-diger, feuriger … Unterschied*" verifiziert das Gegenüber- und Zueinandersein von Ich und Du (Feuerbach 1841b, S. 177 f.). Dass der Mensch „*ist,* verdankt er der *Natur,* dass er *Mensch* ist, dem *Menschen*" (WCh, 166). Der andere Mensch ist mein *Alter Ego.* Mir ist in ihm der Mensch *gegenständlich.* Mein Inneres ist ihm *aufgeschlossen.* Der andere ist mein „sich selbst sehende[s] Auge" (Feuerbach 1841b, S. 277). Als *Repräsentant der Gattung* ist mir der andere „der Stellvertreter der andern im Plural" (Feuerbach 1841b, S. 277).

Die Du-Struktur des Ich macht es diesem erst möglich, zu sich selbst zu gelangen. Sie eröffnet dem Ich Wirklichkeit, indem sie das Du innerhalb des Ich – dadurch, dass das Ich die Du-Struktur auf das Eigene überträgt – zur ontologischen Realfunktion werden lässt. Der *„qualitative[r], kritische[r] Unterschied"* (Feuerbach 1841b, S. 278 Anm. 1) zwischen Ich und Du macht den Menschen zum Menschen. In der Bewährung dieser *„qualitative[n] kritische[n] Differenz"* (Feuerbach 1841b, S. 278) ereignet sich wahre Erkenntnis des Ich.

Das Du ist also für das Ich Garant und Ermöglichung der Erkennbarkeit des Seins und der Erkenntnis des eigenen Selbst, des Ich. Das Ich ist hier nicht das „gegenüber dem physikalischen und natürlichen Ding", sondern das „Ich, welches außer sich und sich gegenüber ein Du hat, und selbst gegenüber einem anderen Ich ein Du, ein selbst gegenständliches sinnliches Wesen ist" (Feuerbach 1860, S. 311). Allein mit dem Du kommt das Ich zu Verstand und Vernunft, ist der Mensch ein *Ens rationale.* „Nur durch Mitteilung, nur aus der Konversation des Menschen mit dem Menschen entspringen Ideen. Nicht allein, nur selbander kommt man zu Begriffen, zur Vernunft überhaupt" (Feuerbach 1843a, § 42, 324).

5.4 Feuerbachs *beleibter* Kommunismus

Feuerbach bestimmt das menschliche Ich als leibliches Ich. Durch und durch leiblich ist das Ich dimensioniert. Das leibliche Ich garantiert die Weltoffenheit des Ich. „[D]as Ich ist keineswegs *‚durch sich selbst'* als solches, sondern durch sich als leibliches Wesen, also durch den Leib, der *‚Welt offen'*" (Feuerbach 1841a, S. 151).[8]

Die Leiblichkeit des Ich verunmöglicht die Isolation des Ich, das immune Ich=Ich. Durch den Leib wird das isolierte Ich gesprengt. Als leibliches Ich verlässt das Ich die selbsteigene Vereinzelung und wird als Ich auch zum Nicht-Ich, wird objektfähig, ohne damit aufzuhören, wirkliches Ich zu sein. Vielmehr ist das Ich erst als dieses ontologisch real. Das Ich wird in das wirkliche Sein hineingestellt, wird leiblich, durchlässig für das Sinnliche, Wirkliche: „Soviel Sinne – soviel Poren ... Der Leib ist nichts als das *poröse* Ich" (Feuerbach 1841a, S. 151). Nur dann ist das Ich, wenn es dem Gegensatz des spekulativen absoluten Ich, dem Leib inkorporiert ist (Feuerbach 1841a, S. 152 f.). Durch die Leiblichkeit wird das Ich offen zum Dialog. Sie ist dessen ontologische Grundlage. Die Weltoffenheit des Ich ergibt sich nicht aus a-leiblichem Durch-sich-selbst-Sein des Ich, sondern durch seine Leiblichkeit.

Das Ich ist beleibt. Damit wird dem *Activum* und *Passivum* des Ich wirklich ausgewogen Raum gegeben. „Das Ich ist beleibt – heißt ...: Das Ich ist nicht nur ein activum, sondern auch passivum. Und es ist falsch, diese Passivität des Ich ... als Aktivität" zu verstehen; vielmehr gilt: „Das passivum des Ich ist das activum des Objekts. Weil auch das

---

[8]„Das Auge ist das Licht deines Leibes. Wenn dein Auge lauter ist, so wird dein ganzer Leib licht sein" (Lutherbibel 1984, Matth. 6,22).

Objekt *tätig* ist, leidet das Ich – ein Leiden, dessen sich … das Ich nicht zu schämen hat, denn das Objekt gehört zum höchsten Wesen des Ich" (Feuerbach 1841a, S. 150). Das In-der-Welt-Sein des Ich ist dem Ich als beleibtes Ich gegeben. „Im Leib sein heißt in der Welt sein" (Feuerbach 1841a, S. 151).

Der Anfang als *Principium* der *neuen*, der *Philosophie der Zukunft* ist die Essenzialität des Leibes als *poröses Ich.* „Wenn die *alte Philosophie* zu ihrem Ausgangspunkt den Satz hatte: *Ich bin ein abstraktes, ein nur denkendes Wesen, der Leib gehört nicht zu meinem Wesen,* so beginnt dagegen die *neue* Philosophie mit dem Satze: *Ich bin ein wirkliches, ein sinnliches Wesen, der Leib gehört zu meinem Wesen; ja, der Leib in seiner Totalität ist mein Ich, mein Wesen selber*" (Feuerbach 1843a, § 37, S. 319 f.).

Das leibliche Ich ist das essenzielle Ich. Leiblichkeit hat nicht nur *empirisch-psychologische,* sondern *wesentlich metaphysische* Relevanz (Feuerbach 1841a, S. 152 f.). Die ontologische Bedeutung der Leiblichkeit des Ich ist evident. Denn wenn man versuchte, die Leiblichkeit des Ich vom Ich zu eliminieren, stürbe das Ich. „Der Leib ist die Existenz des Menschen; den Leib nehmen, heißt die Existenz nehmen; wer nicht mehr sinnlich ist, *ist nicht mehr*" (Feuerbach 1846a, S. 141). Kriterium des Wirklichkeitseins des Menschen ist der Leib. Leiblichkeit heißt Wirklichsein, Entbehren der Leiblichkeit Nichtsein. Der Leib jedoch „ist nichts *ohne Fleisch und Blut. Fleisch und Blut ist Leben,* und *Leben allein* … die *Wirklichkeit* des Leibes. Aber Fleisch und Blut ist nichts ohne den *Sauerstoff* der *Geschlechterdifferenz*" (Feuerbach 1841b, S. 177). Der Unterschied zwischen Niemand und Jemand verdankt sich dem, dass diesem im Gegensatz zu jenem Leiblichkeit zukommt (Feuerbach 1866, S. 167). Menschsein *ist* nur als Leiblichkeit. Die Gewissheit der Existenz des Menschen, also dessen, dass ich wirklich als Mensch existiere, liegt in der Unmittelbarkeit meines Leibes.

Die Leiblichkeit umfasst die Sinnlichkeit des *ganzen Menschen.* Auch die Tätigkeit des Verstandes ist leiblich; ihre Andersartigkeit, ihre Differenz zu anderem, hat ihre Ursache darin, dass „sie die Tätigkeit eines *anderen* Organs", eben die des Kopfes ist (Feuerbach 1851, S. 174). Trifft denn die Leiblichkeit tatsächlich den ganzen Menschen bzw. das, was der Mensch wesentlich ist?

Der Mensch ist essenziell Person. Auch das *Personsein* des Menschen ist *leiblich.* „Der Leib ist der Grund, das Subjekt der Persönlichkeit. Nur durch den Leib* unterscheidet sich die *reale* Persönlichkeit von der *eingebildeten* eines Gespenstes" (Feuerbach 1841b, S. 177).

Feuerbachs Kommunismus ist elementar leiblich fundiert und damit in seinem Verständnis analytisch personal dimensioniert. Es gibt für ihn keine Vermassung und Kollektivierung und damit Aufhebung der Person. Die Leiblichkeit des Personseins steht davor. Die Feuerbach'sche kommunistische Persönlichkeit ist als leibliche weder allgemein noch kommunistisch abstrakt.

Das Feuerbach'sche kommunistische Ich *erleidet* als leibliches Ich den anderen und das andere. Leib ist Leben. Leibliches personales, auf das Du *dialogisch* bezogenes kommunistisches Ich existiert nur im wirklichen Leben, nicht in utopisch-säkular fantastischer Utopie. Der Feuerbach'sche Kommunist weicht nicht der Leiblichkeit und damit der Lebendigkeit gegenwärtigen Lebens aus, vielmehr ist er rezeptiv und aktiv in der Gegenwärtigkeit des Lebens aktual präsent.

5.5   Der kommunistische Mensch ist der liebende Mensch

Höchste und einmalige Wertung gibt Feuerbach der Liebe: Aus der Liebe können für ihn alle *Actiones hominis* abgeleitet werden (Feuerbach 1830, S. 337). „Die Liebe ist das *universale Gesetz* der *Intelligenz* und *Natur*" (Feuerbach 1841b, S. 438). Ontologisch und religiös ist die Liebe von höchstem Rang.

Das *religiöse Selbstbewusstsein* des Menschen ist die Liebe (Feuerbach 1842, S. 231). Die Liebe ist „das allererste und ursprünglichste Selbstbewusstseim des Menschen" (Feuerbach 1830, S. 230 f.). Zu betonen ist die Selbstbestimmung der Liebe. Die Liebe bedarf nicht heteronomer (auch nicht *theo*logischer oder anderer aliener) Autoritäten. Sie ist „nur *durch sich selbst begründet*". „[G]öttlich *durch sich selbst*" (Feuerbach 1841b, S. 437 f.) ist die Liebe. Es gilt die Freiheit und Autonomie der Liebe.

„Die wahre Liebe ist *sich selbst genug*" (Feuerbach 1841b, S. 438). Ihr eignet einerseits autonome Subsistenz. Diese ist anderseits Voraussetzung ihrer Universalität. Essenziell ist die Universalität der Liebe (Feuerbach 1841b, S. 438). Die Autonomie der Liebe ermöglicht diese unverstellte Universalität. Diese inkludiert jedoch *nicht* unkritisches Ausblenden der Vernunft zugunsten eines allgemeinen universalen Liebesgefühls. Die *vernünftige* Selbstbeschränkung der Universalität der Liebe gilt. „Die einzige dem Wesen der Liebe nicht widersprechende Beschränkung ist die Selbstbeschränkung der Liebe durch die *Vernunft*, die *Intelligenz*. Liebe, die die Strenge, das *Gesetz* der Intelligenz verschmäht, ist theoretisch eine falsche, praktisch eine verderbliche Liebe" (Feuerbach 1841b, S. 437 Anm.).

Sein ist fundamental auf die Liebe verwiesen. „Sein ist erst Sein, wenn es Sein der Liebe ist" (Feuerbach 1830, S. 216 Anm. 4). Die Liebe bewährt das Sein in der Differenz. Sie „ist Leidenschaft, und nur die Leidenschaft ist das Wahrzeichen der Existenz. Nur was [...] *Objekt der Leidenschaft*, das *ist*. Das empfindungs- und leidenschaftslose abstrakte Denken hebt den *Unterschied zwischen Sein und Nichtsein* auf, aber der Liebe ist dieser dem Gedanken verschwindende Unterschied eine Realität. Lieben heißt nichts anderes als diesen Unterschied innewerden" (Feuerbach 1843a, § 34, S. 318).

Feuerbachs eigene Philosophie nennt er *neue Philosophie*. Sie ist für ihn *Philosophie der Liebe*. Als solche ist sie die Philosophie, die zur Erkenntnis dessen kommen kann, was tatsächlich ist. Liebe bewährt den empfindenden Realitätsunterschied. „Wenn die *alte* Philosophie sagte: Was *nicht gedacht* ist, *das ist nicht*, so sagt dagegen die *neue* Philosophie: Was nicht geliebt wird, *nicht geliebt werden kann*, das *ist nicht*. Was aber nicht geliebt werden kann, das kann auch nicht angebetet werden. Nur was *Objekt der Religion* sein kann, das ist Objekt der Philosophie" (Feuerbach 1843a, § 36, S. 319). Hier kann man auf die Bibel verweisen: „Niemand hat Gott jemals gesehen. Wenn wir uns untereinander lieben, so bleibt Gott in uns, und seine Liebe ist in uns vollkommen" (Lutherbibel 1984, 1. Joh. 4,12).

Die Liebe ist „der wahre *ontologische* Beweis vom Daseins eines Gegenstands" (Feuerbach 1843a, § 34, S. 318), „das Kriterium des Seins – das Kriterium der Wahrheit und der Wirklichkeit. Wo *keine Liebe, ist auch keine Wahrheit*. Und nur der *ist etwas*, der etwas liebt – *nichts sein* und *nichts lieben* ist identisch. Je mehr einer ist, desto mehr liebt er, und umgekehrt" (Feuerbach 1843a, § 36, S. 319).

Konturen dessen, was ist, zeigen sich im Purgatorium der Liebe. Die Liebe bewährt das wirkliche Dasein als „im Nichts purgierte[s] Etwas"; sie auf das Leben wirklich bezogen (Feuerbach 1830, S. 228). Relevanz gibt sie dem Dasein und Leben. In dieser durch Liebe ihnen gegebenen Bedeutung kommen Dasein und Leben erst zu ihrer ursprünglichen Eigentlichkeit, kann erst gewusst werden, was Dasein und Leben sind. „Erst ... durch das allverzehrende und peinigende Fegfeuer der Liebe und in ihm bekommt das Leben und Dasein Bedeutung, aber erst die Bedeutung macht das Leben zum Leben, ein bedeutungsloses Dasein ist gleich nichts, das Dasein wird daher erst Dasein, wenn es Dasein der Liebe ist, sie wandelt Sein in Nichts und Nichts in Sein, und erst das im Nichts purgierte Etwas bedeutet etwas und ist etwas" (Feuerbach 1830, S. 228).

Kommunistisch, d. h. für Feuerbach *dialogisch-kommunitär,* ist die Liebe, denn sie offenbart als Liebe das Sein des Seins, indem sie das Nicht-ohne-ein-anderes-sein-Können des Seins erweist: „Liebe ist ... das Bedürfnis eines *anderen.* Lieben heißt, *nicht* ohne ein anderes sein können, aber auch nicht sein wollen" (Feuerbach 1840, S. 99). Als Zusammensein definiert die Liebe den Menschen. Sie ist sein hartes ontologisches Fundamentaldatum. Liebe ist „der wahre *ontologische* Beweis vom Dasein eines Gegenstands außer unserm Kopfe – und es gibt keinen andern Beweis vom Sein als die Liebe, die Empfindung überhaupt. Das, dessen *Sein* dir *Freude,* dessen *Nichtsein* dir *Schmerz* bereitet, das nur *ist*" (Feuerbach 1843a, § 34, 318).

Die ontologische Gemeinschaftlichkeit der Liebe besteht nicht in der Aufhebung von Ich und Du in einem kollektiven „Man". Vielmehr bedarf die Liebe der Originalitäten von Ich und Du in ihren jeweiligen Unterschieden. Gemeinschaft der Liebe funktioniert nur, wenn diese unverstellt und klar vorausgesetzt, bewahrt und bewehrend bewährt werden. Liebe ist die Verbindung einander „*unterschiedene[n]r* Wesen" (Feuerbach 1840, S. 99), d. h. Wesen, die das originale Konkretsein ihres Seins nicht nivellieren oder aufgeben, sondern es in gemeinsamer *Arbeit* ontologisch zueinander bringen und zueinander gebracht werden.

Liebe als elementares *Bedürfnis hinsichtlich eines andern,* inkludiert: „incurvatio in se ipso"; verderbenbringende *egoistische Selbstständigkeit* ist zu verlassen. „[W]er liebt, gibt seine egoistische Selbständigkeit auf; er macht, was er liebt, zum Unentbehrlichen, Wesentlichen seiner Existenz" (Feuerbach 1841b, S. 436).

Feuerbach demonstriert das theologisch unter Bezug auf 1. Joh. 4,8 („Gott ist die Liebe"), indem er die Aseität Gottes zugunsten von dessen Pro-me-Sein aufhebt (Feuerbach 1841b, S. 436).

Liebe ist für Feuerbach *nicht* sentimentale Phrase ohne jede Bestimmtheit. Sie ist „[k]eineswegs nur konservative Lebenswärme", sondern „auch ein verzehrendes Feuer, keineswegs nur ... Bejahung, sondern ebenso ... Verneinung" (Feuerbach 1830, S. 216 Anm. 4). Engels irrt, wenn er Feuerbachs Philosophie der Liebe als unphilosophischen *allgemeinen Versöhnungsdusel* desavouiert. Engels schreibt:

Aber die Liebe! – Ja die Liebe ist überall und immer der Zaubergott, der bei Feuerbach über alle Schwierigkeiten der praktischen Liebe hinweghelfen soll – und das in einer Gesellschaft, die in Klassen mit diametral entgegengesetzten Interessen gespalten ist. Damit ist der letzte Rest ihres revolutionären Charakters aus der Philosophie verschwunden, und es bleibt die alte Leier: Liebet euch untereinander, fallt euch in die Arme ohne Unterschieds des Geschlechts und des Standes – allgemeiner Versöhnungsdusel! (Engels 1886, S. 289).

Die ontologischen und kommunitären Dimensionen der Feuerbach'schen Liebe hat Engels einfach nicht verstanden.

Feuerbach begreift den Menschen ontologisch als *Homo amoris:* „Der Mensch liebt und muss lieben" (Feuerbach 1830, S. 337). Nicht liebend verfehlt der Mensch sich in seiner kommunistischen Struktur.

5.6 Trinität ist religiöse Ratifikation des kommunistischen Wesens des Menschen

Feuerbach geht es um den *ganzen* Menschen. Dem entspricht die Trinität. „Das Bewusstsein des Menschen von sich in seiner *Totalität* ist das Bewusstsein der Trinität" (Feuerbach 1841b, S. 131). Das *Mysterium trinitatis* „ist nichts andres als das Geheimnis des Menschen selbst", und zwar das des *ganzen Menschen* (Feuerbach 1841b, S. 131).

Das christliche Gottesverständnis hat sein Spezifikum in seinen trinitarischen Dimensionen. Christentum hat also ein *gemeinschaftliches*, d. h. *kommunistisches* Grundcharakteristikum. Der trinitarische Gott ist ein gemeinschaftlicher, ein kommunistischer Gott. Trinität heißt: „*Gott ist ein gemeinschaftliches Leben,* ein Leben und *Wesen der Liebe und Freundschaft.* Die dritte Person der Trinität drückt ja nichts weiter aus als die Liebe der beiden göttlichen Personen zueinander, ist die Einheit des Vaters und Sohns, der Begriff der Gemeinschaft, … als ein persönliches, besonders Wesen gesetzt" (Feuerbach 1841b, S. 137, B/C-Vers.).

Feuerbach interpretiert mit der augustinisch geprägten relationalen Tradition der Trinitätslehre den Heiligen Geist als *Vinculum amoris* zwischen Vater und Sohn. Die dritte trinitarische Person „repräsentiert … nichts andres als die Liebe" (Feuerbach 1841b, S. 138). Feuerbach konzentriert sich bewusst bei seiner Interpretation auf die *theo-* und insbesondere *christo*logischen trinitarischen Dimensionen mit der im Westen üblichen Vernachlässigung des Pneumas. „Der Heil. Geist verdankt seine persönliche Existenz nur einem Namen, einem Worte. … Er ist die Liebe, mit der Gott sich selbst und die Menschen, und hinwiederum der Liebe, mit welcher der Mensch Gott und Menschen liebt" (Feuerbach 1841b, S. 137 Anm.).

Eine ausdrückliche *protestantische* Interpretation der *Trinität* intendiert Feuerbach. Das *protestantische christologische Pro-me* ist ihm maßgebend. Das Wesen des Protestantismus sieht er in der christologischen Konzentration auf das Für-mich-Sein, Für-den-Menschen-Sein Gottes. „Die *religiöse* oder *praktische* Weise dieser [sc. Gottes] Vermenschlichung war der Protestantismus. *Der* Gott, welcher Mensch ist, der menschliche

Gott, also Christus – dieser nur ist der Gott des Protestantismus. Der Protestantismus kümmert sich nicht mehr, wie der Katholizismus, darum, was Gott *an sich selber* ist, sondern nur darum, *was er für den Menschen* ist; er hat deshalb keine spekulative oder kontemplative Tendenz mehr wie jener; er ist nicht mehr *Theologie* – er ist wesentlich nur Christologie, *d. i. religiöse Anthropologie*" (Feuerbach 1843a, § 2, S. 265).

Römischer Katholizismus lehrt, dass wir keine Menschen sind. „Im Katholizismus sind wir nur Menschen, um *keine* Menschen zu sein; im Protestantismus dagegen sind wir nur keine Menschen Gott gegenüber – vor Gott sind wir ‚stinkendes Aas, Madensäcke, Klötze' – um Menschen zu sein im Leben; wir räumen hier im Glauben alles Gott ein, um im Leben alles dem Menschen einräumen zu können" (Feuerbach 1844a, S. 400).

Christologisch-anthropologisch fundiert Feuerbach das kommunistische Prinzip des menschlichen Daseins. „Die zweite Person [sc. der Trinität] ist … die *Selbstbejahung des menschlichen Herzens, das Prinzip des gemeinschaftlichen Lebens, der Liebe*" (Feuerbach 1841b, S. 139).

Die Trinität als das *„Geheimnis von Ich und Du"* offenbart menschliches Leben als gesellschaftlich und gemeinschaftlich, d. i. als kommunistisch dimensioniertes. *„Das Geheimnis der Trinität ist das Geheimnis des gesellschaftlichen, gemeinschaftlichen Lebens – das Geheimnis von Ich und Du"* (Feuerbach 1841b, S. 500 u. Anm. 3 u. 4). Die Trinität ist höchster Ausdruck gesellschaftlichen und gemeinschaftlichen Lebens. *„Gemeinschaftliches Leben nur ist wahres, in sich befriedigtes, göttliches Leben, Gott ist ein zoon politikon* – dieser einfache Gedanke, diese natürliche Wahrheit ist das Geheimnis des übernatürlichen Mysteriums der Trinität" (Feuerbach 1841b, S. 136 f.).

Für Feuerbach ist die Trinität von höchster philosophischer und religiöser Bedeutung. Hier steht er auf Hegels Schultern, rekurriert für sich jedoch ein tieferes Trinitätsverständnis, denn: „Was nach Hegel *Bild*, ist mir *Sache*" (Feuerbach 1842, S. 231). Das heißt: „Die *Trinität* war das *höchste Mysterium*, der *Zentralpunkt* der *absoluten Philosophie* und *Religion*. … das Geheimnis derselben ist … das Geheimnis des *gemeinschaftlichen gesellschaftlichen Lebens* – das Geheimnis der *Notwendigkeit des Du für das Ich* – die Wahrheit, dass *kein Wesen*, es sei … nun Mensch oder Gott oder Geist oder Ich, *für sich selbst allein* ein *wahres*, ein *vollkommnes, ein absolutes* Wesen, dass die *Wahrheit* und *Vollkommenheit* nur ist die *Verbindung*, die *Einheit* von … wesensgleichen Wesen. Das höchste und letzte Prinzip der Philosophie ist daher die *Einheit des Menschen mit dem Menschen*" (GPZ § 65, 339 f.). Das *Mysterium trinitatis* und die *Veritas trinitatis* sind für Feuerbach eindeutig und präzise dieses, „dass nur *gemeinsames* Leben *Leben* ist" (Feuerbach 1842, S. 232).

Feuerbach kennt und weiß das altkirchliche dogmatische trinitarische Axiom: „*Tres personae, aber una essentia*" (Feuerbach 1841b, S. 388 f.). Er hält theologisch exakt die notwendige dialektische Spannung dieses Axioms zwischen Einheit und Dreifaltigkeit, indem er 1. die Tradition den Tritheismus ablehnt („nicht *tres dei*") und 2. gemäß der

Una essentia an der Einheit, dem *Unus deus,* nachdrücklich festhält (Feuerbach 1841b, S. 390). „Es sind drei Personen, aber sie sind nicht *wesentlich* unterschieden" (Feuerbach 1841b, S. 388). Wesentlich aufeinander bezogen sind sie. Getrennt voneinander haben sie keine Existenz. Die drei trinitarischen Personen „sind *bloße Relationen*" (Feuerbach 1841b, S. 391). Feuerbach übernimmt das den Westen prägende relationale trinitarische Personenverständnis, unter Vernachlässigung der boethianischen trinitarischen substanzialen Personendefinition. Das Wesen der Trinität besteht darin, dass Gott in Relation zu sich selbst als Vater und Sohn „ein Bund sich innigst liebender Personen" ist (Feuerbach 1842, S. 231). Die relationale Struktur des Personseins indiziert, dass die Trinität das Geheimnis des Ich-Du-Verhältnisses innerhalb der Gottheit offenbar macht. Die trinitarische Existenz Gottes ist wesentlich durch das relationale Miteinander der Personen bestimmt. Damit offenbart die Trinität die gründende, nicht zu substituierende Essenzialität des menschlichen Ich-Du-Verhältnisses (ohne das Menschsein nicht möglich ist) und die gemeinschaftliche bzw. gesellschaftliche Dimensionalität des Menschen. Das ist für Feuerbach deren Kommunismus.

Nun ist aber Trinität nicht nur Artikulation des Gemeinschaftlichen, sondern auch Indikation des Selbstbewusstseins des Menschen. Letzteres steht im Fokus der Philosophie hinsichtlich der Trinität (Feuerbach 1841b, S. 132). Der trinitarische Gott ist die *Vergegenständlichung des Selbstbewusstseins:* „Gott denkt, und zwar denkt er sich, erkennt er sich, und das Gedachte, das Erkannte ist Gott selbst. Die Vergegenständlichung des Selbstbewusstseims ist das erste, was in der Trinität uns begegnet" (Feuerbach 1841b, S. 131). In seiner relationalen Struktur „*denkt sich*" Gott im Rahmen der Personen der Trinität (Feuerbach 1838, S. 194). Dieses Denken ist Ausdruck des Sicht-selbst-Denkens, des Selbstbewusstwerdens. Die Tätigkeit des Selbstbewusstseins, „die sich in drei Momente" differenziert (Feuerbach 1838, S. 194), entspricht der trinitarischen Tätigkeit Gottes. „Inbegriff der wesentlichen Grundunterschiede, welche der Mensch im Wesen des Menschen wahrnimmt" ist die Trinität (Feuerbach 1841b, S. 387).

Der Religion wie der Philosophie genügt aber nicht die Beschränkung der Trinität auf das denkende Selbstbewusstsein. Sie setzen dieses in wesentliche Beziehung zur gemeinschaftlichen Einheit von Ich und Du. Das „Bewusstseim des Menschen von sich in seiner empirischen oder lebendigen Totalität, in welcher die Identität (Einheit) des Selbstbewusstseims nur als die beziehungsreiche, erfüllte *Einheit von Ich und Du* existiert", das ist die Religion (Feuerbach 1841b, S. 132, B/C-Vers.).

Gott als trinitarisches *Zoon politikon* offenbart das grundlegende Faktum: Das Leben ist nur als gemeinschaftliches göttliches und wahres Leben (Feuerbach 1841b, S. 136 f.). Die Religion realisiert und lokalisiert trinitarisch das Selbstbewusstsein des Menschen im gemeinschaftlichen, d. i. im kommunistischen Wesen des Menschen. So wird Abschied genommen von der abstrakten isolierten Denkexistenz der neueren Philosophie – so bezeichnet Feuerbach die ihm vorgängige Philosophie – und das Selbstbewusstsein begriffen als Diremption der gemeinschaftlichen, kommunistischen ich-du-relationierten Daseinsweise des Menschen.

5.7 Kommunistische Natur des Menschen und der Tod als *Iudicium probationis* des Kommunismus

„Individuum sein heißt zwar allerdings ‚Egoist' sein, es heißt aber auch zugleich, und zwar *nolens volens, Kommunist* sein" (Feuerbach 1845a, S. 432 f.). „Egoismus und Kommunismus", „Individualität und Gemeinsinn" sind Feuerbachs ursprüngliche fundamentale Wesensbestimmungen der menschlichen Natur (Reitemeyer 1994, S. 123). Der Kommunismus des Menschen ist den Menschen nichtsubstituierbar essenziell gegeben. Nicht lediglich eine theoretische Denküberzeugung oder eine gesellschaftliche Utopie ist er. Für Feuerbach ist er mit dem *Menschsein des Menschen* gegeben. Er gehört zur (apriorischen) Natur des Menschen. Die Essenzialität des Kommunismus im Menschen bedingt dessen Dasein und Tätigkeit an und gegenüber dem Menschen, des Ich am Du. Indem das Ich du-fähig, d. h. ein Objekt für ein anderes Ich werden kann, erweist sich seine kommunistische Struktur. Wer den Kommunismus im Menschen tilgt, eliminiert die Natur des Menschen, destruiert elementar das Menschsein des Menschen.

Die Trinität offenbart und manifestiert die kommunistische Natur des Menschen. In der trinitarischen Theologie ist der Kommunismus Wesenselement. „‚Gott ist selig', sagt z. B. Luther, – ‚aber er will nicht für sich allein selig sein'" (Feuerbach 1851, S. 303). Gott ist wesentlich für den Menschen. Sein trinitarisches Personsein ist essenziell-ontologisch in die Funktion des Für-den-andern-Seins gestellt.

Gott offenbart das Urbild des Menschen. „Gott ist wesentlich ein Ideal, ein Urbild des Menschen; aber das Urbild des Menschen ist *nicht für sich*, sondern *für den Menschen* da; seine Bedeutung, sein Sinn, sein Zweck ist ja nur der, dass der Mensch werde, was das Urbild vorstellt; das Urbild ist nur das personifizierte, als ein eigenes Wesen vorgestellte zukünftige Wesen des Menschen. Ein Gott ist daher wesentlich ein kommunistisches, kein aristokratisches Wesen; er teilt alles, was er ist und hat, mit dem Menschen; alle seine Eigenschaften werden Eigenschaften des Menschen; und zwar mit vollem Rechte: Sie sind ja aus dem Menschen entstanden, sie sind vom Menschen abgezogen, sie werden am Ende den Menschen wieder zurückgegeben" (Feuerbach 1851, S. 302 f.).

Das, was der Mensch ist, seine Vernunft, sein Gefühl, seine Liebe verdanken sich nicht dem isolierten Einzelwesen, dem inkurvierten Ich, sondern sind Ertrag menschlicher Begegnung, *gemeinschaftlicher Akt,* sind *Produkte der menschlichen Gesellschaft* (Feuerbach 1841b, S. 166). Ein vernünftiges Wesen ist der Mensch nur als gemeinschaftliches Wesen. *Ratio hominis* generiert aus *Ratio communis.* „[N]ur wo der Mensch mit dem Menschen *spricht,* nur in der Rede, einem gemeinsamen Akte, entsteht die Vernunft" (Feuerbach 1841b, S. 166 f.).

Evidentes *Iudicium probationis* des kommunistischen Wesens des Menschen ist der *Tod.* Feuerbach sieht einen prinzipiellen Zusammenhang zwischen Tod und Leben: „[W]as nur immer Grund und Prinzip deines Lebens ist, dasselbe ist auch Grund und Prinzip deines Todes" (Feuerbach 1830, S. 236). *Geschichtlich* notwendig ist der Tod. Ohne Tod gibt es auch „keine Geschichte" (Feuerbach 1830, S. 346). Das Erinnerungswesen Mensch benötigt in seiner Verwirklichung den geschichtlichen Erinnerungsprozess.

Der Tod des Individuums betrifft dieses geschichtlich als „sukzessives Moment in dem Erinnerungsprozesse des Geistes". Als „ein Glied des geschichtlichen Ganzen" stirbt das Individuum in der Geschichte (Feuerbach 1830, S. 346). Der Tod ist Offenbarung der Geschichtlichkeit des Menschen. Geschichtlich zweckbestimmt ist der Mensch. „Die geschichtliche Existenz des Individuums ist … eine zweckbestimmte Existenz; es ist ein bestimmtes Glied des geschichtlichen Ganzen; es hat in dieser Bestimmtheit seine Bestimmung, und der Grund des Todes des Individuums ist daher nicht bloß der unbestimmte, dass es Glied eines Ganzen ist, sondern der selbst dadurch bestimmte, dass es ein bestimmtes Glied ist" (Feuerbach 1830, S. 350). Der einzelne Mensch wird als ein bestimmtes *Glied des geschichtlichen Ganzen* vom Tod betroffen: „Das Individuum stirbt, weil es nur ein sukzessives Moment" und nicht ein unendliches „in dem Erinnerungsprozesse des Geistes ist, es stirbt nur in und an der Geschichte, weil es ist ein Glied des geschichtlichen Ganzen" (Feuerbach 1830, S. 346).

Der Tod ist der einzig mögliche Ort, an dem das Ich zum bloßen Selbst wird. Die Evidenz des bloßen Selbstseins des Ich im Tod, d. h. seines Ohne-den-anderen-Seins, generiert der Tod. „Offenbarung deines Fürdichseins" (Feuerbach 1830, S. 342). In dem Moment des Nichtseins ist der Tod. Das Zusammentreffen des bloßen Fürmichseins, d. i. des Nur-für-mich-Seins, und des Nichtseins im Tode indiziert, dass das Ich ohne Du, ohne Objekt, ohne anderes eben nichts ist. Damit ist der Tod die Offenbarung des Für-den-anderen-Seins als Wirklichkeitssein des Ich.

Der Tod macht die kommunistische Struktur des Lebens und *wahre Religion* evident. Die Wahrheit des wirklichen Todes ist die Ermöglichung *wahrer Religiosität*. Nur der die Wahrheit des Todes anerkennende, den Tod nicht verleugnende, ihn nicht als *Scheintod* (qua hellenistischen, in der Bibel aber nicht zu findenden Unsterblichkeitsglauben[9]) eliminierende, „in das Bewusstseim seiner Endlichkeit" einkehrende Mensch wird „wahrer Religiosität … fähig werden" (Feuerbach 1830, S. 199 und Anm. 4). „Wahre Religion, wahre Demut, wahre und vollständige Ergebung und Versenkung in Gott ist nur dann möglich, wenn der Mensch den Tod als einen wahrhaften, wirklichen und vollständigen Tod anerkennt" (Feuerbach 1830, S. 199).

Tod und Religion hängen aneinander. „Wenn der Mensch nicht stürbe, wenn er ewig lebte, wenn also *kein Tod* wäre, so wäre auch *keine Religion*" (Feuerbach 1851, S. 41). Feuerbach sagt: „Der letzte Grund aller Vergänglichkeit ist Gott" (Feuerbach 1830, S. 204). Für den Menschen gilt also: „,Kurz ist das Leben der Erd' … Aber nach seinem Gehalt ist es unendlich wie Gott" (Feuerbach 1828b, S. 442).

Im *Bewusstsein seiner Endlichkeit,* in der Erkenntnis des wirklichen Todes bekommt der Mensch den Mut, „neues Leben … zu beginnen" (Feuerbach 1830, S. 199). Den Tod nicht verdrängend, sondern als Ende des In-der-Welt-Seins erkennend wird sich der

---

[9]„Die alten Hebräer glaubten sogar ausdrücklich, dass sie nicht unsterblich wären" (Feuerbach 1847a, S. 194). Heutiger Theologie ist es klar, dass der Unsterblichkeitsglaube nicht biblisch, sondern hellenistisch ist. Durch den Einfluss des Hellenismus auf das kirchliche Christentum ist er dann in der Kirche volkstümlich geworden.

Mensch in seiner *Endlichkeit* seiner *kommunistischen* Dimensionalität gewahr. Der Tod ist die Realisierung des reinen Ich als bloßes Selbst, als Zurückgeworfensein auf isolierte Ichselbigkeit. Er offenbart, dass vom Du, von der Gemeinschaft getrenntes Ich ins Nichts versinkt, Nichts ist. Im Bewusstsein seiner Endlichkeit wird dem Menschen das Nichts des Todes als Ort des nichtenden Nichts gewiss. Zugleich offenbart sich darin ex negativo darin die Struktur des kommunistischen Wesens des Menschen und dessen Liebe.

> Einmal nur bist du reines Ich, bloßes Selbst, einmal nur für dich ganz allein, und dieser Augenblick ist der Augenblick des Nichtseins, des Todes. Und der Tod ist daher, eben weil er die Offenbarung deines Fürdichseins ist, in einem die Offenbarung der Liebe; es tritt in ihm dein Fürdichsein für sich selbst auf, aber eben darin, dass dieses Selbst im Augenblick der Isolierung tot, nichts ist, in dem Augenblick, wo es ohne den Gegenstand sein will, nicht ist, ist er Offenbarung der Liebe, Offenbarung, dass du nur in und mit dem Gegenstand sein kannst (Feuerbach 1830, S. 342).

5.8   Die „Aufhebung" des kommunistischen Wesens qua Sinnlichkeit im Leben

Allerhöchste philosophische Wertung gibt Feuerbach der *Sinnlichkeit*. Sie ist ihm *Vollkommenheit* (Feuerbach 1846a, S. 139), *Ultima Ratio* und *Offenbarung aller Geheimnisse* (Feuerbach 1846a, S. 138). Ihr verdankt sich die menschliche Existenz (Feuerbach 1846a, S. 145). Sinnlich zu sein und selbst zu sein bzw. nicht zu sein und nicht sinnlich zu sein, sind identisch (Feuerbach 1846a, S. 139). Das erweist der Tod, in dem die Identität von Nicht-sinnlich-Sein und Nicht-Sein offenbar wird (Feuerbach 1846a, S. 138).

Sinnlichkeit darf nicht auf *naturwissenschaftliche Realität der Sinnlichkeit* (Feuerbach 1846c, S. 187) eng-geführt werden. Äußeres und Inneres werden in der Sinnlichkeit zusammengehalten (Feuerbach 1846a, S. 138). „Alles ist … sinnlich wahrnehmbar", zwar nicht pöbelhaft ungebildet greifbar und naturwissenschaftlich demonstrierbar, jedoch in der Perspektive des Philosophen (Feuerbach 1843a, § 42, S. 324). Also „*nicht das Unmittelbare …, das Profane, das auf platter Hand Liegende, das Gedankenlose*", Primitive, „*das sich von selbst Verstehende*" ist das Sinnliche. Das ist nicht Sinnlichkeit, sondern vielmehr „nur die Anschauung der Vorstellung und Phantasie" des Menschen (Feuerbach 1843a, § 44, S. 325). Hier ist man noch nicht bei der Sinnlichkeit.

Das Ankommen an der Sinnlichkeit geschieht erst durch die Arbeit der Philosophie, indem diese „das *den gemeinen Augen Unsichtbare sichtbar*", d. i. sinnlich (verstanden als *existierende Einheit des Materiellen und Geistigen*) *gegenständlich* macht. Die wahre, die neue Philosophie führt den Menschen zur wahren ontologischen Grundkategorie Sinnlichkeit (Feuerbach 1843a, § 44, S. 325 f.). Sinnlichkeit als höchste ontologische Kategorie ist so zu definieren: „Sinnlichkeit ist … die wahre, nicht gedachte und gemachte, sondern existierende Einheit des Materiellen und Geistigen, ist daher … ebensoviel wie Wirklichkeit" (Feuerbach 1851, S. 19).

Feuerbachs Beschäftigung mit Luther (zu Feuerbachs Lutherverständnis vgl. Brunvoll 1996; Udo Kern 1984, S. 29–44 und die ebenda (29 Anm. 1) angegebene Literatur) verhilft ihm, die Sinnlichkeit als die philosophische Kategorie seines reifen philosophischen Denkens zu bestimmen (vgl. Wallmann 1970, S. 85 Anm). Luther realisiert in der Sicht Feuerbachs in seiner Christologie *das* Axiom des Christentums: die *Menschwerdung Gottes* als *Offenbarung* Gottes (Die Bibel, Joh. 1,14: *ho logos sarx egeneto;* Feuerbach 1844a, S. 378 f.). Die christologische Versinnlichung trifft präzise: „Christus ist … die Menschlichkeit Gottes als Mensch, das göttliche, d. h. das uns gute Wesen – denn nicht die Natur, sondern Gott ist das uneingeschränkt, ausschließlich, unvermischt gute Wesen – als untrügliches, als gewisses, *d. h. sinnliches* Wesen. Und die Sinnlichkeit ist keineswegs nur Form, Erscheinung, Einkleidung …, sie ist Sache, sie ist Wesen selber" (Feuerbach 1844a, S. 379). Das bedeutet: „Das *Wesen der Offenbarung* ist das *Wesen der Sinnlichkeit*" (Feuerbach 1844a, S. 379).

Sinnlichkeit hat die schlechthin unmittelbare, unzweifelhafte, sonnenklare, gewisse ontologische Affirmation des Seins (Feuerbach 1843a, § 39, S. 321). „[W]as Du nicht *sinnlich* bist, das *bist* Du auch nicht" (Feuerbach 1846a, S. 139). Ontologisch kann auf die Sinnlichkeit originär nicht verzichtet werden. Wer das versuchte, gliche jenem, der das Vorhandensein des Lichtes dadurch demonstrieren wollte, dass er sich das Auge ausstäche oder das Licht auslöschte (Bolin 1891, S. 53). Wirkliche Übersinnlichkeit, d. h. radikales, völliges Entbehren der Sinnlichkeit, ist unmögliche Möglichkeit, ist *Unsinn.* „Übersinnlichkeit, das heißt Unsinn, Übervernünftigkeit, das heißt Unvernunft" (Feuerbach 1851, S. 364). Selbst das sogenannte Übersinnliche entbehrt nicht der Sinnlichkeit (Feuerbach 1846b, S. 87).

Sinnlichkeit als die existierende Einheit von Geistigem und Materiellem bedingt Toleranz und Freiheit. Die Sinnentätigkeit toleriert das Sein des Gegenstandes, sie belässt den Gegenstand in seiner Freiheit (Feuerbach 1843a, § 49, S. 331), in seinem Konkretsein; sie erkennt das Anderssein an, *sieht* die Dinge in ihrer Wirklichkeit.

„Es ist das Wichtigste, zu erkennen, dass das absolute, d. h. das isolierte, von der Sinnlichkeit abgesonderte, Denken *nicht über die formale Identität* – die *Identität des Denkens mit sich selbst – hinauskommt* … Das Kriterium, welches hierüber entscheidet, ist einzig die *Anschauung.* Audiatur et *alter pars* [gehört werde auch die andere Seite]. Aber eben die sinnliche Anschauung ist die *Gegenpartei* des Denkens. Die Anschauung nimmt die Dinge in einem *weiten,* das Denken im engsten Sinne; die Anschauung lässt die Dinge in ihrer *unbeschränkten Freiheit*" (Feuerbach 1843a, § 49, S. 331).

Die Sinnlichkeit wehrt jeder unrealen Isolation und zeigt als Sinnlichkeit die Notwendigkeit des anderen an. „[N]ur ein *sinnliches* Wesen bedarf zu seiner Existenz andere[r] Dinge außer ihm" (Feuerbach 1843a, § 6, S. 269).

Damit ist die kommunistische Struktur des menschlichen Wesens in der Sinnlichkeit *aufgehoben* (im Hegel'schen Sinne), das heißt nicht eliminiert, sondern hat ihren Ort in der Sinnlichkeit gefunden. Das Ich des Menschen, das kommunistisch ausgelegt ist, existiert in der Sinnlichkeit zu Hause. Das menschliche Ich realisiert sich als ontologisch kommunistisch interpretiert nur im Angesicht eines „sinnlich gegebene[s]n Du" (Feuerbach 1843a,§ 42, S. 324).

Somit aber wird das essenzielle Wesensmerkmal des Menschen im Ersten verortet, denn „das Sinnliche [ist] das erste" (Feuerbach 1851, S. 100). Da „Sinnlichkeit mit Wahrheit und Wesentlichkeit identisch ist" (Bac., 456), inkludiert die Verortung der kommunistischen Ausgelegtheit des Menschen damit auch deren Veritabilität und Essenzialität. In der sinnlichen Vorstellung sehen die Menschen „die Dinge nur so, *wie sie ihnen erscheinen*", und damit „nicht, wie sie sind" (Feuerbach 1843a, § 44, S. 326). Aus den *Einbildungen* der sinnlichen Vorstellung, wo der Mensch *bei sich bleibt,* wird der Mensch durch die neue Philosophie qua sinnlicher *Anschauung* „aus sich herausgerissen" und erst „handelnde und redende Person" (Feuerbach 1843a, § 44, S. 326), d. h. seiner kommunistischen Struktur gemäß auf andere und anderes hin entfaltet. Damit hat die Philosophie ihren Zweck, das Leben zu denken, erreicht und wird selbst im „Zweck des Lebens" aufgehoben: „Die Philosophie zur *Sache der Menschheit* zu machen, das war mein erstes Bestreben. Aber wer einmal diesen Weg einschlägt, kommt notwendig zuletzt dahin, den Menschen zur Sache der Philosophie zu machen und die Philosophie selbst aufzuheben, denn sie wird nur dadurch Sache der Menschheit, dass sie eben aufhört, Philosophie zu sein. Einst war das Denken Zweck des Lebens, aber jetzt ist mir das Leben Zweck des Denkens" (Feuerbach 1846c, S. 180). Denn um *das* höchste Gut, d. i. das Leben, geht es Feuerbach und dem hat *sein Kommunismus* zu entsprechen. „Die *Existenz,* das *Leben* ist das höchste Gut, das höchste Wesen – der *ursprüngliche Gott* des Menschen" (Feuerbach 1846b, S. 81).

Feuerbachs Kommunismus korreliert nicht nur den Grunddaten seines philosophischen Denkens (Ich-Du-Dialogizität, Leiblichkeit, Liebe, Sinnlichkeit, Religionshermeneutik, neue Philosophie etc.) und ist nicht allein Konsequenz aus ihnen, sondern impliziert sie streng. Feuerbachs diesbezügliche Überlegungen sind historisch interessant. Aber sie könnten mehr leisten, bedächte man sie in aktuellen ethischen Diskursen.

Basis des Denkens Feuerbachs ist die Philosophie der Liebe: Der Mensch ist das dialogische Wesen. Wichtig für Ludwig Andreas Feuerbachs Philosophie der Liebe ist deren anthropologisch-dialogisches Fundament (Kern 2006, S. 90 ff.). Feuerbach hat als Philosoph mit seinen grundlegenden Ausführungen zur *Dialogizität* des Menschen elementar und prinzipiell entscheidend Bedeutsames geleistet.

Noch einmal sei es gesagt: Die fundamentale und profilierte Entdeckung der Ich-Du-Dialogizität des Menschen durch Feuerbach, also dessen dialogischer Anthropologie, ist für Martin Buber, den Protagonisten des *Dialogischen Personalismus,* „ein elementares Ereignis". Für den jüdischen Philosophen Martin Buber ist diese Entdeckung menschlicher Dialogizität „die ‚kopernikanische Tat' des modernen Denkens", die ebenso „folgenschwer … wie die Ich-Entdeckung des Idealismus" ist. Sie setzt demnach einen „zweiten Neuanfang des europäischen Denkens" der neueren Philosophie und transzendiert den kartesianischen Ansatz der neueren Philosophie (Buber 1952, S. 62).

Der in der Sinnlichkeit im Hegel'schen Sinne aufgehobene Kommunismus korrespondiert bei Feuerbach seiner erklärten *neuen Religion.* Diese definiert er als die „ungeteilte Konzentration auf die wirkliche Welt", die „neues Leben" schafft (Feuerbach 1846c, S. 159; vgl. Kern 1998, S. 164–168). Friedrich Engels (Engels 1886, S. 283) meint wohl zu Recht: „Der wirkliche Idealismus Feuerbachs tritt zutage, sobald wir auf seine Religionsphilosophie und Ethik kommen. Er will die Religion keineswegs abschaffen, er will sie vollenden. Die Philosophie selbst soll aufgehn in Religion".

Literatur

Bolin W (1891) Ludwig Feuerbach. Sein Wirken und seine Zeitgenossen. Mit Benutzung ungedruckten Materials. Verlag der J.G. Cott'schen Buchhandlung nachfolger, Stuttgart

Brunvoll A (1996) „Gott ist Mensch". Die Lutherrezeption und die Entwicklung seiner Religionskritik. Peter, Frankfurt a. M.

Buber M (1952) Das Problem des Menschen. Gütersloher Verlaghaus, Heidelberg

Engels F (1843) Fortschritte der Sozialreform auf dem Kontinent. In: Institut für Marxismus-Leninismus beim ZK der SED (Hrsg) (1956–1990) Marx-Engels-Werke (MEW), Bd 1. Dietz, Berlin

Engels F (1847) Grundsätze des Kommunismus. In: Institut für Marxismus-Leninismus beim ZK der SED (Hrsg) (1956–1990) Marx-Engels-Werke (MEW), Bd 4. Dietz, Berlin

Engels F (1886) Ludwig Feuerbach und der Ausgang der klassischen deutschen Philosophie. In: Institut für Marxismus-Leninismus beim ZK der SED (Hrsg) (1956–1990) Marx-Engels-Werke (MEW), Bd 21. Dietz, Berlin

Engels F (1932) Feuerbach. In: Institut für Marxismus-Leninismus beim ZK der SED (Hrsg) (1956–1990) Marx-Engels-Werke (MEW), Bd 3. Dietz, Berlin

Fetscher I (1959) Kommunismus und Bolschewismus. In: Galling K (Hrsg) Die Religion in Geschichte und Gegenwart, 3. Aufl, Bd 3. Mohr, Tübingen

Feuerbach L (1828a) De ratione, una, universali, infinita. In: Schuffenhauer W (Hrsg) (1967ff) Ludwig Feuerbach. Gesammelte Werke, Bd I. Akademie, Berlin

Feuerbach L (1828b) Xenien. In: Schuffenhauer W (Hrsg) (1967ff) Ludwig Feuerbach. Gesammelte Werke, Bd 1. Akademie-Verlag, Berlin

Feuerbach L (1830) Gedanken über Tod und Unsterblichkeit. In: Schuffenhauer W (Hrsg) (1967ff) Ludwig Feuerbach. Gesammelte Werke, Bd 1. Akademie, Berlin

Feuerbach L (1834) Abälard und Héloise oder Der Schriftsteller und der Mensch. In: Schuffenhauer W (Hrsg) (1967ff) Ludwig Feuerbach. Gesammelte Werke, Bd 1. Akademie, Berlin

Feuerbach L (1838) Zur Kritik der „positiven Philosophie". „Über das Wesen und die Bedeutung der spekulativen Philosophie und Theologie in der gegenwärtigen Zeit, mit besonderer Rücksicht auf die Religionsphilosophie. – Spezielle Einleitung in die Philosophie und spekulative Theologie." Von Dr. Sengler, ordentl. Prof. der Philos., Heidelberg 1937, (Rez.), In: Schuffenhauer W (Hrsg) (1967ff) Ludwig Feuerbach. Gesammelte Werke, Bd 8. Akademie, Berlin,

Feuerbach L (1840) Dr. Karl Bayer, Betrachtungen über den Begriff des sittlichen Geistes und über das Wesen der Tugend, Erlangen 1839, (Rez.). In: Schuffenhauer W (Hrsg) (1967ff) Ludwig Feuerbach. Gesammelte Werke, Bd 9. Akademie, Berlin

Feuerbach L (1841a) Einige Bemerkungen über den „Anfang der Philosophie" von Dr. J. F. Reiff, (Rez.). In: Schuffenhauer W (Hrsg) (1967ff) Ludwig Feuerbach. Gesammelte Werke, Bd 9. Akademie, Berlin

Feuerbach L (1841b) Das Wesen des Christentums. In: Schuffenhauer W (Hrsg) (1967ff) Ludwig Feuerbach. Gesammelte Werke, Bd 5. Akademie, Berlin

Feuerbach L (1842) Zur Beurteilung der Schrift „Das Wesen des Christentums" (Replik). In: Schuffenhauer W (Hrsg) (1967ff) Ludwig Feuerbach. Gesammelte Werke, Bd 9. Akademie, Berlin

Feuerbach L (1843a) Grundsätze der Philosophie der Zukunft. In: Schuffenhauer W (Hrsg) (1967ff) Ludwig Feuerbach. Gesammelte Werke, Bd 9. Akademie, Berlin

Feuerbach L (1843b) Vorläufige Thesen zur Reformation der Philosophie. In: Schuffenhauer W (Hrsg) (1967ff) Ludwig Feuerbach. Gesammelte Werke, Bd 9. Akademie-, Berlin

Feuerbach L (1844a) Das Wesen des Glaubens im Sinne Luthers. Ein Beitrag zum „Wesen des Christentums". In: Schuffenhauer W (Hrsg) (1967ff) Ludwig Feuerbach. Gesammelte Werke, Bd 9. Akademie, Berlin

Feuerbach L (1844b) Korrespondenz an Friedrich Feuerbach, Okt. 1844. In: Schuffhauer W (1967ff.) Ludwig Feuerbach. Gesammelte Werke. Band 18, Akademie, Berlin

Feuerbach, L. (1845a) Über das „Wesen des Christentums" in Beziehung auf den „Der Einzige und sein Eigentum". In: Schuffenhauer W (Hrsg) (1967ff) Ludwig Feuerbach. Gesammelte Werke, Bd 9. Akademie, Berlin

Feuerbach L (1845b) Korrespondenz an Friedrich Alexander Kapp, 15.10.1845. In: Schuffhauer W (1967ff.) Ludwig Feuerbach. Gesammelte Werke, Bd 18. Akademie, Berlin

Feuerbach L (1846a) Wider den Dualismus von Leib und Seele, Fleisch und Geist. In: Schuffenhauer W (Hrsg) (1967ff) Ludwig Feuerbach. Gesammelte Werke, Bd 10. Akademie, Berlin

Feuerbach L (1846b) Ergänzungen und Erläuterungen zum „Wesen der Religion". In: Schuffenhauer W (Hrsg) (1967ff) Ludwig Feuerbach. Gesammelte Werke, Bd 10. Akademie, Berlin

Feuerbach L (1846c) Fragmente zur Charakteristik meines philosophischen curriculum vitae. In: Schuffenhauer W (Hrsg) (1967ff) Ludwig Feuerbach. Gesammelte Werke, Bd 10. Akademie, Berlin

Feuerbach L (1846d) Korrespondenz an den Junghegelianer Karl Grün, 11.7.1846. In: Schuffhauer W (1967ff.) Ludwig Feuerbach. Gesammelte Werke, Bd 19. Akademie, Berlin

Feuerbach L (1847a) Über meine „Gedanken über Tod und Unsterblichkeit". In: Schuffenhauer W (Hrsg) (1967ff) Ludwig Feuerbach. Gesammelte Werke, Bd 10. Akademie, Berlin

Feuerbach L (1847b) Korrespondenz an O. Wigand, 22.1.1847. In: Schuffhauer W (1967ff.) Ludwig Feuerbach. Gesammelte Werke, Bd 19. Akademie, Berlin

Feuerbach L (1851) Vorlesungen über das Wesen der Religion. In: Schuffenhauer W (Hrsg) (1967ff) Ludwig Feuerbach. Gesammelte Werke, Bd 6. Akademie, Berlin

Feuerbach L (1860) Korrespondenz an Julius Duboc, 27.11.1860. In: Schuffhauer W (1967ff.) Ludwig Feuerbach. Gesammelte Werke, Bd 20. Akademie, Berlin

Feuerbach L (1866) Über Spiritualismus und Materialismus, besonders in Beziehung auf die Willensfreiheit. In: Schuffenhauer W (Hrsg) (1967ff) Ludwig Feuerbach. Gesammelte Werke, Bd 11. Akademie, Berlin

Franz D-E (1982) Wilhelm Weitling. In: Lange E, Alexander D (Hrsg) Philosophenlexikon. Dietz Verlag, Berlin

Hosfeld R (2010) Die Geister, die er rief. Eine neue Karl-Marx-Biographie, 2. Aufl. Piper, München

Kern U (1984) Zu Ludwig Feuerbachs Lutherverständnis. In: Neue Zeitschrift für Systematische Theologie und Religionsphilosophie 26, Heft 1, 29–44. https://www.degruyter.com/downloadpdf/j/nzst.1984.26.issue-1/nzst.1984.26.1.29/nzst.1984.26.1.29.pdf

Kern U (1998) Der andere Feuerbach. Sinnlichkeit, Konkretheit und Praxis als Qualität der „neuen Religion" Ludwig Feuerbachs. LIT, Münster

Kern U (2006) „Individuum sein heißt […] Kommunist sein." Zum kommunistischen Wesen des Menschen bei Ludwig Feuerbach. In: Reitemeyer U, Takayuki S, Tomasoni F (Hrsg) Ludwig Feuerbach (1804–1872). Identität und Pluralismus in der globalen Gesellschaft, Bd 37. Waxmann, Münster

Lévinas E, Krewani WN (Hrsg) (2012) Die Spur des Anderen. Untersuchungen zur Phänomenologie und Sozialphilosophie, 6. Aufl. Alber, München

Lutherbibel (1984) Verlag Deutsche Bibelgesellschaft. Stuttgart

Marx K (1844a) Kritische Randglossen zu dem Artikel eines Preußen. In: Institut für Marxismus-Leninismus beim ZK der SED (Hrsg) (1956–1990) Marx-Engels-Werke (MEW), Bd 1. Dietz, Berlin

Marx K (1844b) Ökonomisch-philosophische Manuskripte, In: Institut für Marxismus-Leninismus beim ZK der SED (Hrsg) (1956–1990) Marx-Engels-Werke (MEW), Bd 40. Dietz, Berlin

Marx K (1845) Thesen über Feuerbach. In: Institut für Marxismus-Leninismus beim ZK der SED (Hrsg) (1956–1990) Marx-Engels-Werke (MEW), Bd 3. Dietz, Berlin

Marx K (1845/1846) Die Deutsche Ideologie. In: Institut für Marxismus-Leninismus beim ZK der SED (Hrsg) (1956–1990) Marx-Engels-Werke (MEW), Bd 3. Dietz, Berlin

Marx K (1894) Das Kapital. Kritik der bürgerlichen Ökonomie, Dritter Band: Der Gesamtprozess der kapitalistischen Produktion. In: Institut für Marxismus-Leninismus beim ZK der SED (Hrsg) (1956–1990) Marx-Engels-Werke (MEW), Bd 25. Dietz, Berlin

Marx K, Engels F (1847/1848) Manifest der Kommunistischen Partei. In: Institut für Marxismus-Leninismus beim ZK der SED (Hrsg) (1956–1990) Marx-Engels-Werke (MEW), Bd 4. Dietz, Berlin/DDR

Marx K, Engels F (1988) Werke (MEW). Dietz, Berlin

Reitemeyer U (1994) Realismus, Humanismus, Kommunismus. Der Praxisphilosophie Ludwig Feuerbachs. In: Braun H-J (Hrsg) Solidarität oder Egoismus. Studien zu einer Ethik bei und nach Ludwig Feuerbach. Akademie, Berlin

Schuffenhauer W (Hrsg) (1967ff) Ludwig Feuerbach. Gesammelte Werke. Akademie, Berlin

Seidel-Höppner W (Hrsg) (1967) Wilhelm Weitling, Das Evangelium der armen Sünders. Reclam, Leipzig

Seidel-Höppner W (Hrsg.) (o. J.) Nachwort zu Wilhelm Weitlings, Das Evangelium der armen Sünders. Jenni-Verlag, Bern

Tsetung Mao (o. J.) Worte des Vorsitzenden Mao Tsetung. Verlag Neuer Weg, Essen

Wallmann J (1970) Ludwig Feuerbach und die theologische Tradition. In: *Zeitschrift für Theologie und Kirche* Vol. 67, No. 1, 56–86. https://www.jstor.org/stable/23584537

Weitling W (1845) Das Evangelium eines armen Sünders. Jenni-Verlag, Bern

Weitling W (1955) Garantien der Harmonie und Freiheit. Akademie, Berlin

Weitling W (o. J.) Nachtrag zu Das Evangelium des armen Sünder. 2. Aufl. Jenni-Verlag, Bern

Weiterführende Literatur

Braun H-J (Hrsg) (1994) Solidarität oder Egoismus. Studien zu einer. Ethik bei und nach Ludwig Feuerbach. Akademie, Berlin

Engels F (1890) Brief an Paul Lafargue am 27.8.1890. In: Institut für Marxismus-Leninismus beim ZK der SED (Hrsg) (1956–1990) Marx-Engels-Werke (MEW), Bd 37. Dietz, Berlin

Feuerbach, L (1833) Geschichte der neuern Philosophie von Bacon von Verulam bis Benedikt Spinoza. In: Schuffenhauer W (Hrsg) (1967ff) Ludwig Feuerbach. Gesammelte Werke, Bd 2. Akademie, Berlin

Feuerbach L, Lützelberger ECJ (1840) 1) Grundzüge der Paulinischen Glaubenslehre. Ein theologisch-exegetischer Versuch, Nürnberg 1839. – 2) Die kirchliche Tradition über den Apostel Johannes und seine Schriften in ihrer Grundlosigkeit nachgewiesen, Leipzig 1840, (Rez.). In: Schuffenhauer W (Hrsg) (1967ff) Ludwig Feuerbach. Gesammelte Werke, Bd 9. Akademie, Berlin

Institut für Marxismus-Leninismus beim ZK der SED (Hrsg) (1956–1990) Marx-Engels-Werke (MEW). Dietz-Verlag, Berlin

Internationale Marx-Engels-Stiftung (Hrsg) (1975–1989) Marx-Engels-Gesamtausgabe (MEGA). Dietz, Amsterdam

Lange E, Alexander D (Hrsg) (1982) Philosophenlexikon. Dietz, Berlin

Reitemeyer U, Takayuki S, Tomasoni F (2006) (Hrsg) Ludwig Feuerbach (1804–1872). Identität und Pluralismus in der globalen Gesellschaft. Waxmann, Münster

Udo Kern ist em. Professor für Systematische Theologie an der Universität Rostock. Seine Forschungsschwerpunkte sind u.a. Meister Eckhart, Martin Luther, Immanuel Kant, Ludwig Feuerbach und Karl Marx.

Marx als Prophet?

6

Gerald Braun

Zusammenfassung

„Karl Marx ist der einzige Prophet, der das Paradies schon diesseits des Grabes verspricht" – so der österreichische Nationalökonom Joseph Schumpeter.

Der Weg in die Knechtschaft: Einleitend wird die – zwangsläufige und wissenschaftlich begründete – Entwicklung der kapitalistischen Klassengesellschaft nach Marx vorgestellt. Stichworte: Werttheorie, Fall der Profitrate, Kapitalkonzentration, Verelendung der industriellen Reservearmee, Krise und Zusammenbruch des Kapitalismus.

Das Paradies auf Erden: Anschließend werden Konturen einer klassenlosen postkapitalistischen Gesellschaft skizziert – Beseitigung der Ausbeutung des Menschen durch den Menschen, Abschaffung des Privateigentums, individuelle Freiheitsrechte, Umrisse einer Politischen Ökonomie des Kommunismus.

Ein verfrühter Nachruf: Hauptaugenmerk ist eine kritische Würdigung von Wirken und Werk des Ökonomen Karl Marx vor den Erfahrungen des beginnenden 21. Jahrhunderts: Erkenntnistheorie und Methodik, Dynamik und Globalisierung des Kapitalismus, globale Konzentration und Verelendung, Zusammenbruch des Kommunismus und Siegeszug des Kapitalismus.

Marx als schöpferischer Wissenschaftler: Ökonomie als gesellschaftliche ‚Veranstaltung'/methodischer Instrumentenkasten/Dynamik und Universalismus des Kapitalismus.

G. Braun (✉)
Universität Rostock, Rostock, Deutschland
E-Mail: gerald.braun@uni-rostock.de

© Springer Fachmedien Wiesbaden GmbH, ein Teil von Springer Nature 2019
U. Kern und D. Neuberger (Hrsg.), *Karl Marx,*
https://doi.org/10.1007/978-3-658-24842-0_6

6.1   Ein Rabbiner für die Welt

1942 schreibt Joseph Schumpeter, österreichischer Nationalökonom und Begründer der dynamischen Entwicklungstheorie, unter der Kapitelüberschrift „Marx der Prophet": „Marx ist der einzige Prophet, der das Paradies diesseits des Grabes verspricht" (Schumpeter 1993, S. 19).

Und Friedrich Nietzsche formuliert 50 Jahre früher, Kommunismus, das sei nichts anderes als säkularisiertes Christentum (sinngemäß in: Friedrich Nietzsche (1980), Der Antichrist, Nr. 43, S. 218).

Tatsächlich gilt Karl Marx seinen Gläubigen als Verkünder der Welterlösung, seinen Gegnern als Prediger des Weltuntergangs. Beiden antagonistischen Lagern gemeinsam ist, Marx eine prophetische Rolle zuzuschreiben. Der Spross einer jahrhundertealten Rabbinerfamilie prophezeit das Paradies. Marx findet sein auserwähltes Volk: das Proletariat. Und wie Moses sein Volk aus der Knechtschaft der Ägypter führt, führt Marx die Menschheit aus der Knechtschaft der Bourgeoisie (Jerger 2017, S. 26 f.).

Alle monotheistischen Religionen haben ihre Propheten und auch der Marxismus ist in diesem Sinne eine Religion. Den Gläubigen bietet er ein System von letzten Zielen – die klassenlose Gesellschaft – und auch einen Erlösungsplan – den zwangsläufigen Zusammenbruch des Kapitalismus. „Einfach das Ziel zu predigen, wäre wirkungslos geblieben; eine Analyse des sozialen Prozesses [dahin] hätte nur ein paar hundert Spezialisten interessiert" (Schumpeter 1993, S. 21). Kurz: Der Marxismus ist eine Religion – und Karl Marx ist ihr Prophet.

Entscheidend an dieser Prophetie ist: Sie ist wissenschaftlich begründet vorhersehbar. Der kommunistische Erlösungsplan ist eine rational beweisbare Gewissheit: Der Zusammenbruch des Kapitalismus erfolgt zwangsläufig und er ist das Ergebnis der Bewegungsgesetze des Kapitals.

Die religiöse Qualität des orthodoxen Marxismus erklärt auch eine bezeichnende Haltung gegenüber seinen Widersachern. Für ihn wie für jeden Anhänger eines Glaubens ist der Widersacher nicht nur im Irrtum – sondern in Sünde verstrickt. Anders zu denken wird nicht nur intellektuell, sondern auch moralisch missbilligt. Es kann keine Entschuldigung dafür geben, sobald einmal die Botschaft offenbart ist.

Karl Marx ist keineswegs der erste oder einzige utopische Denker seiner Zeit. Tatsächlich gab es Zukunftsentwürfe „in Hülle und Fülle" (Eagleton 2012, S. 86) und sie entsprangen alle den hoffnungslos idealistischen Köpfen von Radikalen. Die Vorstellung, dass sich die Geschichte vorwärts und aufwärts bewege, einem Zustand der Vollkommenheit entgegen, ist keine linke, marxistische Idee, sondern ein Gemeinplatz der Aufklärer des 18. und 19. Jahrhunderts, die gewiss nicht in dem Ruf standen, revolutionären Sozialismus zu predigen[1]. Die Vernunft war im Begriff, die Despotie zu überwinden, die

---

[1]In Anlehnung an Eagleton (2012, S. 86).

Wissenschaft merzte den Aberglauben aus und der Frieden schlug den Krieg auf ewig in die Flucht. Infolgedessen, so glaubte man mit viel Idealismus, würde die gesamte Menschheitsgeschichte in einen Zustand der Freiheit, Harmonie und wirtschaftlichen Prosperität gipfeln.

Marx jedoch stellt die Argumentation der „Utopischen Sozialisten" (eine Wort-schöpfung von ihm) vom Kopf auf die Füße. Scharf kritisiert er ihre Annahme, sie könnten ihre Widersacher einfach durch die Kraft ihrer Argumente überzeugen. Und er überschüttete alle Utopisten mit Hohn und Spott, die idealistisch die Weltveränderung propagierten[2]. Für seine Zeitgenossen war die Gesellschaft ein Kampf der Ideen, für Marx eine Schlacht um materielle Interessen.

6.2   Der Weg in die Knechtschaft – Zur Politischen Ökonomie des Kapitalismus

6.2.1   Arbeitskraft in der Klassengesellschaft

Marx' Werk ist eine – wenn man so will – genialische Synthese aus französischer Auf-klärung, deutschem Idealismus und klassischer britischer Politischer Ökonomie (der er diesen Namen gegeben hatte; Ott 2008, S. 16).

Der Verfasser des *Kapitals* führte das Leben eines Schriftgelehrten wie aus einer Talmudschule. Marx exzerpiert Tausende von Büchern und Zeitschriften, verwendet offizielle Statistiken, parlamentarische Untersuchungsberichte und Fallschilderungen. „In seiner Collageform steht das Buch wie ein Monolith in der Literaturgeschichte" (Neffe 2017, S. 390). Seine Gelehrsamkeit hervorzuheben heißt nicht, ihn als politischen Vor-denker und Agitator zu leugnen, als Verfasser des „Kommunistischen Manifests" (1848 mit Friedrich Engels) und Gründer der „Internationalen Arbeiterassoziation" (1864 mit Michail Bakunin). „Was immer man aus Marx gemacht hat. Das Streben nach Frei-heit, nach Befreiung des Menschen aus Knechtschaft und unwürdiger Abhängigkeit war Motiv seines Handelns" (Friedensnobelpreisträger Willy Brandt, 1977[3]).

Jedoch: Nie interessierte ihn ein Brotberuf, nie setzte der promovierte Philosoph auch nur einen Schritt in eine Fabrik, nie produzierte er wirtschaftliche Feldstudien. Umso erstaunlicher ist seine scharfsinnige Kritik an den ökonomischen Bewegungsgesetzen des Kapitalismus. Sie vor allem ist Gegenstand der folgenden Skizze.

Ausgangspunkt der politökonomischen Analyse bei Marx sind *zwei Axiome:*

1. Der Kapitalismus ist strukturell gekennzeichnet durch eine *Zweiklassengesell-schaft:* Die Klasse der Kapitalisten verfügt über Privateigentum an Produktions-mitteln (Gebäuden, Maschinen, Bodenschätzen), die Klasse der Proletarier besitzt kein

---

[2]Etwa Saint-Simon, Fourier, Rodbertus und Owen. Vgl. Gide und Rist (1921, S. 220 ff.).
[3]Neffe (2017, Vorwort, o. S.).

Privateigentum an Produktionsmitteln. Das Proletariat hat nichts anderes zu verkaufen als seine Arbeitskraft. Die spezifische Klassenlage produziert ein spezifisches Klassenbewusstsein.

Die Existenz von Zwischengruppen – etwa von Bauern und Handwerkern, die über Privateigentum verfügen, Arbeitskräfte beschäftigen und selbst auch mit ihren Händen arbeiten – wird nicht in Abrede gestellt. Sie werden jedoch als Anomalien behandelt, die im Verlauf des kapitalistischen Entwicklungsprozesses verschwinden und in der wachsenden Masse der Proletarier aufgehen (Marx und Engels 2017, S. 47). „Die beiden Grundklassen sind, kraft der Logik ihrer Stellung und gänzlich unabhängig von jeglichem individuellen Wollen, ihrer Wesen nach gegenseitig antagonistisch" (Schumpeter 1993, S. 32). Ihre Beziehung zueinander ist in ihrer tiefsten Natur nach Kampf, Klassenkampf. Geschichte ist eine Geschichte von Klassenkämpfen.

Beide Klassen, auch die der Kapitalisten, sind im seelenlosen Räderwerk kapitalistischer Bewegungs- und Entwicklungsgesetze gefangen. Ihr Verhalten ist Gegenstand wissenschaftlicher Analyse, nicht moralischer Urteile. „… für Marx waren Arbeiter und Kapitalisten letztlich nur ‚Charaktermasken‘, sie waren ‚Träger‘ einer Rolle, die ihnen das System zuwies. Noch radikaler: Sie existierten nur im Verhältnis zueinander: Arbeiter gab es nur, weil es Kapitalisten gab, und umgekehrt" (Herrmann 2018, S. 121 f.).

2. Nur *die Arbeitskraft der Proletarier* ist produktiv und schafft Werte, sprich: *Mehrwert*. „Die Ware Arbeit, die ich verkauft habe, unterscheidet sich von dem anderen Warenpöbel dadurch, dass ihr Gebrauch Wert schafft und größeren Wert, als sie selbst kostet" (Marx und Engels 1974, Band 23, S. 66). Die eingesetzte Arbeit bezeichnet Marx mit v, dem sogenannten variablen oder flüssigen Kapital.

Den Mehrwert der Arbeit (bei Marx = m) eignet sich der Kapitalist an, da nur er über Eigentum an Produktionsmitteln verfügt. An ihn muss der Proletarier seine Arbeitskraft – um zu überleben – verkaufen. In diesem Sinne ist ‚Eigentum Diebstahl‘ (J.-P. Proudhon) und bis in die Gegenwart hat das ‚arbeitslose Einkommen‘ eine negative Konnotation.

Das allgemeine Wertgesetz: Die Beziehungen zwischen dem variablen Kapital v und seinem Mehrwert m erklärt Marx mit dem *Doppelcharakter der Ware* im Kapitalismus, auch der Ware Arbeit. Unter Rückgriff auf Aristoteles – im Band I des *Kapitals* einer der meistzitierten Autoren – unterscheidet Marx zwischen dem Tauschwert und dem Gebrauchswert einer Ware. Im Falle der Ware Arbeit entspricht ihr Tauschwert den physischen Reproduktionskosten, die der Proletarier für sich und seine Familie benötigt, für Kleidung, Nahrung, Wohnung. Der Gebrauchswert hingegen ist subjektiv, eine individuelle Kategorie, die nicht allgemein bestimmbar ist. Sie hängt von der Nützlichkeit ab, die aus Sicht des Nachfragenden der Ware anhaftet. Die Differenz zwischen Gebrauchswert und Tauschwert ist dann der Mehrwert, der dem Kapitalisten kraft seines Eigentums an Produktionsmitteln gleichsam automatisch zufällt.

Die Nützlichkeit und der Tauschwert einer Ware sind voneinander unabhängig. Der Gebrauchswert einer Angel, mit der man Fische fängt, liegt über ihrem Tauschwert. „Bisher" – schreibt Marx – „hat noch kein Chemiker Tauschwert in Perle oder Diamant

entdeckt" (Marx und Engels 1974, Band 23, S. 46). Ihr Gebrauchswert hingegen übersteigt den Tauschwert um ein Vielfaches („diamonds are forever").

Der Tauschwert des Warenangebots wird mit einem Einproduktionsfaktoransatz
(Arbeitskrafteinsatz) erklärt. Für die Nachfrageseite wird der Gebrauchswert heran-
gezogen, in dem sich die Vielfältigkeit menschlicher Bedürfnisse und ihre Befriedigung,
letztlich also die Nachfrage, widerspiegelt. Die Marx'sche Theorie bleibt aber angebots-
orientiert (Hedtkamp 1974, S. 27).

Lohnerhöhungen über die Reproduktionskosten der Arbeit hinaus scheitern an der
Existenz einer industriellen Reservearmee. Ihre arbeitslosen Mitglieder sind gezwungen,
sich zu Niedriglöhnen zu verdingen. Anders ausgedrückt: Die Unternehmer verfügen
in der kapitalistischen Gesellschaft als Eigentümer an Produktionsmitteln über eine
Klassenmonopolstellung, die sie ausnutzen *müssen*. Andernfalls droht ihnen im gnadenlosen Konkurrenzkampf der Untergang (im Angelsächsischen: „throat cut competition").
Und die Arbeitnehmer vegetieren auf Dauer am Existenzminimum. Die Kapitalisten sind
nicht moralisch zu verdammen. Sie beuten ihre Arbeiter zwar aus, aber Diebstahl ist es
nicht. Die Arbeiter erhalten ja den korrekten Tauschwert ihrer Arbeitskraft ausgezahlt
(Herrmann 2018, S. 121).

Das Verhältnis von Mehrwert (m) zu Arbeitseinsatz (v) ist die Mehrwert- oder Ausbeutungsrate.

$$\text{Mehrwertrate} = \frac{m}{v}$$

Eine Steigerung der Ausbeutungsrate im Kapitalismus ist grundsätzlich durch drei Verfahren möglich:

a) Verlängerung der Arbeitszeit bis zur physisch-psychischen Erschöpfung der Arbeitskraft,
b) Senkung der Arbeitskosten durch Einsatz von Arbeitskräften mit niedrigeren
Reproduktionskosten, vor allem Frauen- und Kinderarbeit,
c) Steigerung der Produktivität durch Einsatz hoch produktiver Maschinen und Technologien. Arbeitskraft wird profitabler, macht sie nicht selten überflüssig – und vergrö-
ßert die industrielle Reservearmee. „Da der Arbeiter zur Maschine herabgesunken ist,
kann ihm die Maschine als Konkurrenz gegenübertreten" (Marx und Engels 1974,
Band 40, S. 511).

6.2.2 Gesetz vom tendenziellen Fall der Profitrate

Die maximale Steigerung der Ausbeutungsrate ist notwendige, jedoch nicht hinreichende
Bedingung für die Erzielung maximaler Profite; denn in der kapitalistischen Produktion
entstehen nicht nur (Reproduktions-)Kosten für Arbeit, sondern auch Kosten für den
Einsatz von Maschinen und Technologien. Marx bezeichnet dieses Maschinenkapital

mit c = constantes Kapital. Das konstante Maschinenkapital ist nach Marx lediglich *historisch geronnene Arbeit* – und damit sind wir wieder bei der Arbeitswertlehre D. Ricardos.

Setzt man Mehrwert als Output oder Ertrag, Arbeitskraft und Maschinenkapital als Input oder Kosten ins Verhältnis, so bekommt man die Profitrate.

Dann ist die Profitrate:

$$\text{Profitrate} = \frac{m}{v + c}$$

Das Verhältnis von v zu c bezeichnet Marx als *organische Zusammensetzung des Kapitals.*

Zwar müssen Arbeit und Kapital zusammenwirken, damit ein Ertrag zustande kommt (die neoklassische Wachstumstheorie definiert: Humankapital + Realkapital = Produkt), die Entstehung des Mehrwerts geht aber allein auf das variable Kapital v, die Arbeitskraft zurück. Nur die Arbeit ist „mehrwertheckendes" Kapital.

Scheinbar paradoxerweise investiert der Kapitalist permanent in neue Maschinen, nicht hingegen in die Arbeitskraft, obwohl sie allein Mehrwert generiert. Der Grund dafür sind die Gesetzmäßigkeiten kapitalistischer Konkurrenz: Um im gnadenlosen Verdrängungswettbewerb zu überleben, ist der kapitalistische Unternehmer gezwungen, immer modernere, profitablere Maschinen anzuschaffen. Die Investition des erwirtschafteten Mehrwerts in die Maschine, nicht in die Arbeitskraft, ist alternativlos. „Marx zeichnet den Kapitalisten wie einen süchtigen Spieler, der nicht anders kann, weil er nur im Rennen bleibt, wenn er immer weitermacht" (Neffe 2017, S. 420). Und diese Sucht manifestiert sich in der quasireligiösen Aufforderung von Marx: „Akkumuliert, akkumuliert, das ist Moses und die Propheten" (Herrmann 2018, S. 125).

Die Folgen: Die Produktion wird im Zuge des technischen Fortschritts immer kapitalintensiver, der Arbeiter wird zum Anhängsel der Maschine und seinem Arbeitsprodukt zunehmend entfremdet. „Die Arbeit der Proletarier hat durch die Ausdehnung der Maschinerie … allen selbständigen Charakter … verloren. Er wird ein bloßes Zubehör der Maschine, … Arbeitermassen, in der Fabrik zusammengedrängt, werden soldatisch organisiert. Sie werden als gemeine Industriesoldaten unter die Aufsicht einer vollständigen Hierarchie von Unteroffizieren und Offizieren gestellt. Sie sind … nur Knechte der Bourgeoisieklasse" (Marx und Engels 2017, S. 46).

Die Profitrate hat die unheilvolle Tendenz, langfristig zu sinken, weil der Mehrwert, den die Proletarier erarbeiten, durch den wachsenden Einsatz von Maschinen immer weiter „aufgefressen" wird. (Die Größe c im Nenner der Profitrate wächst permanent.) „Mit dem vermehrten Einsatz von Technik verändert sich nach Marx die Wertzusammensetzung des Kapitals. Der ‚konstante' Teil, die Maschinerie, wächst auf Kosten des ‚variablen', der Arbeit. Dadurch fließt in die Waren immer weniger ‚Wert bildende Substanz' … So geht dem Motor des Kapitalismus allmählich der Treibstoff aus. Um den Profit zu halten, muss die Produktion um jeden Preis wachsen, nach außen durch Expansion, nach innen durch Konzentration" (Neffe 2017, S. 433).

Nach Marx ist der Fall der Profitrate das wichtigste Gesetz der politischen Ökonomie, denn damit konnte in seinen Augen schlagend nachgewiesen werden, dass die wahre Schranke der kapitalistischen Produktion das Kapital selbst ist.

6.2.3   Gesetz von der Konzentration des Kapitals

Die langfristig sinkende Profitrate zwingt die Kapitalisten, ihre Produktion so weit wie möglich auszudehnen, um das, was sie an der Profitrate verlieren, an ihrem Gesamt-kapital bzw. dessen Wachstum zu gewinnen. Dieser Expansionszwang der Bourgeoisie führt zur *Globalisierung des Kapitalismus.*

Dazu das Kommunistische Manifest: „Das Bedürfnis nach einem stets aus-gedehnteren Absatz für ihre Produkte jagt die Bourgeoisie über die ganze Erdkugel. Überall muss sie sich einnisten, überall anbauen, überall Verbindungen herstellen. Die Bourgeoisie hat durch ihre Exploitation des Weltmarktes die Produktion und Konsum-tion alle Länder kosmopolitisch gestaltet" (Marx und Engels 2017, S. 42).

Unternehmen mit mehr Arbeitskraft sind länger und besser in der Lage, Mehrwert (und auch Profite) zu generieren. Sie werden die kleineren Unternehmen aufkaufen, übernehmen oder vom Markt verdrängen. „Die größeren Kapitale schlagen die kleine-ren" – oder schärfer noch – „Je ein Kapitalist schlägt viele tot" (Marx und Engels 1974, Band 23, S. 654, 790).

Die Unternehmenskonzentration führt zur Kapitalentwertung und zur Verringerung der Produktion. Konjunkturschwankungen und Krisen resultieren dann aus einer erra-tischen Abfolge von Überproduktion (bzw. Unterkonsumtion), Kapitalentwertung und Produktionseinschränkungen bei wachsenden Konjunkturausschlägen nach oben und unten.

Gegen Ende des kapitalistischen Entwicklungsweges existiert nur noch ein Super-monopolist, der von der revolutionären Arbeiterklasse enteignet wird. „Die Stunde des kapitalistischen Privateigentums schlägt. Die Expropriateure werden expropriiert" (Marx und Engels 1974, Band 23, S. 791).

Mit der Konzentration des Kapitals beschreibt Marx einen beobachtbaren Prozess seiner Zeit und zugleich auch die logische Figur einer gesellschaftlichen Polarisierung. Einerseits führt die Expropriation des Kapitals durch das Kapital zu wachsender Konzen-tration, andererseits zum Untergang der Mittelschichten, einem Anwachsen des Proleta-riats und dem Entstehen einer industriellen Reservearmee. Beide Prozesse sind lediglich zwei Seiten ein und derselben Medaille: In dem Maße, wie Kapital akkumuliert wird, muss sich die Lage der arbeitenden Klasse verschlechtern.

6.2.4 Gesetz von der Verelendung der industriellen Reservearmee

Mit wachsender Konzentration des Kapitals sinken die ehemaligen Kapitalisten herab –
und werden ihrerseits Proletarier, die Klasse der Proletarier wächst, die der Kapitalisten
sinkt. Es entsteht eine *industrielle Reservearmee* aus arbeitslosen, entrechteten, margina-
lisierten Proletariern.

„Die bisherigen kleinen Mittelstände, die kleinen Industriellen, Kaufleute und Ren-
tiers, die Handwerker und Bauern, alle diese Klassen fallen ins Proletariat hinab, teils
dadurch, dass ihr kleines Kapital für den Betrieb der großen Industrie nicht ausreicht
und der Konkurrenz mit den größeren Kapitalisten erliegt, teils dadurch, dass ihre
Geschicklichkeit von den neuen Produktionsweisen entwertet wird. So rekrutiert sich das
Proletariat aus allen Klassen der Bevölkerung" (Marx und Engels 2017, S. 47).

Die industrielle Reservearmee drückt nach Marx auf den Arbeitslohn und führt zu
wachsender Verelendung der proletarischen Massen. Dabei ist zwischen absoluter und
relativer Verelendung zu unterscheiden. Absolute Verelendung bedeutet Sinken des Real-
lohns, relative Verelendung bedeutet, dass der Reallohn langsamer steigt als der Profit.
Manche Marxisten behaupten – angesichts einer nivellierten Wohlstandsgesellschaft –,
Marx hätte nie eine absolute Verelendung prognostiziert (Herrmann 2018, S. 127). Er
habe lediglich sagen wollen, dass die Verteilung des Reichtums zwischen den Klassen
ungleich bleiben würde. Der Begriff „Verelendung" sei relativ zu deuten. Die Proletarier würden dem Massenelend zwar entkommen, sie würden aber niemals den Lebens-
standard der Kapitalisten erreichen (vom Vermögen ganz abgesehen).

Dem steht allerdings entgegen, dass die Zeitgenossen von Marx ihn so verstanden
haben, dass er die absolute Verelendung gemeint haben muss, formuliert er doch gegen
Ende des *Kapitals:* „Es wächst die Masse des Elends, des Drucks, der Knechtschaft, der
Entartung, der Ausbeutung" (Marx und Engels 1974, Band 23, S. 791).

Gesetz vom Zusammenbruch des Kapitalismus
Die Konjunktur- und Krisenausschläge werden angesichts der wachsenden Widersprüche
im Verlauf kapitalistischer Entwicklungsgesetze immer heftiger – und führen schließlich
zum Zusammenbruch des Kapitalismus:

> Wodurch überwindet die Bourgeoisie die Krisen? Einerseits durch die erzwungene Ver-
> nichtung einer Masse von Produktivkräften; andererseits durch die Eroberung neuer
> Märkte und die gründlichere Ausbeutung der alten Märkte. Wodurch also? Dadurch,
> dass sie alleitigere und gewaltigere Krisen vorbereitet, und die Mittel, den Krisen vor-
> zubeugen, vermindert. Die Waffen, womit die Bourgeoisie den Feudalismus zu Boden
> geschlagen hat, richten sich jetzt gegen die Bourgeoisie selbst. Aber die Bourgeoisie
> hat nicht nur die Waffen geschmiedet, die ihr den Tod bringen, sie hat auch die Männer
> gezeugt, die diese Waffen führen werden – die modernen Arbeiter, die Proletarier (Marx
> und Engels 2017, S. 45)

Marx' Sprache nimmt hier etwas von der Gewalt alttestamentarischer Propheten an, etwa
von Jesaja, der in seinem Läuterungsgericht den einen verspricht, „sie sollten ein Rauch

werden in meinem Zorn", und den anderen, der Herr werde „einen neuen Himmel und eine neue Erde für immer schaffen".[4]

Und mit der Geste eines strafenden Weltenrichters verkündet Marx: „Die Stunde des kapitalistischen Privateigentums schlägt. Die Expropriateure werden expropriiert" (Marx und Engels 1974, Band 23, S. 791). Der Übergang vom Monopolkapitalismus zur klassenlosen Gesellschaft erfolgt durch einen revolutionären Akt der Arbeiterklasse. „Mögen die herrschenden Klassen vor einer kommunistischen Revolution zittern. Die Proletarier haben nichts zu verlieren, außer ihre Ketten. Und sie haben eine Welt zu gewinnen" (Marx und Engels 2017, S. 84).

Revolutionen – so Walter Benjamin – sind die Lokomotiven der Weltgeschichte.[5]

6.3 Das Paradies auf Erden: Konturen der klassenlosen Gesellschaft

Am Ende der Geschichte steht die klassenlose Gesellschaft: Die Herrschaft des Menschen über den Menschen ist überwunden. Alle sind frei, alle sind gleich und alle sind brüderlich – um die Postulate der Französischen Revolution zu zitieren. In dieser postkapitalistischen Gesellschaft herrschen paradiesische Zustände. In ihr ist es möglich, „heute dies, morgen jenes zu tun, morgens zu jagen, nachmittags zu fischen, abends Viehzucht zu treiben, nach dem Essen zu kritisieren, wie ich gerade Lust habe."[6]

Im herrschafts- und konfliktfreien Paradies werden – so die Bibel – „Wolf und Schaf … bei einander weiden; der Löwe wird Stroh fressen wie das Rind" (Martin Luther-Bibel 1966, S. 25).

Marx ist immer wieder wegen der vermeintlichen Naivität seiner Prophetie eines Paradieses auf Erden verspottet worden. Dies aus den verschiedensten Gründen zu Unrecht:

Die simpelste Erklärung liegt auf der Hand: Wenn sich das Paradies zwangsläufig nach den ehernen Gesetzen kapitalistischer Entwicklungslogik einstellt, ist es nicht notwendig, sich weitere konkrete Gedanken über die Zukunft zu machen, denn eins steht fest: Das Paradies wird sowieso kommen.

Tatsächlich weigert Marx sich beharrlich, das neue Leben, das seine Theorie verheißt, auch nur zu skizzieren, sieht man von einigen vagen Äußerungen ab. Weder lässt er sich dazu hinreißen, zu beschreiben, wie eine kommunistische Gesellschaft funktioniert, noch eine kommunistische Wirtschaftsweise. „Man kann, so seine Überzeugung, das

---

[4]Martin Luther-Bibel (1966, S. 5, 17).
[5]Zit. in Graf Ballestrem und Ottmann (1990, S. 189).
[6]K. Marx, zit. in: Jerger (2017, S. 26).

gute Leben nicht im Vornherein konzipieren. Erst müssen sich die Verhältnisse ändern" (Jerger 2017, S. 27).

Da es den Juden früher verboten war, die Zukunft vorherzusagen, schweigt sich auch Marx – als säkularisierter Jude – über das aus, was vor uns liegen wird (Eagleton 2018, S. 85). Für ihn sind utopische Entwürfe eher eine Ablenkung vom politischen Kampf der Gegenwart. Marx geht es nicht darum, von einer idealen Zukunft zu träumen, sondern jene Widersprüche in der Gegenwart zu analysieren und zu bekämpfen, die den Eintritt einer besseren Zukunft verhindern. „Nach Erreichung dieses Ziels wären Leute wie er nicht mehr nötig" (Eagleton 2018, S. 85).

Zwar existiert bei Marx kein geschlossenes Konzept einer Planwirtschaft[7] oder gar einer Politischen Ökonomie des Kommunismus, dennoch lassen sich Umrisse eines kommunistischen Wirtschaftssystems skizzieren. So formulieren Marx und Engels im Kommunistischen Manifest zehn Maßregeln (=10 Gebote?), die in der kommunistischen Gesellschaft zur Anwendung kommen werden, vor allem:

- die Abschaffung des Erbrechts,
- die Einführung einer starken Progressivsteuer,
- die Schaffung einer Nationalbank,
- die Verstaatlichung des Eisenbahnwesens,
- die Beseitigung der Fabrikarbeit für Kinder,
- eine öffentliche und unentgeltliche Erziehung aller Kinder.[8]

Ein Teil dieser kommunistischen Maßnahmen erscheinen uns heute nicht mehr revolutionär, sondern selbstverständlich.

Im Zentrum steht die Forderung nach *Abschaffung des Privateigentums* an Produktionsmitteln, auch, weil sich daraus eine Reihe weiterer Selbstverständlichkeiten zwingend ergibt – wie die Abschaffung der Klassengesellschaft, die Beendigung der Ausbeutung des Menschen durch den Menschen, die Aufhebung der Entfremdung.

---

[7]Die realsozialistischen Planwirtschaften variieren daher vom jugoslawischen Konkurrenzsozialismus, dem ungarischen „Gulasch"-Kommunismus, dem kubanischen Castroismus, dem chinesischen Kaderkommunismus bis zur straffen Kommandowirtschaft der DDR, der Sowjetunion und Nordkoreas. Dazu kein geringerer als Albert Einstein: "... it is necessary to remember that a planned economy is not yet socialism. A planned economy as such may be accompanied by the complete enslavement of the individual. The achievement of socialism requires the solution of some extremely difficult socio-political problems: how is it possible, in view of the far-reaching centralization of political and economic power, to prevent bureaucracy from becoming all-powerful and overweening? How can the rights of the individual be protected and therewith a democratic counterweight to the power of bureaucracy be assured?" (Einstein 1849, S. 80 f.).

[8]Marx und Engels (2017, S. 65). Interessanterweise formuliert Engels diese zehn Maßregeln wesentlich „weicher". Vgl. Engels (2017, S. 100).

„Ihr entsetzt Euch darüber, dass wir das Privateigentum aufheben wollen. Aber in Eurer bestehenden Gesellschaft ist das Privateigentum für neun Zehntel ihrer Mitglieder aufgehoben, es existiert gerade dadurch, dass es für neun Zehntel nicht existiert" (Marx und Engels 2017, S. 65).

Dabei werden die kontraproduktiven Konsequenzen einer Abschaffung des Privateigentums, zumindest kurzfristig, durchaus realistisch prognostiziert:

> Das Proletariat wird seine politische Herrschaft dazu benutzen, der Bourgeoisie nach und nach [also nicht auf einen Schlag! GeB] alles Kapital zu entreißen, alle Produktionsinstrumente in den Händen des Staates, d. h. des als herrschende Klasse organisierten Proletariats, zu zentralisieren und die Masse der Produktionskräfte möglichst rasch zu vermehren – Es kann dies natürlich zunächst nur geschehen vermittels despotischer Eingriffe in das Eigentumsrecht und die bürgerlichen Produktionsverhältnisse, durch Maßregeln also, die ökonomisch unzureichend und unhaltbar erscheinen, die aber im Lauf der Bewegung über sich selbst hinaustreiben und als Mittel zur Umwälzung der ganzen Produktionsweise unvermeidlich sind (Marx und Engels 2017, S. 64).

Die Zentralisierung aller Produktionsinstrumente in den Händen des Staates gilt den Begründern des Kommunismus als ökonomisch unzureichend und unhaltbar! Knapp 100 Jahre später wird der liberale Ökonom, F.A. von Hayek, genau dies der Planwirtschaft vorwerfen.[9]

Während konkrete Konzepte einer zentralen Planwirtschaft fehlen, ist die Position der Verfasser des Kommunistischen Manifests bei der Verwirklichung *individueller Freiheitsrechte* eindeutig. Sie sind Vorbedingung für die Verwirklichung kollektiver Freiheiten: „An die Stelle der alten bürgerlichen Gesellschaft mit ihren Klassen und Klassengegensätzen tritt eine Assoziation, worin die freie Entwicklung eines jeden die Bedingung für die freie Entwicklung aller ist" (Marx und Engels 2017, S. 65).

Individuelle Freiheitsrechte sind *Voraussetzung* für die Verwirklichung gemeinschaftlicher Freiheiten. Prägnanter lässt sich das Leitbild der Aufklärung nicht in einem Satz zusammenfassen: Kants kategorischer Imperativ wird in die Dynamik gesellschaftlicher Evolution übertragen.

100 Jahre später sollte die SED-Regierung der DDR diesen Satz von Marx/Engels von den Füßen auf den Kopf stellen: Das Kollektiv hat Vorrang vor dem Individuum. „Im Sozialismus und Kommunismus ist erstmalig in der Geschichte der Menschheit eine sozialistische Gemeinschaft aller Menschen als *Voraussetzung* der vollen Entfaltung der persönlichen Freiheit gegeben" (Klaus und Buhr 1961, S. 377).

---

[9]Von Hayek (1944). In gleicher Schärfe kritisiert v. Hayek auch die kollektivistische Zentralplanung des Nationalsozialismus.

6.4 Wirkung und Würdigung: Ein verfrühter Nachruf

6.4.1 Von der Klassengebundenheit der Wissenschaft

Die Marx'sche Theorie – weniger seine Person – ist von Anfang an in der „bürgerlichen" Wirtschaftswissenschaft umstritten.

Dazu zwei führende Ökonomen des 20. Jahrhunderts:

„Wie konnte es möglich sein, dass eine so unlogische und langweilige Lehre einen so mächtigen und dauernden Einfluss auf den Geist der Menschen – und durch ihn auf den Gang der Geschichte auszuüben vermochte?" (J.M. Keynes).

„Als Wirtschaftstheoretiker war Marx zu allererst ein sehr gelehrte Mann" (J. Schumpeter).[10]

Theoretisch wie politisch entfaltet sich die Marx'sche Lehre global mit ungleicher Geschwindigkeit – und mit ungleicher Wucht. Kaum Resonanz findet sie im angelsächsischen, damals wie heute wirtschaftlich-technologisch entwickeltsten Teil der Welt (obwohl allein dort die gesellschaftlichen Voraussetzungen für die proletarische Revolution existierten). Die kommunistischen Parteien werden zu einem Kümmerdasein verdammt – und die neomarxistische Analyse bleibt einigen scharfsinnigen Lehrstuhlinhabern vor allem in Oxford, Cambridge, Harvard und an der London School of Economics vorbehalten[11], nicht selten Flüchtlinge aus dem kommunistischen Herrschaftsbereich.

Größte Verbreitung findet die Marx'sche Lehre nach Zusammenbruch des sowjetischen Imperiums in der Volksrepublik China. An den Universitäten wird flächendeckend Marxismus gelehrt und geforscht, neuerdings in Synthese mit dem Konfuzianismus(!) und gleichzeitig gibt es im Land des Kaderkapitalismus die größte Konzentration von Dollarmilliardären weltweit (Strittmatter 2018, S. 3).

Ein kritischer Diskurs mit marxistischen Wissenschaftlern scheitert häufig daran, dass orthodoxe Marxisten argumentieren, ein „bürgerlicher" Ökonom könne niemals in der Lage sein, das Marx'sche System adäquat zu verstehen und zu beurteilen: Er sei seiner Klasse verhaftet, das bürgerliche Klasseninteresse, d. h. das Interesse an der Erhaltung des gesellschaftlichen Status quo, bestimme seine Argumentation und sein Urteil. Gegenüber den „bürgerlichen" Ökonomen besteht demnach Ideologieverdacht. Der Marxismus könne nur von Angehörigen des Proletariats richtig verstanden werden. Dazu Ernst Bloch: „Indem sich das Proletariat nur mittels unverhüllter Kenntnis der gesellschaftlichen Bedingungszusammenhänge befreien kann, ist es als einzige bisherige Klasse an der ideologiefreien Erkenntnis des Wirklichen notwendig interessiert."[12]

---

[10]Zit. in Ott (2008, S. 7).

[11]Etwa Baran (1957), Dobb (1946), Sweezy (1960), Kalecki (1971).

[12]Zit. in Ott (2008, S. 13).

Die marxistische These von der Klassengebundenheit der Wissenschaft ist hoch problematisch, da sie einen wissenschaftlichen Diskurs verhindert und sektenähnliche Immunisierungsstrategien gegen Widerlegungsversuche begünstigt.[13]

Für den „bürgerlichen" Ökonomen hingegen ist das Marx'sche System als Forschungsgegenstand zu behandeln wie jeder andere, also möglichst frei von Werturteilen auf seine Widerspruchsfreiheit und Übereinstimmung mit der Wirklichkeit zu untersuchen.

6.4.2 Elemente einer kritischen Bilanz der Marx'schen Kapitalismuskritik

Bei einer detaillierteren Kritik nach den Regeln des Kritischen Rationalismus – logische Konsistenz und empirische Wahrheit – fällt zunächst auf, dass die politisch wirksamsten Aussagen bzw. Prophezeiungen von Marx – das Gesetz von der sinkenden Profitrate und die Zusammenbruchsthese – die theoretisch schwächsten sind. Am stärksten hingegen erscheinen – bei aller Kritik im Einzelnen – die Konzentrations- und Monopolisierungsthese und die Globalisierungsthese. „Über den Zuwachs an Lebendigkeit, den die Analyse dadurch erhält, kann kein Zweifel bestehen. Die schattenhaften Begriffe der ökonomischen Theorie beginnen zu atmen" (Schumpeter 1993, S. 81).

Der Wissenschaftler Karl Marx
In seinem Selbsturteil ist Marx kein Prophet, sondern ein wissenschaftlicher Theoretiker der gesellschaftlichen Evolution, der auf streng empirischer Grundlage analysiert.[14] Marx ist kein Moralist und kein Nostalgiker, er ist ein kühler Analytiker, der die Bewegungsgesetze des Kapitalismus so unter die Lupe nimmt wie ein Naturwissenschaftler die Gesetze der Schwerkraft. „Und schließlich ist er der letzte der großen Systemgründer, der Nachfolger Hegels, und wie dieser davon überzeugt, dass sich die Entwicklung der Menschheit in eine rationale Formel zusammenfassen lasse" (Russell 2012, S. 789).

Zu den Bewegungsgesetzen des Kapitals
Der Gang der Geschichte ist determiniert. Er ergibt sich aus den Bewegungsgesetzen des Kapitals und dem Handlungszwang seiner Akteure; „denn die kapitalistische Produktion erzeuge mit der Notwendigkeit eines Naturgesetzes ihre eigene Negation. Dieser Umschlag bedeutete für ihn eine finale Negation der Negation" (Hosfeld 2018, S. 182).

---

[13]Aus der „Wahrheit der Klasse" wird dann im Nationalsozialismus die „Wahrheit der Rasse" etwa bei Carl Schmitt: „Der Artfremde oder Außenstehende kann die spezifisch ‚deutsche Wissenschaft' gar nicht kritisieren, da er dazu infolge seiner fremden Volks- und Rassenzugehörigkeit prinzipiell außerstande ist" (zit. in Ott 2008, S. 14).

[14]So auch Friedrich Engels in seiner Grabrede auf Marx: Gleich Charles Darwin habe Marx jenes „grundlegende Gesetz erkannt, das den Gang der menschlichen Geschichte bestimmt" (Engels 1974, Band 19, S. 333).

Dem Ausbeuter, d. h. dem Kapitalisten, sein Handeln moralisch vorzuwerfen, ist Vulgär-marxismus. Und: Je kapitalistischer der Prozess, desto eher der Zusammenbruch des Kapitalismus.

Zur Klassenanalyse

Mit dem Begriff der „Klasse" führt der Ökonom Marx eine soziologische Kategorie ein, die in der Folge von Soziologen differenziert und weiterentwickelt werden wird bis hin zu „Schichtenanalysen" und „Milieustudien". Dabei übersieht die gängige These von der „nivellierten Mittelstandsgesellschaft" (Schelsky 1979) die Bedeutung, die Eigentum an Produktionsmitteln, Vermögen und Besitz als Zugang zu Bildung, Kredit, Macht- und Herrschaftselite haben. Die „bürgerliche" Ökonomie hingegen negiert bis in die Gegen-wart Erkenntnisse der marxistischen Klassenanalyse.

Wie holzschnittartig jedoch die Zweiteilung der Klassengesellschaft ist, zeigt sich daran, dass es Kapitalisten als Eigentümer von Produktionsmitteln gibt, die zugleich arbeiten, etwa Bauern, Handwerker, Mittelständler und Freiberufler. Die neue Klasse der Manager lenkt kapitalistische Firmen, ohne Eigentümer an Produktionsmitteln zu sein. Und: Es gibt arme Kleinkapitalisten (Imbissbudenbesitzer, Kleinhändler) und rela-tiv reiche Proletarier mit Eigentum an Produktionsmitteln (z. B. Aktien, Wertpapiere, Beteiligungen).

Zur Arbeitswertlehre

Die Arbeitswertlehre übernimmt Marx teilweise wörtlich vom „bürgerlichen" englischen Nationalökonom David Ricardo, er ist in diesem Sinne nicht originell (Ricardo 1817). Paul Samuelson, Nobelpreisträger für Wirtschaftswissenschaft, formuliert sogar: „Karl Marx, das ist David Ricardo + Klassenkampf" (zit. in Herrmann 2018, S. 136).

Die Bedeutung der Arbeit als Produktivkraft gesellschaftlicher Entwicklung und die – vermeintliche – Unproduktivität des (Finanz-)Kapitals ist mit ein Grund dafür, dass bereits lange vor dem Kommunismus im Islam (Koran) und im Christentum (Thomas von Aquin/ Martin Luther) ein striktes Zinsverbot ausgesprochen wird.

„Die Arbeitswerttheorie kann niemals auf die Ware Arbeit angewandt werden – denn das würde bedeuten, dass Arbeiter wie Maschinen nach rationalen Kostenrechnungen erzeugt werden" (Schumpeter 1993, S. 53). Dass die Lohnfindung das Ergebnis von Knappheitsrelationen am Arbeitsmarkt, von Angebot *und* Nachfrage nach Arbeitskraft ist, bleibt jenseits des Analysehorizonts von Marx. „Die Arbeitswerttheorie in dieser absoluten Form ist unhaltbar. Ein Hut besitzt nicht deshalb Wert, weil Arbeit in ihm steckt, sondern weil er Wert hat, steckt man Arbeit in seine Produktion" (Ott 2008, S. 16.).

Zur Verelendungsthese

Wirtschaftshistorische[15] und literarische Zeugnisse (Ch. Dickens, H. de Balzac) belegen die Existenz und Entwicklung absoluter Verelendung des Proletariats bis gegen Ende

---

[15]Siehe etwa Engels (1845).

des 19. Jahrhunderts. Mit Erstarken der Gewerkschaftsbewegung in Europa lassen sich steigende Reallöhne[16] nachweisen und im 20. Jahrhundert tritt Europa ins Zeitalter der Massenkonsumgesellschaft ein. Massenkonsum ist immer Konsum der Massen. Bereits 1899 formuliert Eduard Bernstein: „Dass die Zahl der Besitzenden zu- und nicht abnimmt, ist nicht eine Erfindung bürgerlicher Harmonie-Ökonomen, sondern eine von den Steuerbehörden oft sehr zum Verdruß der Betreffenden ausgekundschaftete Tatsache" (Bernstein 1899, S. 209).

„Es ist dann natürlich zu fragen, wie die Reallohnerhöhungen sich mit der Existenzminimum-Theorie des Lohnes vertragen. Die Antwort ist einfach: Sie vertragen sich nicht" (Ott 2008, S. 33).

Zum tendenziellen Fall der Profitrate

Die Investition in das Maschinenkapital als Ursache eines Falls der Profitrate bedeutet – wachstumstheoretisch formuliert –, dass der Kapitalkoeffizient steigt. „Den Fall eines bei technischem Fortschritt konstant bleibenden Kapitalkoeffizienten – wir würden heute von einem Harrod-neutralen technischen Fortschritt sprechen – hat Marx als ‚bösartige Voraussetzung' ausgeschieden. In diesem Falle nämlich fehlen die zunehmenden Widersprüche des kapitalistischen Systems; die Marxsche Krisentheorie ist ihrer Basis beraubt" (Ott 2008, S. 31).

Die Annahme einer Substitution der Arbeitskraft durch die Maschine, d. h. arbeitssparenden und kapitalbrauchenden technischen Fortschritts, gilt für das Fabriksystem der Industriegesellschaft, nur sehr eingeschränkt hingegen für die Wissensgesellschaft der Gegenwart. In der Wissensökonomie wird die Investition in das Humankapital – in Bildung, Forschung und Entwicklung – zum Motor wirtschaftlichen Wachstums.[17] Vor allem die Anwendung von Wissen auf Wissen generiert im Postkapitalismus gesellschaftlichen Fortschritt.

Zur Konzentrationsthese

„Eindeutig hat Marx mit der Konzentration des Kapitals … eine der Schwachstellen kapitalistischer Volkswirtschaften aufgedeckt" (Ott 2008, S. 33). Den Verdrängungswettbewerb überleben nur Firmen, die mit den niedrigsten Stückkosten produzieren. „Je ein Kapitalist schlägt viele tot" (Marx und Engels 1974, Band 23, S. 790). VW schlägt Porsche, Lufthansa schlägt Air Berlin, Commerzbank schlägt Dresdner Bank.

Marx ist der erste Ökonom, der beschreibt, wie der Kapitalismus über das Oligopol (wenige Großkonzerne beherrschen eine Branche) im Monopolkapital endet – etwa nach

---

[16]Zur aktuellen globalen Entwicklung von extremer Armut: „Globally, the number of people living in extreme poverty has declined by more than half, falling from 1.9 billion in 1990 to 836 million in 2015" (United Nations 2017, S. 4).

[17]Zu den Begründern der Humankapitaltheorie vgl. Becker (1964), Schultz (1971), Mincer (1974); neuere Entwicklungen bei Drucker (1993) und mit Betonung der Rolle der Informationsbourgeoisie Mason (2018, S. 151 ff.).

dem Motto: Die systemimmanente Konsequenz der Konkurrenz ist das Monopol. (Die Freiburger ordoliberale Schule folgert daraus, nur ein „starker Staat" könne die Wettbewerbswirtschaft vor immanenten Verfallstendenzen schützen; Eucken 1952).

Schweizer Forscher haben ermittelt, dass nicht einmal hundertfünfzig globale Player, multinationale Konzerne, die Hälfte der Weltwirtschaft kontrollieren.[18] Und was die Vermögenskonzentration anlangt, so kommt die Credit Suisse Bank in Zürich zu dem Ergebnis, dass die 42 reichsten Menschen der Welt das gleiche Vermögen besitzen wie die 3,7 Mrd. Menschen der ärmeren Hälfte der Weltbevölkerung.[19]

Firmenzusammenschlüsse und -übernahmen auf der einen, aber auch Aufspaltungen/ Buy-outs und Start-ups, Micro-Entrepreneurs auf der anderen Seite prägen so das widersprüchliche Bild des gegenwärtigen Kapitalismus.

6.4.3 Vom Zusammenbruch des Kommunismus und dem Siegeszug des Kapitalismus

Das „Killer"-Argument gegen den Propheten Marx lautet: Der Zusammenbruch des Kapitalismus hat sich nicht eingestellt, weder evolutionär noch revolutionär. Um zu rechtfertigen, warum der Kapitalismus immer noch nicht zusammengebrochen ist (es aber in Zukunft tun wird), sind die Epigonen von Marx gezwungen, immer neue Zwischenstufen kapitalistischer Entwicklung einzufügen: Hochkapitalismus, Spätkapitalismus, Monopolkapitalismus, Imperialismus, Casinokapitalismus Turbokapitalismus, digitaler Kapitalismus jeweils als höchste und letzte Phase des Kapitalismus.

Man kann argumentieren, dass Marx, der die Revolution gewollt hat, unbeabsichtigt zur Reform und damit zur Stabilisierung des Kapitalismus beigetragen hat, indem Gegenmacht gegen schrankenlose Ausbeutung mobilisiert wurde, etwa durch

- die Einführung des allgemeinen, gleichen und geheimen *Wahlrechts* und Etablierung des *Systems der Gewaltenteilung* nach Montesquieu,
- das Erstarken der *Gewerkschaftsbewegung* und das Machtduopol von Unternehmerverbänden und Gewerkschaften mit kollektiven Tariffindungen,
- die Einführung *sozialer Sicherungssysteme*, etwa die Bismarck'schen Sozialreformen, mit dem Ziel, den preußischen Klassenstaat gegen die aufkommende Arbeiterbewegung zu stabilisieren,
- den Übergang zum *Sozialen Kapitalismus* („Rheinischer Kapitalismus" bzw. Soziale Marktwirtschaft) durch Entwicklung ausgebauter Sozial- und Mitbestimmungsrechte und einer Antimonopolpolitik.

---

[18]Stefania Vitali, James B. Glausfelder, Stefano Battiston, zit. in Neffe (2017, S 445).

[19]Credit Suisse (2017, zit. in Oxfam-International 2018, S. 19). (Der beste Bericht, der gegenwärtig zur weltweiten Armut und Reichtum existiert.)

Weltanschaulich bietet die *christliche Soziallehre* alternative Erklärungsmuster zu Marx, wobei die katholische Kirche zu den scharfsinnigsten und schärfsten Kritikern des Kapitalismus jenseits der Marx'schen Lehre zählt.

Dazu die päpstliche Enzyklika Populorum Progressio: „Im Gefolge des Wandels der Daseinsbedingungen haben sich unversehens Vorstellungen in die menschliche Gesellschaft eingeschlichen, wonach der Profit der eigentliche Motor des wirtschaftlichen Fortschritts, der Wettbewerb das oberste Gesetz der Wirtschaft, das Eigentum an den Produktionsmitteln ein absolutes Recht ohne Schranken, ohne entsprechende Verpflichtungen der Gesellschaft gegenüber darstellt. Dieser ungehemmte Liberalismus führte zu jener Diktatur, die Pius XI mit Recht als Ursache des finanzkapitalistischen Internationalismus oder des Imperialismus des internationalen Finanzkapitals brandmarkte. Man kann diesen Mißbrauch nicht scharf genug verurteilen" (Enzyklika des Heiligen Vaters Papst Paul IV 1967, S. 7).

Nicht der Kapitalismus – gleich welcher Spielart –, sondern der Kommunismus bzw. der reale Sozialismus brechen gegen Ende des 20. Jahrhunderts nahezu flächendeckend zusammen, implodieren oder werden in überwiegend gewaltfreien Revolutionen überwunden. Der Kapitalismus tritt einen weltweiten Siegeszug an – und breitet sich zum globalen Kapitalismus aus. Dabei scheint paradoxerweise insbesondere in postsozialistischen Gesellschaften ein entfesselter Manchester- oder „Raubtier-Kapitalismus" (Helmut Schmidt) eine Renaissance zu erleben, kombiniert mit diversen Formen autoritärer Herrschaft.

6.4.4 Marx als schöpferischer Wissenschaftler

Aus der Vielfalt wissenschaftlicher Neuerungen von Marx seien herausgegriffen:

1. Entdeckung/Innovation
Wie auch im klassischen Liberalismus und in der christlichen Soziallehre ist bei Marx die Ökonomie des Kapitalismus eine gesellschaftliche „Veranstaltung", die nicht von Politik/Gesellschaft/Kultur getrennt werden kann und darf.

Aktuell mögen die staatlichen Bankenrettungsschirme, Staatskredite an Großunternehmen (etwa Kredit an Lufthansa zum Aufkauf von Air Berlin), die Daueralimentierung der Landwirtschaft wie auch der Bankerspruch „too big to fail" als Belege für diese Zusammenhänge genügen.

Dies ist zugleich eine Kritik an der neoklassischen „bürgerlichen" Theorie. Statt Marx' Analyse aufzugreifen, zu differenzieren und weiterzuentwickeln, begreifen neoklassische Ökonomen[20] „Wirtschaft" als ein autonomes System, das eigenen Gesetzen gehorcht. Die – verständliche – Suche nach exakten quasinaturwissenschaftlichen Theorien führt dazu,

---

[20]Nach Marx beginnend mit Jevons (1876), Walras (1876).

Ökonomie als „soziale Physik" zu interpretieren, die in einem mathematischen Modellplatonismus jenseits gesellschaftlicher Bezüge endet.

2. Entdeckung/Innovation

Marx analysiert die Bewegungsgesetze des Kapitals mit einer Vielfalt methodischer Verfahren. Er übernimmt mit der Dialektik (These-Antithese-Synthese) zunächst eine wissenschaftliche Methodik von Hegel, stellt aber die idealistische Geschichtsdialektik Hegels mit seiner materialistischen Geschichtsauffassung vom Kopf auf die Füße (Heinrich 2005, S. 34 f.). So folgt auch das Kommunistische Manifest Hegel'scher Dialektik: Aufstieg der Bourgeoisie (These), Untergang der Bourgeoisie (Antithese), kommunistische Gesellschaft (dialektische Synthese).

In Marx' Kritik der Politischen Ökonomie reicht der methodische Instrumentenkasten von der Hermeneutik über die Phänomenologie bis zum Rationalismus, wobei sein ständiges Bemühen um historische und empirische Absicherung seiner Thesen auffällt, durch Hinzuziehen offizieller Statistiken, parlamentarischer Untersuchungsberichte und historischer Fallstudien.

Für Marx war selbstverständlich, was angesichts der wissenschaftlichen Spezialisierung gegenwärtig vernachlässigt wird (möglicherweise sogar vernachlässigt werden muss): der Blick auf das Ganze „in a larger way" (Hicks 1969, S. 2) der Gesellschaft, mit Wirtschaft, Technik, Kultur und Politik im weiten globalen wie historischen Horizont.

3. Entdeckung/Innovation

Nach Marx/Engels ist die kapitalistische Ökonomie dynamisch, kosmopolitisch und universalistisch. Am brillantesten werden Dynamik und weltweite Ausbreitung des Kapitalismus von Marx und Engels im Kommunistischen Manifest – der „Bibel der Arbeiterklasse"[21] – beschrieben.

„Das Bedürfnis nach einem ausgedehnteren Absatz für ihre Produkte jagt die Bourgeoisie über die ganze Erdkugel. Überall muss sie sich einnisten, überall anbauen, überall Verbindungen herstellen.

Die Bourgeoisie hat durch ihre Exploitation des Weltmarktes die Produktion und Konsumtion aller Länder kosmopolitisch gestaltet. Sie hat zum großen Bedauern der Reaktionäre den nationalen Boden der Industrie unter den Füßen weggezogen. Die uralten nationalen Industrien sind vernichtet worden und werden noch täglich vernichtet. Sie werden verdrängt durch neue Industrien, deren Einführung eine Lebensfrage für alle zivilisierten Nationen wird …

Und wie in der materiellen, so auch in der geistigen Produktion. Die geistigen Erzeugnisse werden Gemeingut. Die nationale Einseitigkeit und Beschränktheit wird mehr und mehr unmöglich …

Die Bourgeoisie hat in ihrer kaum hundertjährigen Klassenherrschaft massenhaftere und kolossalere Produktionskräfte geschaffen als alle vergangenen Generationen

---

[21]So Friedrich Engels, zit. in: Institut für Marxismus-Leninismus beim ZK der SED (1965, S. 345).

zusammen. Unterjochung der Naturkräfte, Maschinerie, Anwendung der Chemie auf Industrie und Ackerbau, Dampfschifffahrt, Eisenbahnen, elektrische Telegrafen, Urbarmachung ganzer Weltteile, Schiffbarmachung der Flüsse, ganze aus dem Boden hervorgestampfte Bevölkerungen – welches frühere Jahrhundert ahnte, dass solche Produktionskräfte im Schoß der gesellschaftlichen Arbeit schlummerten.

Die Bourgeoisie reißt … durch die unendlich erleichterten Kommunikationen alle, auch die barbarischsten Nationen in die Zivilisation. Die wohlfeilen Preise ihrer Waren sind die schwere Artillerie, mit der sie alle chinesischen Mauern in den Grund schießt, mit der sie den hartnäckigsten Fremdenhaß der Barbaren zur Kapitulation zwingt. Sie zwingt alle Nationen, die Produktionsweise der Bourgeoisie sich anzueignen, wenn sie nicht zugrunde gehen wollen; sie zwingt sie die sogenannte Zivilisation bei sich selbst einzuführen, d. h. Bourgeois zu werden. Mit einem Wort, sie schafft sich eine Welt nach ihrem eigenen Bilde" (Marx und Engels 2017, S. 42 f.).

Besser kann man den Internationalismus und die Dynamik des Weltkapitalismus nicht beschreiben, seine globale Konkurrenzwirtschaft, seinen Antinationalismus und seine hegemoniale Verbreitung kultureller Erzeugnisse, Filme, Fernsehprogramme, Shows, Events, übersetzter Literatur, von Facebook, Instagram und Twitter.

Hannah Arendt bezeichnet denn auch – sinngemäß – das Kommunistische Manifest als größte Hymne auf den Kapitalismus, die je gesungen wurde.

Ein vorläufiges Fazit also: Karl Marx, ein Prophet, der die Vision und den Auftrag hat, wie Moses das auserwählte Volk für immer aus der Knechtschaft der Ägypter führte, die Arbeiterklasse aus der Knechtschaft der Bourgeoisie zu führen.

Er bleibt unvollendet, seine wissenschaftlichen Epigonen erreichen nicht sein intellektuelles Niveau und seine realsozialistischen Politiknachfolger stellen sein politisches Erbe von den Füßen auf den Kopf:

Aus Entwicklungsdiktaturen werden Diktaturen ohne Entwicklung.

Literatur

Baran PA (1964) The political economy of growth. Monthly Review Press, New York

Becker G (1964) Human capital. A theoretical and empirical analysis with special reference to education. National Bureau of Economic Research; distributed by Columbia University Press, New York

Bernstein E (1899) Die Voraussetzungen des Sozialismus und die Aufgaben der Sozialdemokratie. J.H.W. Dietz Nachfolg. (GmbH), Stuttgart

Credit Suisse (2017) Global Wealth Data Book. Credit Suisse AG Research Institute, Zürich

Dobb M (1946) Studies in the development of capitalism. Routledge & Kegan, London

Drucker PF (1993) Die postkapitalistische Gesellschaft. ECON-Verlag, Düsseldorf

Eagleton T (2012) Warum Marx recht hat. Ullstein, Berlin

Einstein A (1849) Why Socialism? In: Green J (Eds) Albert Einstein. Rebel lives. Ocean Press, Australia 2003, North Melbourne, Victoria 3051, S 80 f.

Engels F (1845) Die Lage der arbeitenden Klasse in England. Otto Wigand, Leipzig

Engels F (1974) Entwurf zur Grabrede für Karl Marx. In: Marx-Engels-Werke (MEW), herausgegeben vom Institut für Marxismus-Leninismus beim ZK der SED, Berlin, Bd 19

Engels F (2017) Grundsätze des Kommunismus, 1. Aufl. London 1848. Reclams Universal Bibliiothek Nr. 19266, Philipp Reclam, jun. GmbH & Co KG, Ditzingen

Enzyklika des Heiligen Vaters Papst Paul IV (1967) Populorum Progressio. Über den Fortschritt der Völker. Rom

Eucken (1952) Grundsätze der Wirtschaftspolitik. Mohr Siebeck, Tübingen

Gide C, Rist C (1921) Geschichte der volkswirtschaftlichen Lehrmeinungen, 3. Aufl. Gustav Fischer, Jena

Graf Ballestrem K, Ottmann H (1990) Politische Philosophie des 20. Jahrhunderts. Oldenbourg, München

Hedtkamp G (1974) Wirtschaftssysteme. Vahlen, München

Heinrich M (2005) Kritik der politischen Ökonomie, 3. Aufl. Schmetterling, Stuttgart

Herrmann U (2018) Kein Kapitalismus ist auch keine Lösung. Westend, Frankfurt a. M.

Hicks J (1969) A theory of economic history. Oxford University Press, Oxford

Hosfeld R (2018) Karl Marx. Philosoph und Revolutionär. Eine Biographie. Pantheon, München

Institut für Marxismus-Leninismus beim ZK der SED (Hrsg) (1965) Mohr und General. Erinnerungen an Marx und Engels. Dietz, Berlin

Jevons WS (1876) The Future of Political Economy. Fortnightly Review 20:617–631

Jerger I (2017) Er war ein Rabbi für die Welt. Chrismon. Das Evangelische Magazin, Heft 12. https://chrismon.evangelisch.de/print/36659. Zugegriffen: 15. März 2019

Kalecki M (1971) Selected essays on the dynamics of the capitalist economy. Cambridge University Press, Cambridge

Klaus G, Buhr M (1961) Philosophisches Wörterbuch, 6. Aufl., Bd 1. Bibliographisches Institut, Leipzig

Martin-Luther-Bibel (1966) Jesaja 65. Evangelische Haupt-Bibelgesellschaft zu Berlin und Altenburg, 2. Aufl.

Marx K, Engels F (1974) Marx-Engels-Werke (MEW). (Hrsg): Institut für Marxismus-Leninismus beim ZK der SED (1974ff), Dietz Verlag, Berlin

Marx K, Engels F (2017) Manifest der Kommunistischen Partei, 1. Aufl. London 1848. Ditzingen

Mason P (2018) Postkapitalismus. Grundrisse einer kommenden Ökonomie. Suhrkamp, Berlin

Mincer J (1974) Schooling, experience, and earnings. National Bureau of Economic Research, New York

Neffe J (2017) Marx. Der Unvollendete. Bertelsmann, München

Nietzsche F (1980) Der Antichrist, Nr. 43. In: Nietzsche F (1980) Sämtliche Werke, Kritische Studienausgabe in 15 Bänden. Hrsg: Colli G, Montinari M, Bd 6, Dt. Taschenbuch-Verlag, München

Ott AE (2008) Karl Marx. In: Starbatty J (Hrsg) Klassiker des ökonomischen Denkens, Teil II. NIKOL VERLAGSGES, Hamburg

Oxfam-International (2018) Reward work, not Wealth. Oxfam, Oxford

Ricardo D (1817) On the Principles of Political Economy and Taxation. John Murray, London

Russell B (2012) Philosophie des Abendlandes. Anaconda Verlag, Köln

Schelsky H (1979) Auf der Suche nach Wirklichkeit. Goldmann, München

Schultz TW (1971) Investment in human capital. The role of education and research. Am J Agric Econ 53(4):692–693

Schumpeter JA (1993) Kapitalismus, Sozialismus und Demokratie. 7.erw. Aufl. Francke Verlag, Tübingen und Basel (Erstauflage: Capitalism, Socialism and Democracy, New York 1942)

Strittmatter K (2018) Macht Platz. Süddeutsche Zeitung Nr. 178, 4./5.8.

Sweezy PM (1960) Monopoly Capitalism. In: Macmillan Publishers Ltd (Eds) The New Palgrave Dictionary of Economics. Palgrave Macmillan, London. https://link.springer.com/referencewor-kentry/10.1057/978-1-349-95189-5_906
United Nations (2017) The millenium development goals report 2015. New York
von Hayek FA (1944) The road to serfdom. George Routledge & Sons, Chicago
Walras L (1876) Eléments d'economie politique pure. Paris et Lausanne, Walras

Gerald Braun ist em. Professor für Wirtschaftspädagogik an der Universität Rostock. Studium der VWL, Soziologie und Politikwissenschaft an der Albrecht-Ludwigs-Universität Freiburg i.Br., der London School of Economics und der FU Berlin. Seine Hauptarbeitsgebiete sind Entrepreneurship Entwicklung im sub-saharischen Afrika und der arabischen Welt für internationale Entwicklungsorganisationen. Zuletzt: Jemen, Libyen, Palästina, Simbabwe.

Kann Karl Marx die Finanzkrise 2007/2008 erklären? Eine Einordnung der Marxistischen Geld- und Kredittheorie

Doris Neuberger

Zusammenfassung

Der ökonomische Mainstream steht seit Ausbruch der Finanzkrise 2007/2008 vermehrt unter Kritik, hatten doch nur wenige Fachwissenschaftler die Krise vorhergesehen. In der entstandenen Debatte über Ausrichtung und Methoden in der Volkswirtschaftslehre wird auch eine Rückbesinnung auf nationalökonomische Klassiker gefordert, die der Mainstream aus den Lehrbüchern weitgehend getilgt hat. Hätte Karl Marx eine bessere Prognose zur Finanzkrise gestellt? Seine Geld- und Kredittheorie erschließt sich insbesondere aus der Lektüre des dritten Bandes des *Kapitals*, den *Ökonomischen Manuskripten* dazu (1863–1865) und den *Londoner Heften* (1850–1853). Der vorliegende Beitrag rekonstruiert diese aus dem Blickwinkel der herrschenden Ökonomik. In Aspekten wie Wesen und Erscheinungsformen des Geldes, Endogenität und Neutralität des Geldes, Rolle von Krediten, Zinsen und Krisen zeigt sich, dass Marx insbesondere durch seine Analysen zum Kreditgeld die Finanzkrise besser erklären kann als der ökonomische Mainstream. Es handelt sich dabei um eine Krise der Überakkumulation von Geldkapital, die weder einzigartig noch auf das Versagen einzelner Marktakteure zurückzuführen ist. Solche Krisen entstehen unweigerlich aus einem fundamentalen Widerspruch des kapitalistischen Wirtschaftssystems, wonach das endogene Kreditgeld zugleich Triebfeder der Produktion, aber auch der Überproduktion und Überspekulation ist.

Für Anregungen und Diskussionen danke ich Timm Graßmann, Peter Hennecke, Ulrike Herrmann und Udo Reifner.

D. Neuberger (✉)
Institut für Volkswirtschaftslehre, Universität Rostock, Rostock, Deutschland
E-Mail: doris.neuberger@uni-rostock.de

7.1   Einleitung

Die im Sommer 2007 in den USA ausgebrochene Finanzkrise erreichte ihren Höhepunkt im September 2008 mit dem Zusammenbruch der Investmentbank Lehman Brothers und zog eine weltweite Wirtschaftskrise nach sich. Die entstandenen Risiken sind seitdem sozialisiert worden, entweder direkt durch staatliche Unterstützung des Finanzsektors oder indirekt durch eine geringere gesamtwirtschaftliche Produktion. Die Kosten[1] dieser Krise übertreffen in Europa die Kosten der Weltwirtschaftskrise von 1929 (Haldane et al. 2017).

Die Theorien der Mainstreamvolkswirtschaftslehre können die Finanzkrise 2007/2008 nicht erklären. So kommen britische Ökonomen in ihrer Antwort auf die Frage von Königin Elizabeth II.: „Wie konnte es passieren, dass niemand diese Krise vorhergesehen hat?", zu dem Schluss: „Um die Sache zusammenzufassen, Ihre Majestät, war dies ein Versagen der kollektiven Vorstellungskraft vieler kluger Menschen" (Herrmann 2015).

Das Versagen der Ökonomen liegt insbesondere daran, dass ihre üblichen makroökonomischen Modelle auf der Annahme eines gesamtwirtschaftlichen Gleichgewichts mit rationalem Verhalten individueller Akteure beruhen und den Finanzsektor gar nicht oder unzureichend einbeziehen. So sind die rein güterwirtschaftlichen Gleichgewichtsmodelle der Neoklassik „für die Abbildung der Prozesse in einem modernen Finanzsystem genauso überholt wie das Paradigma von Ptolemäus" (Bofinger 2017). Auch die modernen DSGE-Modelle eines dynamischen stochastischen allgemeinen Gleichgewichts (Dynamic Stochastic General Equilibrium) haben hier versagt (Stiglitz 2018).

Der wichtigste Punkt dabei ist nicht, dass diese Modelle den genauen Zeitpunkt der Krise nicht vorhergesagt haben. Das ist ohnehin nicht möglich. Das eigentliche Problem war, dass diese Modelle weder etwas über die Wahrscheinlichkeit, dass eine schwere Krise zu irgendeinem Zeitpunkt endogen auftritt, noch über die nachfolgenden Auswirkungen einer solchen Krise für die Wirtschaft aussagten. Das Fehlen von nichtrationalen Erwartungen, Heuristiken und nichtlinearen Verstärkungskanälen in den Modellen war wahrscheinlich die Hauptursache dafür (Haldane und Turrell 2018, S. 229).

Einige Ökonomen (z. B. Krugman 2011; Colander et al. 2009) weisen auf vergessene frühere Ansätze partieller (Un)Gleichgewichte hin, die dazu hätten beitragen können, die Krise im Vorfeld kommen zu sehen und zu verstehen, wie z. B. Bagehot (1873), Leijonhufvud (2000), Kindleberger (2001) und Minsky (1992, 2008). Alle diese Modelle arbeiten jedoch eher auf der aggregierten Ebene und sind weniger gut geeignet, Probleme mit wechselnden Gleichgewichten unterschiedlicher Agenten anzugehen. Die Hegemonie des „repräsentativen Agenten mit rationalen Erwartungen" ist tief in der

---

[1]Gemessen an dem kumulativen Verlust an realem Volkseinkommen und den kumulativen fiskalischen Kosten durch staatliche Rettungsmaßnahmen.

Makroökonomie verankert. Diese hat Ähnlichkeiten mit der Newton'schen Physik, die aber dynamische Entwicklungen komplexer Systeme bestehend aus heterogenen Agenten nicht abbilden kann (Haldane und Turrell 2018, S. 230). Die aktuelle Forschung verwendet deshalb zunehmend agentenbasierte Modelle mit nichtrationalem Verhalten, die nicht unbedingt zu einem Gleichgewicht führen und damit Krisen als dynamische Prozesse erklären können.

Wie aber der Ökonom und Nobelpreisträger Paul Krugman anmerkte: „the biggest problem we had as a profession … was failure to remember what our fathers learned. … What we really need is a change in the destructive social dynamics that brought us to this point. And I wish I knew how to do that. But my problem is obvious: I'm an economist, and it seems that we need some kind of sociologist to solve our profession's problems" (Krugman 2011, S. 312). Andrew Haldane, Chefökonom der Bank of England, wirft der Ökonomieprofession vor, sich zu einer methodologischen Monokultur entwickelt zu haben (Haldane 2016, S. 3).

Viele Studierende fordern deshalb eine pluralere Ökonomik[2] im Sinne von Theorien- und Methodenvielfalt, die auch den Blick auf andere Disziplinen und ältere Werke einbezieht. Inwieweit hilft uns hier die Lektüre von Karl Marx weiter?

Der vorliegende Beitrag ist folgendermaßen aufgebaut. Abschn. 7.2 fasst die wichtigsten Ursachen und Merkmale der Finanzkrise 2007/2008 zusammen. Abschn. 7.3 wertet die Marx'sche Geld- und Kredittheorie im Hinblick auf die vorliegende Fragestellung aus. Um den Beitrag von Marx der heute gelehrten Mainstreamökonomie gegenüberzustellen, wird dabei auf die zentralen Fragen zu Wesen und Erscheinungsformen des Geldes (Abschn. 7.3.1), Endogenität und Neutralität des Geldes (Abschn. 7.3.2) sowie Krediten, Zinsen und Krisen (Abschn. 7.3.3) eingegangen. Abschn. 7.4 fasst zusammen und ordnet die Marx'sche Geld- und Kredittheorie ein.

7.2 Die Finanzkrise 2007/2008

Die Finanzkrise 2007/2008 war eine Kreditkrise, entstanden aus exzessiver Verschuldung des privaten Sektors, insbesondere der Banken. Ihre treibenden Kräfte waren (vgl. Reifner 2017c; Jarchow 2017; Hellwig 2008; Sachverständigenrat 2007):

1. Vergabe schlechter, nichtwerthaltiger Kredite: Dabei handelte es sich um zweitklassige Hypotheken (Subprime Mortgages) mit überhöhten Zinsen bei niedrigen Anforderungen an die Kreditwürdigkeit der Schuldner. Durch Ausdehnung dieser Kredite wurden die Immobilienpreise getrieben, was höhere Kreditsicherheiten suggerierte, womit die Kreditvergabe weiter angeheizt wurde. Die Kredite waren deshalb

---

[2]Siehe z. B. das „Netzwerk Plurale Ökonomik e. V." in Deutschland und das internationale Netzwerk „Rethinking Economics".

aus einem Vermögen zurückzuzahlen, das mit dem Kredit selber nichts zu tun hatte und auf keinem entsprechend hohen realwirtschaftlichen Wachstum beruhte. Dabei handelte es sich überwiegend um Umschuldungen durch Aufstockung alter Kredite an einkommensschwächere Haushalte. Banken und Kreditvermittler konnten so ihre Renditen durch Wucher auf Kosten der „Ärmeren", die an sie gebunden waren, steigern (Reifner 2017c, S. 16–28).

2. Kreditverbriefung und Derivate: Durch neue Techniken des Kreditrisikotransfers[3] wurde es kreditgebenden Banken möglich, die Kreditrisiken von den ursprünglichen Kreditbeziehungen abzutrennen und an Anleger[4] in der ganzen Welt zu verkaufen. Dabei entwickelte sich die Kreditvergabe der Banken vom traditionellen Modell „Kredite vergeben und in der Bilanz halten" („buy and hold") zum Modell „Kredite vergeben und verteilen" („originate and distribute"). Dadurch sanken die Kreditvergabestandards. Aus den Einnahmen aus dem Verkauf der verbrieften Kredite konnten neue Kredite vergeben werden. Verbrieft wurden nicht nur Hypothekenkredite, sondern auch Kreditkartenforderungen, Konsumentenkredite und Unternehmenskredite. Die globale Kreditschöpfung wurde damit erheblich ausgeweitet. Im Gegensatz zur Bankfinanzierung unterliegt diese Marktfinanzierung keinen Begrenzungen durch Eigenkapitalvorschriften und andere aufsichtsrechtliche Regelungen.

3. Zunehmende Verschuldung des privaten Sektors, insbesondere der Banken[5], angeregt durch niedrige Zinsen: Historisch niedrige Leitzinsen der amerikanischen Notenbank führten zu wachsender Kreditaufnahme und einer kreditfinanzierten Immobilienpreisblase. Niedrige Kreditzinsen fördern spekulative, fremdfinanzierte Investitionen und die sog. Hebelwirkung (Leverage-Effekt) auf die Eigenkapitalrendite durch Erhöhung des Verschuldungsgrades. Damit ist es möglich, dass die Eigenkapitalrendite von Investoren über die in der Realwirtschaft erzielbare Gesamtkapitalrendite steigt.[6] Als Beispiel sei hier das wiederholt geäußerte Ziel des ehemaligen Vorstands der

---

[3]Kreditderivate sind definiert als Finanzinstrumente, die das Kreditrisiko und den Finanzierungsvorgang trennen. Bei Verbriefungen wird zunächst eine Vielzahl von Kreditbeziehungen gebündelt, bevor das Kreditrisiko separiert und weitergereicht wird. Beide Instrumente gehören zum Markt für Kreditrisikotransfer (Deutsche Bundesbank 2004, S. 28).

[4]Banken, Versicherungsgesellschaften, Anlagefonds, Hedgefonds und von Banken eigens gegründete Zweckgesellschaften, um Eigenkapitalregulierungen zu umgehen.

[5]In den USA stiegen die Schulden des privaten Sektors in Relation zum BIP von 123 % (1981) auf 290 % (2008), die Schulden der privaten Haushalte in Relation zu ihrem verfügbaren Einkommen von 65 % (1981) auf 135 % (2007) und die Schulden der Banken in Relation zum BIP verfünffachten sich von 22 % (1981) auf 117 % (2008) (Roubini und Mihm 2010, S. 118–119).

[6]Die Leverage-Gleichung lautet: $r_{EK} = r_{GK} + (FK/EK)(r_{GK} - r_{FK})$. Danach ist die Eigenkapitalrendite r_{EK} bei gegebener Gesamtkapitalrendite r_{GK} umso höher, je höher der statische Verschuldungsgrad FK/EK ist, sofern die Gesamtkapitalrendite den Kreditzins oder Fremdkapitalzins r_{FK} übersteigt. Eine Niedrigzinspolitik der Zentralbank schafft damit den Anreiz, die Eigenkapitalrendite durch eine Erhöhung der Verschuldung hochzuhebeln, wovon insbesondere unregulierte Schattenbanken (Hedgefonds) Gebrauch machen (Sachverständigenrat 2007, S. 97–98).

Deutschen Bank, Josef Ackermann genannt, eine Eigenkapitalrendite von 25 % zu erzielen (Admati und Hellwig 2013, S. 282). Solche hohen Aktionärsrenditen lassen sich kaum durch Investitionen in die Realwirtschaft, sondern in der Regel nur durch das Eingehen zusätzlicher Risiken erzielen.[7]

4. Zunehmende Fristentransformation: Geschäftsbanken und weitere Finanzinstitute (wie Investmentbanken oder von Banken gegründete Zweckgesellschaften) finanzierten sich zunehmend kurzfristig am Kapitalmarkt[8], um langfristig, z. B. in verbriefte Hypothekenkredite, zu investieren.

5. Starke Vernetzung: Die Teilnehmer an den Verbriefungsmärkten waren sowohl direkt (über Derivate, Garantien und Marktmacher) als auch indirekt (über Geldmarktfonds und Marktmechanismen) stark voneinander abhängig.

Als die Immobilienpreisblase nach einer Zinsanhebung der US-Notenbank platzte und mehr und mehr Kredite ausfielen, wurden die verbrieften Hypothekenkredite an den Märkten rapide abgewertet, womit sich eine Verlustspirale in Gang setzte. Banken und andere Finanzinstitute, die diese Papiere hielten, mussten diese und weitere Wertpapiere verkaufen, um die Insolvenz abzuwenden, wodurch jedoch die Kurse weiter einbrachen, die Kursverluste noch mehr Eigenkapital aufzehrten und weitere Verkäufe notwendig machten. Gleichzeitig stieg das Misstrauen der Teilnehmer untereinander. Da keine Bank wusste, welche Bank noch solvent war, brach der Interbankenmarkt zusammen, auf dem sich Banken normalerweise gegenseitig Liquidität (Zentralbankgeld) leihen und verleihen. Liquidität war dann nur noch bei der Zentralbank erhältlich.

Insgesamt stellt diese Krise also den Zusammenbruch einer spekulativen Blase auf den Finanzmärkten dar, mit der sich die Finanzwirtschaft immer weiter von der Realwirtschaft abgekoppelt hatte. So war z. B. die Relation des gesamten Geldvermögens zum Bruttoinlandsprodukt (BIP) in Deutschland von 4,8 Anfang 1991 auf 8 im April 2007 gestiegen.[9]

7.3   Die Marx'sche Geld- und Kredittheorie

Die geldtheoretischen Überlegungen von Marx wurden bisher vergleichsweise wenig beachtet, da er keine in sich geschlossene Geldtheorie entwickelt hatte. Das erste bekannte wichtige Werk mit einer umfassenden Analyse des Geldes sind die „Grundrisse der Kritik der politischen Ökonomie" (Marx 1857/1858). Die ersten Kapitel „Vom Geld"

---

[7]Ausnahmen sind bei Unternehmen mit hoher Innovationsrate und/oder Marktmacht möglich (z. B. Apple).

[8]Zum Beispiel im Geldhandel durch Repos oder durch Ausgabe von Geldmarktpapieren in Form von durch Vermögenswerte besicherten Commercial Papers (Asset Backed Commercial Papers).

[9]Deutsche Bundesbank, Statistisches Bundesamt, eigene Berechnungen.

und „Vom Geld als Kapital" bildeten den Kern des Buches „Zur Kritik der politischen Ökonomie" (Marx 1859), das seinerseits den Kern des Kapitels über Geld im ersten Band des *Kapitals* (Marx 1890, 1. Auflage 1867) bildete. Diese drei Bücher sind drei Meilensteine in der Entwicklung von Marx' Geldtheorie. Nach seinem Tod im Jahr 1883 wurden die Bände 2 (Marx 1885) und 3 (Marx 1894) des *Kapitals*, die überwiegend vor der Veröffentlichung von Band 1 in den Jahren 1864–1865 verfasst wurden, von Friedrich Engels publiziert (vgl. Herrmann 2018, S. 118). Der Großteil der Diskussion der Marx'schen Geldtheorie konzentriert sich auf die „Kritik" und den ersten Band des *Kapitals* (Arnon 2011, S. 310). Marx' Gedanken zur Rolle des Kreditsystems für die Herausbildung von Krisen erschließen sich aber erst im dritten Band des *Kapitals* (Marx 1894), den *Ökonomischen Manuskripten* dazu (Marx 1863–1867)[10] und den *Londoner Heften* (Marx 1850–1853).

Die Entwicklung der Marx'schen Geld- und Kredittheorie kann hier nur ansatzweise im Hinblick auf die vorliegende Fragestellung rekonstruiert werden.[11] Um den Beitrag von Marx der herkömmlichen Volkswirtschaftslehre gegenüberzustellen, wird im Folgenden auf die zentralen Fragen zu 1) Wesen und Erscheinungsformen des Geldes, 2) Endogenität und Neutralität des Geldes und 3) Krediten, Zinsen und Krisen eingegangen.

7.3.1 Wesen und Erscheinungsformen des Geldes

In den Standardlehrbüchern der Geldtheorie wird Geld heutzutage üblicherweise anhand von drei Funktionen definiert. Alles, was diese Funktionen ausübt, ist Geld (z. B. Jarchow 2010, S. 1–3; Issing 2014, S. 1–3):

1. Zahlungs- und Tauschmittel: Geld ist, was allgemein zur Bezahlung von Gütern und Dienstleistungen oder Abdeckung anderer wirtschaftlicher Verpflichtungen akzeptiert wird. Mithilfe von Geld ist es möglich, einen direkten Tausch von Ware gegen Ware in einen indirekten Tausch von Ware gegen Geld und Geld gegen Ware zu zerlegen. In einer arbeitsteiligen Wirtschaft werden damit die Transaktionskosten von Zahlungen reduziert. Die Zahlungsmittelfunktion geht über die Tauschmittelfunktion hinaus, indem Geld auch als Mittel zur Tilgung und Übertragung von Schulden verwendet wird. Diese Definition der Zahlungsmittelfunktion im weiteren Sinne wird jedoch nur selten erwähnt (Issing 2014, S. 1) und nicht weiter thematisiert.

---

[10]Der von Engels herausgegebene dritte Band des *Kapitals* basiert zwar auf Marx' Manuskript von 1863/1865 (MEGA II/4.2: Ökonomische Manuskripte 1863–1867. Teil 2.), weicht aber davon ab, da er das Ergebnis eines langjährigen Redaktionsprozesses durch Engels darstellt (http://mega.bbaw.de/struktur/abteilung_ii/ii-15).

[11]Vgl. auch Winterfeld (2015), der die Marx'sche Kredit- und Krisentheorie darstellt, um die aktuelle Zentralbankpolitik zu bewerten.

2. Recheneinheit (Wertmaßstab): Der Marktwert der einzelnen Waren wird in einem „Standardgut", dem Geld, ausgedrückt, was den Güteraustausch erleichtert, da alle Güter in absoluten Preisen (Geldeinheiten) anstelle von relativen Preisen (Ware gegen Ware) bewertet werden, was die Anzahl der Preise erheblich reduziert.

3. Wertaufbewahrungsmittel: Die Verwendung von Geld ermöglicht die zeitliche Trennung von Einnahmen und Ausgaben oder Verkauf und Kauf durch „Lagerung" von Kaufkraft. Voraussetzung dafür ist die Werthaltigkeit des Geldes, d. h. Stabilität des Preisniveaus. Geld steht dabei in Konkurrenz zu anderen Vermögensgegenständen wie Wertpapieren und Sachgütern.

Während die Klassiker der Nationalökonomie (u. a. John Locke, Adam Smith und David Ricardo) Geld nur als Tauschmittel und Recheneinheit betrachteten, bezog John Maynard Keynes (1936) auch die Wertaufbewahrungsfunktion des Geldes ein und erklärte damit die Zinsabhängigkeit der Geldnachfrage (sog. Spekulationskasse).

Alle drei Funktionen des Geldes finden sich auch bei Marx im ersten Band des *Kapitals*, werden jedoch zum Teil anders benannt und durch eine vierte Funktion ergänzt:[12]

1. Zirkulationsmittel: „Als Vermittler der Waarencirkulation erhält das Geld die Funktion des Cirkulationsmittels" (Marx 1890, S. 107).

2. Maß der Werte: „Ich setze überall in dieser Schrift, der Vereinfachung halber, Gold als die Geldwaare voraus. Die erste Funktion des Goldes besteht darin, der Waarenwelt das Material ihres Werthausdrucks zu liefern oder die Waarenwerthe als gleichnamige Größen, qualitativ gleiche und quantitativ vergleichbare, darzustellen. So funktionirt es als allgemeines Maß der Werthe und nur durch diese Funktion wird Gold, die specifische Aequivalentwaare, zunächst Geld" (Marx 1890, S. 90).

3. Schatzmittel: „Waare wird verkauft, nicht um Waare zu kaufen, sondern um Waarenform durch Geldform zu ersetzen. Aus bloßer Vermittlung des Stoffwechsels wird dieser Formwechsel zum Selbstzweck. Die entäußerte Gestalt der Waare wird verhindert als ihre absolut veräußerliche Gestalt oder nur verschwindende Geldform zu funktioniren. Das Geld versteinert damit zum Schatz, und der Waarenverkäufer wird Schatzbildner" (Marx 1890, S. 121).

4. Zahlungsmittel: Oft ist die Veräußerung der Ware von der Realisierung ihres Preises zeitlich getrennt. Die Ware wird verkauft, bevor der Käufer sie bezahlt. „Der Verkäufer wird Gläubiger, der Käufer Schuldner. … Der Charakter von Gläubiger oder Schuldner entspringt hier aus der einfachen Waarencirkulation" (Marx 1890, S. 125).

---

[12]Diese vier Funktionen sind nicht auf das inländische Geld begrenzt. Das im internationalen Handel verwendete Geld bezeichnet Marx als „Weltgeld". Dabei herrscht die Zahlungsmittelfunktion zum Ausgleich internationaler Bilanzen vor (Marx 1890, S. 132).

Der Begriff der Zirkulationsmittelfunktion entspricht der engen Abgrenzung der Zahlungs- und Tauschmittelfunktion in den heutigen Ökonomielehrbüchern. Mit dem Begriff der Zahlungsmittelfunktion geht Marx jedoch darüber hinaus, indem er Geld als Mittel für aufgeschobene Zahlungen und damit Geld als Kredit betrachtet.

Die Formen des Geldes haben sich im Laufe der Geschichte gewandelt. Bargeld (Banknoten und Münzen) spielt heute nur noch eine geringfügige Rolle. Der größte Teil der Geldmenge besteht aus Sichteinlagen (Giralgeld) und befristeten Einlagen von Nichtbanken bei Geschäftsbanken, also aus Geld, das durch Kreditvergabe der Geschäftsbanken geschaffen wird. Bei der Erklärung von Geld als Wertmaß ging Marx zunächst vereinfachend von Gold als Warengeld aus. Nach seiner Werttheorie entwickelt sich der Wert des Geldes aus dem Tauschwert der Waren, der sich für die Produzenten im Austausch realisiert (im Gegensatz zum Gebrauchswert für die Konsumenten). Da die Waren ein Produkt menschlicher Arbeit darstellen, stellt der Tauschprozess einen Prozess der Vergesellschaftung von Arbeit dar. Der Tauschwert ergibt sich aus dem Verhältnis von Ware zu Ware, wobei sich Geld durch Aussonderung einer bestimmten Ware als Geldware entwickelt. Gold als Geldware müsste dann aber auch selbst einen Wert besitzen, was Kontroversen über die Marx'sche Werttheorie ausgelöst hat. Aus seiner Warenanalyse lässt sich schließlich die Form des Geldes nicht adäquat ableiten (Herrmann 2018, S. 132–133; Hahn 1999, S. 124).

Nähere Erläuterungen dazu finden sich im Kapitel „Der Austauschprozess" im ersten Band des *Kapitals*. Geld lässt sich danach nur aus dem Austauschprozess an Märkten, nicht aber der Warenanalyse adäquat ableiten. Der Austauschprozess stellt einen vom Bewusstsein oder von den Intentionen der interagierenden Wirtschaftssubjekte unabhängigen Prozess dar, im Gegensatz zur Auffassung der herkömmlichen Wirtschaftswissenschaft.[13] Geld ist nicht nur eine quantitative Größe, sondern in seiner Form Ausdruck eines gesellschaftlichen (qualitativen) Produktionsverhältnisses und damit „ein bloßes Zeichen" (Marx 1890, S. 88) oder, wie bereits in den „Grundrissen" beschrieben, ein gesellschaftliches Symbol:[14]

> Um also die Waare auf einen Schlag als Tauschwerth zu realisiren und ihr die allgemeine Wirkung des Tauschwerths zu geben, reicht der Austausch mit einer besondren Waare nicht aus. Sie muß mit einem dritten Ding ausgetauscht werden, das nicht selbst wieder eine

---

[13]Nach Marx können deshalb einzelne Individuen auch nicht für gesamtwirtschaftliche Entwicklungen verantwortlich gemacht werden, da sie nur eine Rolle tragen, die ihnen das System zuweist. Arbeitnehmer und Kapitalisten existieren dann nur im Verhältnis zueinander (Herrmann 2018, S. 122).

[14]Deshalb besteht ein methodischer Unterschied zwischen dem *Kapital* und den *Grundrissen*. Im *Kapital* wird die Logik vom stofflichen Träger zur selbstständigen Wertform entwickelt, in den *Grundrissen* wird dagegen der nichtstoffliche Träger vorausgesetzt. Die Geldform ist nach Marx die vollständige Absonderung der stofflichen Elemente. *Das Kapital* beinhaltet eine methodische Schwierigkeit bei der Ableitung der Geldform, weil hier Wertform und stofflicher Träger nicht getrennt sind (Kogan 1991; vgl. Hahn 1999, S. 129).

besondre Waare ist, sondern das Symbol der Waare als Waare, des Tauschwerths der Waare selbst; … (Ein solches Symbol unterstellt die allgemeine Anerkennung; es kann nur ein gesellschaftliches Symbol sein; es drückt in der That nur ein gesellschaftliches Verhältniß aus.) … Dieß Symbol, dieß materielle Zeichen des Tauschwerths ist ein Product des Tausches selbst, nicht die Ausführung einer a priori gefaßten Idee. (In fact wird die Waare, die als Mittler des Austauschs gebraucht wird, erst nach und nach in Geld verwandelt, in ein Symbol; sobald das geschehn ist, kann ein Symbol derselben sie selbst wieder ersetzen. Sie wird jezt bewußtes Zeichen des Tauschwerths.) (Marx 1857/1858, Teil 1, S. 79).

Marx wies damit bereits 1857/1858, also vor 160 Jahren, auf die Entmaterialisierung des Geldes hin, wie wir sie heute im elektronischen Geld vorfinden, aber auch darauf, dass dies die allgemeine Anerkennung, also das Vertrauen in die Erfüllung seiner Funktionen voraussetzt.[15]

> In den metallischen Geldmarken ist der rein symbolische Charakter noch einigermaßen versteckt. Im Papiergeld tritt er augenscheinlich hervor. … Es handelt sich hier nur von Staatspapiergeld mit Zwangskurs. … Es wächst unmittelbar aus der metallischen Cirkulation heraus. Kreditgeld unterstellt dagegen Verhältnisse, die uns vom Standpunkt der einfachen Waarencirkulation noch durchaus unbekannt sind. Im Vorbeigehn sei jedoch bemerkt, daß, wie eigentliches Papiergeld aus der Funktion des Geldes als Cirkulationsmittel entspringt, das Kreditgeld in der Funktion des Geldes als Zahlungsmittel seine naturwüchsige Wurzel besitzt (Marx 1890, S. 118).

Marx kann damit nicht als „Metallist" abqualifiziert werden, der allein im Wert der Edelmetalle den Geldwert und das Wesen des Geldes erblickt.[16] Die Einordnung seiner Geldtheorie ist jedoch umstritten, was mit den unterschiedlichen Geldfunktionen (die von ein und demselben Stück Papier erfüllt sein können) zusammenhängt (z. B. Arnon 2011; Moseley 2015). Zum einen erklärte er Papiergeld als Zirkulationsmittel, das durch Gold gedeckt und damit an den Wert des Goldes gebunden war:

> Ein specifisches Gesetz der Papiercirkulation kann nur aus ihrem Repräsentationsverhältniß zum Gold entspringen. … Das Papiergeld ist Goldzeichen oder Geldzeichen. … Nur bedarf das Zeichen des Geldes seiner eignen objektiv gesellschaftlichen Gültigkeit und diese erhält das Papiersymbol durch den Zwangskurs (Marx 1890, S. 118–120).

Zum anderen betrachtete er Papiergeld, das sich als Zahlungsmittel (Kreditgeld) von der Warenzirkulation löst:

---

[15]Dieses Vertrauen kann durch den Staat hergestellt werden, indem er Bargeld (Banknoten und Münzen) als gesetzliches Zahlungsmittel anerkennt und Kreditgeld durch seine Rechtsordnung legitimiert. Heutzutage wird Vertrauen in Kreditgeld auch durch Bankenregulierungen und eine gesetzliche Einlagensicherung geschaffen, die es zu Lebzeiten von Marx noch nicht gab.

[16]Siehe z. B. Schumpeter: „Nicht alle Autoren haben die metallistische Lehre so ausdrücklich akzeptiert wie Fullarton (der in den Geldbegriff nur vollwertige Münzen einschloß) und, vor allen Dingen, Marx" (Schumpeter 1965, S. 854, zitiert nach Hahn 1999, S. 117–118).

„Soweit wirkliche Zahlung zu verrichten, tritt es nicht als Cirkulationsmittel auf, als nur verschwindende und vermittelnde Form des Stoffwechsels, sondern als die individuelle Inkarnation der gesellschaftlichen Arbeit, selbständiges Dasein des Tauschwerths, absolute Waare" (Marx 1890, S. 127). „Das Kreditgeld entspringt unmittelbar aus der Funktion des Geldes als Zahlungsmittel, indem Schuldcertifikate für die verkauften Waaren selbst wieder zur Uebertragung der Schuldforderungen circuliren. … Bei gewissem Höhegrad und Umfang der Waarenproduktion greift die Funktion des Geldes als Zahlungsmittel über die Sphäre der Waarencirkulation hinaus. Es wird die allgemeine Waare der Kontrakte" (Marx 1890, S. 129).

Im ersten Band des *Kapitals* wird Kreditgeld auf Wechsel *(„Schuldzertifikate für die verkauften Waren")* begrenzt und bleibt damit mit der realwirtschaftlichen Sphäre der Warenproduktion verbunden. Das „eigentliche Kreditgeld" oder „Handelsgeld", das sich davon abheben kann, wird erst im dritten Band des *Kapitals* behandelt (siehe unten Abschn. 7.3.3).

Ob Marx sich vom „Metallisten" zum Kredittheoretiker des Geldes entwickelt hat und auch reines Papiergeld, das nicht durch Gold gedeckt ist, als Wertmaß ansah, ist umstritten (Arnon 2011, S. 328–329; Moseley 2015, S. 14). Schließlich hatte er beides gedacht und damals wie heute setzt sich die Geldmenge aus zirkulierendem Bargeld (als gesetzliches Zahlungsmittel) und durch Bankkredite geschaffenem Giralgeld (als fakultatives Zirkulations- und Zahlungsmittel) zusammen. Während das Papiergeld damals durch Gold gedeckt war, ist es heute an Zentralbankgeld (Bargeld und Einlagen der Geschäftsbanken bei der Zentralbank) gebunden. Geld ist damit eine Mischung aus staatlich legitimiertem Bargeld und privatem Kreditgeld.

7.3.2 Endogenität und Neutralität des Geldes

Nach der oben skizzierten Ableitung des Geldes aus dem Warentausch repräsentiert Geld die in der Realwirtschaft produzierten Werte. Die Marx'sche Werttheorie kann damit als monetäre Werttheorie oder Geldtheorie interpretiert werden. Sie impliziert, dass Geld nicht neutral gegenüber den gesellschaftlichen oder realwirtschaftlichen Verhältnissen ist, da es sich aus diesen ableitet. Marx steht damit im Widerspruch zur Quantitätstheorie des Geldes von Ricardo, welche einen Einfluss der umlaufenden Geldmenge auf die (absoluten) Preise postuliert. Die Grundlage dafür ist die Quantitätsgleichung, welche ausdrückt, dass das Produkt aus Geldmenge (M) und deren Umlaufgeschwindigkeit (V) immer gleich dem Produkt aus allen gehandelten Waren oder dem realen Volkseinkommen (Y) und dem Preisniveau der darin enthaltenen Waren (P) entspricht:

$$MV = PY.$$

Die Vertreter der Quantitätstheorie gehen von einer gegebenen Umlaufgeschwindigkeit V und einem gegebenen realen Volkseinkommen Y aus, sodass die von der Zentralbank steuerbare Geldmenge M das Preisniveau P ohne Auswirkungen auf die Realwirtschaft bestimmt (Exogenität und Neutralität des Geldes). Inflation oder Deflation sind dann langfristig rein monetäre Phänomene. Diese Hypothese wird noch heute von den Monetaristen oder der Neoquantitätstheorie des Geldes, geprägt von Milton Friedman, vertreten, die allerdings kurzfristige reale Effekte von Geldmengenänderungen erklärt (Issing 2014, S. 140–147).

Nach Marx ist Geld dagegen grundsätzlich endogen und nicht neutral. In seiner Terminologie ausgedrückt: Menschen verkaufen eine Ware gegen Geld (W–G) und verwenden das Geld zum Kauf einer anderen Ware (G–W), kurz W–G–W. In der Produktion verwenden die Menschen Geld zum Kauf von Waren, in diesem Fall von Produktionsmitteln und Arbeitskräften (G–W). Die von ihnen produzierten Waren werden dann für Geld verkauft (W–G), kurz G–W–W–G. Der Geldumlauf wird durch den Warenumlauf bestimmt. Obwohl dies nicht bedeute, dass der Erstere nicht in der Lage ist, den Letzteren zu beeinflussen, lautet seine Schlussfolgerung, dass die Preise nicht hoch oder niedrig sind, weil viel oder wenig Geld im Umlauf ist, sondern dass viel oder wenig Geld im Umlauf ist, weil die Preise hoch oder niedrig sind (Arnon 2011, S. 314).

> Das Gesetz, daß die Quantität der Cirkulationsmittel bestimmt ist durch die Preissumme der cirkulirenden Waaren und die Durchschnittsgeschwindigkeit des Geldumlaufs, kann auch so ausgedrückt werden, daß bei gegebner Werthsumme der Waaren und gegebner Durchschnittsgeschwindigkeit ihrer Metamorphosen, die Quantität des umlaufenden Geldes oder des Geldmaterials von seinem eignen Werth abhängt. Die Illusion, daß umgekehrt die Waarenpreise durch die Masse der Cirkulationsmittel und letztre ihrerseits durch die Masse des in einem Lande befindlichen Geldmaterials bestimmt werden, wurzelt bei ihren ursprünglichen … Vertretern in der abgeschmackten Hypothese, daß Waaren ohne Preis und Geld ohne Werth in den Cirkulationsproceß eingehn (Marx 1890, S. 114–115).

Stark beeinflusst von der sog. Banking School kritisiert Marx damit die Currency School, die sich auf die Quantitätstheorie von Ricardo stützt. Die Kontroverse zwischen beiden Denkrichtungen entstand aus einer Diskussion um eine Bankreform zur Abwendung von Überproduktionskrisen Ende der 1830er-/Anfang der 1840er-Jahre in Großbritannien. Die von der Bankindustrie unterstützte Currency School[17] forderte eine gesetzliche Einschränkung der Emission von Banknoten, da sie in einer übermäßigen Ausgabe von Banknoten die Hauptursache von Inflation und Finanzkrisen sah. Ihre Vorschläge wurden mit dem Peel'schen Bankakt von 1844 umgesetzt, eine Gesetzgebung, die das Notenausgabemonopol der Bank of England übertrug und die Ausgabe ungedeckter Banknoten durch eine 100 %ige Golddeckung einschränkte. Die Banking School, begründet durch Thomas Tooke[18], vertrat dagegen die Hypothese der Endogenität des Geldes. Da die Emission von Banknoten aus der Kreditnachfrage, also dem

---

[17]Wichtige Vertreter waren Samuel Loyd (Lord Overstone), ein einflussreicher Bankier, sowie George Norman und John Hubbard, beide Direktoren der Bank von England (Wassina 1983, S. 152).

[18]Weitere Vertreter waren John Fullarton und James Wilson, Redakteur des *Economist* (Wassina 1983, S. 152).

Bedarf an Geld für den Warenumsatz, entsteht und über die regelmäßige Rückzahlung der Kredite an die Banken wieder rückgängig gemacht wird, dürfe sie nicht künstlich eingeschränkt werden. Tooke lieferte empirische Evidenz für seine Hypothese, dass es keinen direkten Zusammenhang zwischen der umlaufenden Geldmenge und dem Preisniveau gab. Die Auffassung der Banking School wurde zudem durch die im Jahr 1847 ausgebrochene Wirtschaftskrise unterstützt, die nach Ansicht von Marx, wie auch des *Economist*, durch den Peel'schen Bankakt beschleunigt und verschärft wurde. Auslöser der Krise war eine Getreide- und Kartoffelmissernte, die zu zunehmenden Importen von Lebensmitteln und damit einem Abfluss von Gold aus England führte. Aufgrund der Golddeckungsvorschrift musste die Bank of England daraufhin die Menge der Banknoten einschränken. Dies erhöhte die Nachfrage der Handeltreibenden nach Reserven in Krisenzeiten, was bei gleichzeitiger Angebotsverknappung den Zinssatz für Kredite stark ansteigen ließ (Wassina 1983, S. 152–153):

> Der Bankakt von 1844 provocirt also die sämmtliche Handelswelt direkt dazu, bei hereinbrechender Krise sich einen Reserveschatz von Banknoten bei Zeiten anzulegen, also die Krise zu beschleunigen und zu verschärfen; er treibt durch diese, im entscheidenden Augenblick wirksam werdende, künstliche Steigerung der Nachfrage nach Geldakkomodation, d. h. nach Zahlungsmittel, bei gleichzeitiger Beschränkung der Zufuhr davon, den Zinsfuß in Krisen zu bisher unerhörter Höhe; statt also die Krisen zu beseitigen, steigert er sie vielmehr bis auf den Punkt, wo entweder die ganze industrielle Welt in die Brüche gehn muß, oder der Bankakt. Zweimal, am 25. Okt. 1847 und am 12. Nov. 1857 war die Krisis auf diese Höhe gestiegen; da befreite die Regierung die Bank von der Beschränkung ihrer Notenausgabe, indem sie den Akt von 1844 suspendirte, und dies reichte beidemal hin die Krise zu brechen (Marx 1894, S. 548).

Die Diskussion zwischen Currency School und Banking School ist durch die Finanzkrise 2007/2008 neu entfacht worden, in deren Folge eine Vollgeldreform mit absoluter (100 % Reservesatz) und direkter Kontrolle der Zentralbank über die Geldmenge gefordert wird (z. B. Benes und Kumhof 2012; Deutsche Bundesbank 2017, S. 33–36). Marx wäre Gegner einer solchen Vollgeldreform und Befürworter einer akkommodierenden Geldpolitik, die den Banken in der Krise so viel Liquidität bereitstellt, wie sie nachfragen, so wie sie die Europäische Zentralbank gegenwärtig betreibt.

Marx' gründliche Auseinandersetzung mit Arbeiten der Currency School und der Banking School, und dabei insbesondere den Werken von Tooke und Fullarton zur Rolle des Kredits, war der Ausgangspunkt für die Herausbildung seiner Geldtheorie (Wassina 1983, S. 154).

7.3.3 Kredite, Zinsen und Krisen

Kredite und Geldkapital

Aufbauend auf den Arbeiten von Tooke und Fullerton zur Verbreitung des Kredits[19] schlussfolgert Marx: „Im Fortschritt der Gesellschaft, credit comes to perform an important part in all mutual dealings … Credit becomes then the legitimate substitute for money" (Marx 1850–1853, S. 43). Seine Idee der Funktion des Geldes als Zahlungsmittel für aufgeschobene Zahlungen durch Kredite geht auf die Unterscheidung zwischen Kreditgeld und Papiergeld (als Ersatz für Metallgeld) des Banking-Theoretikers Tooke zurück (Wassina 1983, S. 156).

Marx hat zwar bereits im ersten Band des *Kapitals* die Zahlungsmittelfunktion des Geldes als mögliche Grundlage für die Entwicklung des kapitalistischen Wirtschaftssystems zum Kreditsystem beschrieben. Eine ausführliche Betrachtung der Kreditökonomie erfolgt aber erst im dritten Band des *Kapitals* (Marx 1894) und den *Ökonomischen Manuskripten* dazu (Marx 1863–1867), wenn auch überwiegend fragmentarisch. Zentral ist dabei der Begriff des durch Kredite ermöglichten zinstragenden Kapitals oder Geldkapitals.

Geldkapital entsteht in der kapitalistischen Produktion aus der Verwandlung von Geld von einem gegebenen Wert zu einem sich selbst verwertenden, vermehrenden Wert. Als Kapital erhält Geld einen zusätzlichen Gebrauchswert, indem es Profit erzeugt, da es Kapitalisten befähigt, sich durch zinstragendes Kapital Mehrwert anzueignen:

> Der Geldbesitzer, der sein Geld als Zinstragendes Kapital verwerthen will, veräussert es an einen Dritten, wirft es in Circulation, macht es zur Waare als Capital, nicht nur als Capital für ihn, der es veräußert; sondern es wird dem Dritten als Capital ausgehändigt, als Werth, der den Gebrauchswert besitzt, Mehrwert, Profit zu schaffen (Marx 1863–1867, S. 416; vgl. Marx 1894, S. 335).

Marx unterscheidet dabei zwischen dem Geldkapitalisten (Geldbesitzer, Verleiher oder „monied capitalist") und dem industriellen Kapitalisten (produzierender Unternehmer, Anleiher, „fungirender Kapitalist" oder „productive capitalist")[20]. Ein Geldbesitzer kann sein Geld als zinstragendes Kapital verwerten, indem er es an einen industriellen Kapitalisten verleiht, womit es in die Zirkulation gebracht wird. Nach Ablauf der vereinbarten

---

[19]Fullerton beobachtete bereits für die 1840er-Jahre in England, dass bis zu 90 % aller Handelstransaktionen durch bargeldlose Überweisungen über Bankkonten getätigt wurden (Wassina 1983, S. 154). Dies entspricht in etwa den heutigen Verhältnissen im Euroraum. Im Januar 2018 betrug im Eurosystem der Bargeldumlauf (1114 Mrd. EUR) nur noch 9,4 % der Geldmenge M3 (11.905 Mrd. EUR; EZB, eigene Berechnungen).

[20]Die Begriffe Geldkapitalist/Verleiher, industrieller Kapitalist/„fungirender Kapitalist"/Anleiher finden sich im von Engels herausgegebenen Band 3 des *Kapitals* (Marx 1894), die Begriffe „monied capitalist" und „productive capitalist" in den *Ökonomischen Manuskripten* von Marx (Marx 1863–1867).

Frist, wenn der Kredit zurückgezahlt wird, kehrt das Geld wieder zum Geldkapitalisten zurück, als sog. realisiertes Kapital, das Mehrwert geschaffen hat. Der industrielle Kapitalist verwendet den Kredit für die Produktion von Waren. Aus dem daraus erzeugten Profit zahlt er dem Geldkapitalisten den Zins für die Geldleihe. Während Geld als Zirkulationsmittel nur den Tauschwert der Waren widerspiegelt, ist das aus der Zahlungsmittelfunktion des Geldes entstehende Kreditgeld potenzielles Kapital und selbst eine Ware. Zinstragendes Kapital als Ware entsteht daraus, dass Geld als Kapital zu einem Preis, dem Zins, verkauft wird. Der Zins als Preis des Kapitals bezieht sich auf den aus der Kapitalverwertung resultierenden Mehrwert:

> Um als Kapital zurückzufließen, muß die vorgeschoßne Werthsumme sich in der Bewegung nicht nur erhalten, sondern sich verwerthet, ihre Werthgröße vermehrt haben, also mit einem Mehrwerth, als G + ∆G zurückkehren, und dieses ∆G ist hier der Zins oder der Theil des Durchschnittsprofits, der nicht in der Hand des fungirenden Kapitalisten bleibt, sondern dem Geldkapitalisten zufällt (Marx 1894, S. 342).

Das Kreditgeschäft ist dabei eine juristische Transaktion, die mit dem realen Reproduktionsprozess des Kapitals nichts zu tun hat:

> Ausgangspunkt und Rückkehrpunkt, Weggabe und Rückerstattung des verliehenen Kapitals erscheinen also als willkürliche, durch juristische Transaktionen vermittelte Bewegungen, die vor und nach der wirklichen Bewegung des Kapitals vorgehn und mit ihr selbst nichts zu thun haben (Marx 1894, S. 339).

> In der wirklichen Bewegung des Kapitals ist die Rückkehr ein Moment des Cirkulationsprocesses. Erst wird das Geld in Produktionsmittel verwandelt; der Produktionsproceß verwandelt es in Waare; durch den Verkauf der Waare wird es rückverwandelt in Geld und kehrt in dieser Form zurück in die Hand des Kapitalisten, der das Kapital zuerst in Geldform vorgeschossen hatte. Aber beim zinstragenden Kapital ist Rückgabe wie Weggabe bloß Resultat einer juristischen Transaktion zwischen dem Eigenthümer des Kapitals und einer zweiten Person. Wir sehn nur Weggabe und Rückzahlung. Alles was dazwischen vorgeht, ist ausgelöscht. Aber weil das Geld, als Kapital vorgeschossen, die Eigenschaft hat zu seinem Vorschießer, zu dem, der es als Kapital veraus gabt, zurückzukehren, weil G–W–G′ die immanente Form der Kapitalbewegung ist, grade deßhalb kann der Geldbesitzer es als Kapital verleihen, als etwas, das die Eigenschaft besitzt, zu seinem Ausgangspunkt zurückzukehren, sich in der Bewegung, die es durchläuft, als Werth zu erhalten und zu vermehren (Marx 1894, S. 341).

Dabei findet eine Wechselwirkung zwischen der Entwicklung des Produktionsprozesses und der Entwicklung des Kreditsystems statt: Ein Wachstum der Produktion erweitert das Kreditgeschäft, welches wiederum zur Ausdehnung der Produktion führt. Ein Kredit als Vorschuss von Kapital muss aber nicht unbedingt für produktive Investitionen in der Realwirtschaft verwendet werden:

> Die Cirkulationsakte G–W und W–G′, worin die Werthsumme als Geld oder als Waare fungirt, sind nur vermittelnde Processe … Als Kapital macht sie die Totalbewegung G–G′ durch. Sie wird als Geld oder Werthsumme in irgendeiner Form vorgeschossen, und kehrt

als Werthsumme zurück. Der Verleiher des Geldes verausgabt es nicht im Kauf von Waare, oder wenn die Werthsumme in Waare existirt, verkauft er sie nicht gegen Geld, sondern schießt sie vor als Kapital, als G–G′, als Werth, der in einem bestimmten Termin wieder zu seinem Ausgangspunkt zurückkehrt. Statt zu kaufen oder zu verkaufen, verleiht er. Dies Verleihen ist also die entsprechende Form um es als Kapital zu veräußern, statt als Geld oder Waare. Woraus keineswegs folgt, daß Verleihen nicht auch Form sein kann für Transaktionen, die mit dem kapitalistischen Reproduktionsproceß nichts zu schaffen haben (Marx 1894, S. 341–342).

Kreditverbriefung und fiktives Kapital

Unter den Überschriften „Veräußerlichung des Kapitalverhältnisses in der Form des zinstragenden Kapitals" und „Kredit und fiktives Kapital" (Marx 1894, Kap. 24 und 25) behandelt Marx den Verkauf von Geldkapital in Form von Wertpapieren, d. h. Kreditverbriefung. Kann ein Kreditgeber seine Forderungstitel an dritte Personen verkaufen, so kann er den nominellen Wert des vorgeschossenen Geldkapitals vorzeitig in Geld zurückverwandeln.

Im zinstragenden Kapital erreicht das Kapitalverhältniß seine äußerlichste und fetischartigste Form. Wir haben hier G–G′, Geld das mehr Geld erzeugt, sich selbst verwerthenden Werth, ohne den Proceß, der die beiden Extreme vermittelt […] Im zinstragenden Kapital ist daher dieser automatische Fetisch rein herausgearbeitet, der sich selbst verwerthende Werth, Geld heckendes Geld, und trägt es in dieser Form keine Narben seiner Entstehung mehr. […] Und als solches zinstragendes Ding verkauft der Geldverleiher sein Geld (Marx 1894, S. 380–382).

Beim kommerziellen Kredit werden Waren gegen schriftliche Versprechen der Zahlung an einem bestimmten Termin verkauft, die Marx unter dem Begriff des Wechsels zusammenfasst. Da solche Wechsel bis zu ihrem Verfallsdatum selbst wieder als Zahlungsmittel zirkulieren (und damit gleichzeitig als Zahlungs- und Zirkulationsmittel fungieren), bilden sie das „eigentliche Handelsgeld" und „die Basis des eigentlichen Kreditgelds, der Banknoten u. s. w. Diese beruhen nicht auf der Geldcirkulation, sei es von metallischem Geld oder von Staatspapiergeld, sondern auf der Wechselcirkulation" (Marx 1894, S. 389).

Eine Banknote als eigentliches Kreditgeld ist dabei ein jederzeit einlösbarer Wechsel auf den Bankier. Zur damaligen Zeit gab es noch keine strikte Trennung zwischen Geschäftsbanken und Zentralbanken. In den meisten Ländern waren die Hauptbanken, welche Noten ausgaben, „sonderbarer Mischmasch zwischen Nationalbank und Privatbank … und ihre Noten mehr oder minder gesetzliches Zahlungsmittel; [wobei] … das, worin der Bankier handelt, der Kredit selbst ist, indem die Banknote nur ein cirkulirendes Kreditzeichen vorstellt. Aber der Bankier handelt auch im Kredit in allen andern Formen, selbst wenn er baar bei ihm deponirtes Geld vorschießt" (Marx 1894, S. 395).

Schließlich stellen alle Wertpapiere, handelbare Schuldscheine und Hypotheken ebenso wie Aktien, Handelsgeld oder fiktives Kapital dar (Marx 1894, S. 461–466).

Alle diese Papiere stellen in der That nichts vor als akkumulirte Ansprüche, Rechtstitel, auf künftige Produktion, deren Geld- oder Kapitalwerth … von dem Werth des wirklichen Kapitals, das sie vorstellen, unabhängig regulirt wird (Marx 1894, S. 466).

Die modernen Instrumente der Kreditverbriefung und Derivate stellen in der Terminologie von Marx fiktives Kapital dar, das sich noch weiter als das damalige Kreditgeld von der ursprünglichen Kreditbeziehung für die Realwirtschaft entfernt hat. Aber schon damals hatte eine übermäßige Kreditverbriefung zur Krise geführt:

Je größer die Leichtigkeit, womit Vorschüsse auf unverkaufte Waaren zu erlangen sind, desto mehr solcher Vorschüsse werden aufgenommen, desto größer ist die Versuchung Waaren zu fabriziren oder schon fabricirte auf entfernte Märkte zu schleudern, nur um zunächst Geldvorschüsse darauf zu erhalten. Wie die gesammte Geschäftswelt eines Landes von solchem Schwindel ergriffen werden kann, und wie das dann endet, davon gibt uns die englische Handelsgeschichte von 1845–1847 ein schlagendes Beispiel (Marx 1894, S. 398).

Höhe des Zinses

Da der Mehrwert erst im Nachhinein, nach Verwendung des geborgten Geldes durch den industriellen Kapitalisten in der Produktion entsteht, existiert zum Zeitpunkt der Zinsvereinbarung kein werttheoretischer Bezug:

Der Preis ist hier auf seine rein abstrakte und inhaltslose Form reducirt, daß er eine bestimmte Geldsumme ist, die für irgend etwas, was so oder so als Gebrauchswerth figurirt, gezahlt wird; … Der Werth des Geldes oder der Waaren als Kapital ist nicht bestimmt durch ihren Werth als Geld oder Waaren, sondern durch das Quantum Mehrwerth, das sie für ihren Besitzer produciren. Das Produkt des Kapitals ist der Profit (Marx 1894, S. 345–347).

Dies bedeutet, dass eine „natürliche Rate" des Zinsfußes nicht existiert und der Zins als Preis für vorgeschossenes Geld nicht bestimmt werden kann:

Unter der natürlichen Rate des Zinsfußes versteht man … die durch die freie Konkurrenz festgesetzte Rate. Es gibt keine „natürlichen" Grenzen der Rate des Zinsfußes. Wo die Konkurrenz nicht nur die Abweichungen und Schwankungen bestimmt, wo also beim Gleichgewicht ihrer gegeneinander wirkenden Kräfte überhaupt alle Bestimmung aufhört, ist das zu Bestimmende etwas an und für sich Gesetzloses und Willkürliches (Marx 1894, S. 348).

Entsprechend der Spaltung der Kapitalisten in Geldkapitalisten und industrielle Kapitalisten wird der Profit bzw. Mehrwert in den Zins und den Unternehmergewinn geteilt. Da der Zins nur ein Teil des Profits ist, der vom industriellen Kapitalisten an den Geldkapitalisten zu zahlen ist, kann er maximal der Profit selbst sein, „Abgesehn von einzelnen Fällen, wo der Zins thatsächlich größer als der Profit sein, dann aber auch nicht aus dem Profit gezahlt werden kann, … Die Minimalgrenze des Zinses ist ganz und gar unbestimmbar. Er kann zu jeder beliebigen Tiefe fallen" (Marx 1894, S. 349).

Marx merkt aber später an, dass der Zins für Geldkapital durch Verschuldung über die Profitrate des Realkapitals steigen kann und erklärt damit spekulative fremdfinanzierte Investitionen, eine der treibenden Kräfte der Finanzkrise 2007/2008:

Die Möglichkeit länger dauernden hohen Zinsfußes – wir sprechen hier nicht von der Phase der eigentlichen Klemme – ist gegeben mit hoher Rate des Profits. Es ist aber möglich, daß diese hohe Profitrate, nach Abzug der hohen Zinsrate, nur eine niedrige Rate des Unternehmergewinns übrig läßt. Diese letztere mag einschrumpfen, während die hohe Profitrate fortdauert. Es ist dies möglich, weil die einmal in Angriff genommenen Unternehmungen fortgeführt werden müssen. In dieser Phase wird stark mit bloßem Kreditkapital (fremdem Kapital) gearbeitet; und die hohe Profitrate kann stellenweise spekulativ, prospektiv sein. Hohe Zinsrate kann gezahlt werden mit hoher Profitrate, aber abnehmendem Unternehmergewinn. Sie kann gezahlt werden – und dies ist z. Th. der Fall in Zeiten der Spekulation – nicht aus dem Profit, sondern aus dem geborgten fremden Kapital selbst, und dies kann eine Zeit lang fortdauern (Marx 1894, S. 507).

Wachstum von Geldvermögen und Finanzintermediation

Mit dem Wachstum der Kreditökonomie und dem Reichtum des Landes wächst die Klasse der Geldkapitalisten, „die durch die Arbeiten ihrer Vorfahren sich im Besitz von Fonds befinden, von deren bloßem Zins sie leben können", oder die sich zurückziehen, „um im Alter ruhig vom Zins der akkumulirten Summen zu leben" (Marx 1894, S. 352).

Gleichzeitig wächst die Kreditvermittlung durch Banken. Deren Geschäft besteht darin, das verleihbare Geldkapital zu großen Massen zu konzentrieren, um es an industrielle Kapitalisten weiter zu leihen:

Sie werden die allgemeinen Verwalter des Geldkapitals. Andrerseits koncentriren sie, allen Verleihern gegenüber, die Borger, indem sie für die ganze Handelswelt borgen. Eine Bank stellt auf der einen Seite die Centralisation des Geldkapitals, der Verleiher, auf der andern die Centralisation der Borger dar. Ihr Profit besteht im allgemeinen darin, daß sie zu niedrigern Zinsen borgt als sie ausleiht (Marx 1894, S. 393–394).

Da Banken überwiegend in fiktives Kapital investieren und nur einen Teil der Kundeneinlagen als Reserven halten, sind die Einlagen nicht sicher. Dabei beschreibt Marx auch die multiple Geldschöpfung der Banken im fraktionalen Reservesystem:[21]

Der größte Theil des Bankierkapitals ist ... rein fiktiv und besteht aus Schuldforderungen (Wechseln), Staatspapieren (die vergangnes Kapital repräsentiren) und Aktien (Anweisungen auf künftigen Ertrag) ... Außerdem kommt noch hinzu, daß dies fiktive Bankierkapital großentheils nicht sein Kapital, sondern das des Publikums vorstellt, das bei ihm deponirt, sei es mit, sei es ohne Zinsen. ... Mit der Entwicklung des zinstragenden Kapitals und des Kreditsystems scheint sich alles Kapital zu verdoppeln und stellenweis zu verdreifachen durch die verschiedne Weise, worin dasselbe Kapital oder auch nur dieselbe Schuldforderung in verschiednen Händen unter verschiednen Formen erscheint. Der größte

---

[21]In einem fraktionalen Reservesystem müssen Banken nur einen Teil der Kundeneinlagen stets verfügbar als Reserve (Zentralbankgeld, d. h. Bargeld oder Einlagen bei der Zentralbank) zur Auszahlung halten. Den restlichen Teil können sie zur Vergabe von Krediten verwenden, womit sie ein Vielfaches des Zentralbankgeldes als Geschäftsbankengeld (Giralgeld, Kreditgeld) schaffen (sog. multiple Geldschöpfung).

Theil dieses „Geldkapitals" ist rein fiktiv. Die sämmtlichen Depositen, mit Ausnahme des Reservefonds, sind nichts als Guthaben an den Bankier, die aber nie im Depositum existiren (Marx 1894, S. 467–468).

Die zunehmende Konzentration des Geldkapitals bei Banken verleiht ihnen Marktmacht auch gegenüber der Industrie:

Das Kreditsystem, das seinen Mittelpunkt hat in den angeblichen Nationalbanken und den großen Geldverleihern und Wucherern um sie herum, ist eine enorme Centralisation, und gibt dieser Parasitenklasse eine fabelhafte Macht, nicht nur die industriellen Kapitalisten periodisch zu decimiren, sondern auf die gefährlichste Weise in die wirkliche Produktion einzugreifen – und diese Bande weiß nichts von der Produktion und hat nichts mit ihr zu thun (Marx 1894, S. 539).

Man könnte … unter Akkumulation des Geldkapitals auch verstehn die Akkumulation des Reichthums in der Hand von Bankiers (Geldverleihern von Profession) als der Vermittler zwischen den Privat-Geldkapitalisten hier, und dem Staat, den Gemeinden und den reproducirenden Borgern dort; indem die ganze ungeheure Ausdehnung des Kreditsystems, überhaupt der gesammte Kredit, von ihnen als ihr Privatkapital exploitirt wird. Diese Burschen besitzen das Kapital und die Einnahme stets in Geldform oder in direkten Forderungen auf Geld. Die Akkumulation des Vermögens dieser Klasse kann vor sich gehn in sehr verschiedner Richtung mit der wirklichen Akkumulation, beweist aber jedenfalls, daß diese Klasse einen guten Theil von dieser letzteren einsteckt (Marx 1894, S. 475).

Marx betont aber auch die ökonomischen Vorteile des Kreditsystems: I) Es lenkt Kapital in produktive Verwendungen und vermittelt damit „die Ausgleichung der Profitrate". II) Es verringert die Zirkulationskosten, indem Geld für einen großen Teil der Transaktionen ganz wegfällt, die Zirkulation des umlaufenden Geldes beschleunigt wird, Goldgeld durch Papier ersetzt wird und der Reproduktionsprozess beschleunigt wird. III) Es ermöglicht die Bildung von Aktiengesellschaften und damit eine „Ungeheure Ausdehnung der Stufenleiter der Produktion und Unternehmungen, die für Einzelkapitale unmöglich waren" (Marx 1894, S. 426–427). Zudem werden „Kleine Summen, jede für sich unfähig als Geldkapital zu wirken, … zu großen Massen vereinigt und bilden so eine Geldmacht. Diese Ansammlung kleiner Beträge muß als besondre Wirkung des Banksystems unterschieden werden von seiner Mittlerschaft zwischen den eigentlichen Geldkapitalisten und den Borgern. Endlich werden auch Revenuen, die nur allmälig verzehrt werden sollen, bei den Banken deponirt" (Marx 1894, S. 394).

Bedeutung produktiver Investitionen

Marx weist auf die zentrale Rolle produktiver Investitionen für die Zinserträge der Geldkapitalisten hin. Würde es keine industriellen Kapitalisten geben, die in der Realwirtschaft produktiv investieren, könnten die Sparer keine Zinserträge erzielen.

Der einzelne Kapitalist

… hat die Wahl, ob er sein Kapital als zinstragendes Kapital verleihen, oder als produktives Kapital selbst verwerthen will. Allgemein gefaßt, d. h. auf das ganze Gesellschaftskapital angewendet, wie dies von einigen Vulgärökonomen geschieht, und sogar als Grund des

Profits angegeben wird, ist dies natürlich verrückt. Die Verwandlung des sämmtlichen Kapitals in Geldkapital, ohne daß Leute da sind, die die Produktionsmittel kaufen und verwerthen, ... dies ist natürlich Unsinn. Es steckt der noch größre Unsinn darin, daß auf Basis der kapitalistischen Produktionsweise das Kapital Zins abwerfen würde, ohne als produktives Kapital zu fungiren, d. h. ohne Mehrwerth zu schaffen, wovon der Zins nur ein Theil; daß die kapitalistische Produktionsweise ihren Gang gehn würde ohne die kapitalistische Produktion (Marx 1894, S. 367–368).

Marx spricht auch das aktuell diskutierte Problem niedriger Zinsen infolge eines möglichen Überhangs der Ersparnisse über die Investitionen an:

Wollte ein ungebührlich großer Theil der Kapitalisten sein Kapital in Geldkapital verwandeln, so wäre die Folge ungeheure Entwerthung des Geldkapitals und ungeheurer Fall des Zinsfußes; viele würden sofort in die Unmöglichkeit versetzt, von ihren Zinsen zu leben, also gezwungen, sich in industrielle Kapitalisten rückzuverwandeln (Marx 1894, S. 368).

Die industriellen Kapitalisten sind dabei nichts anderes als Arbeitnehmer, die im Auftrag der Geldkapitalisten Mehrwert produzieren:

Der industrielle Kapitalist, als unterschieden vom Kapitaleigenthümer, erscheint daher nicht als fungirendes Kapital, sondern als Funktionär auch abgesehn vom Kapital, als einfacher Träger des Arbeitsprocesses überhaupt, als Arbeiter, und zwar als Lohnarbeiter. ... Er schafft Mehrwerth, nicht weil er als Kapitalist arbeitet, sondern weil er, abgesehn von seiner Eigenschaft als Kapitalist, auch arbeitet (Marx 1894, S. 372–373).

Spekulative Blasen und deren Platzen
Der Marktwert für fiktives Kapital bildet sich durch Angebot und Nachfrage auf den Wertpapiermärkten außerhalb des Verwertungsprozesses in der Realwirtschaft und kann durch Spekulationen über die erwarteten Einkünfte von dem realwirtschaftlich begründeten Fundamentalwert abweichen. Marx erklärt damit die Bildung von spekulativen Preisblasen auf Wertpapiermärkten und auch die Rolle, die Erwartungen dabei spielen:

Die selbständige Bewegung des Werths dieser Eigenthumstitel ... bestätigt den Schein, als bildeten sie wirkliches Kapital neben dem Kapital oder dem Anspruch, worauf sie möglicher Weise Titel sind. Sie werden nämlich zu Waaren, deren Preis eine eigenthümliche Bewegung und Festsetzung hat. Ihr Marktwerth erhält eine von ihrem Nominalwerth verschiedne Bestimmung, ohne daß sich der Werth (wenn auch die Verwerthung) des wirklichen Kapitals änderte. ... Der Marktwerth dieser Papiere ist zum Theil spekulativ, da er nicht nur durch die wirkliche Einnahme, sondern durch die erwartete, vorweg berechnete bestimmt ist (Marx 1894, S. 465).

Solche Finanzmarktblasen können durch einen Zinsanstieg am Geldmarkt platzen, was einen starken Verfall der Wertpapierpreise nach sich zieht, der aber nur vorübergehend ist und die Konzentration des Geldvermögens weiter steigen lässt:

In Zeiten einer Klemme im Geldmarkt werden diese Werthpapiere also doppelt im Preis fallen; erstens, weil der Zinsfuß steigt, und zweitens, weil sie massenhaft auf den Markt geworfen werden, um sie in Geld zu realisiren. Dieser Preisfall findet statt unabhängig davon, ob der Ertrag, den diese Papiere ihrem Besitzer sichern, konstant ist, wie bei den Staatseffekten, oder ob die Verwerthung des wirklichen Kapitals, das sie repräsentiren, wie bei industriellen Unternehmungen, möglicherweise durch die Störung des Reproduktionsprocesses mit betroffen wird. Im letztern Fall tritt nur zu der erwähnten Entwerthung noch eine weitere hinzu. Sobald der Sturm vorüber ist, steigen diese Papiere wieder auf ihre frühere Höhe, soweit sie nicht verunglückte oder Schwindelunternehmungen vorstellen. Ihre Depreciation in der Krise wirkt als kräftiges Mittel zur Centralisation des Geldvermögens (Marx 1894, S. 466).

Die Realwirtschaft ist davon nicht unbedingt betroffen:

Soweit die Entwerthung oder Werthsteigerung dieser Papiere unabhängig ist von der Werthbewegung des wirklichen Kapitals, das sie repräsentiren, ist der Reichthum einer Nation gerade so groß vor wie nach der Entwerthung oder Werthsteigerung. ... Soweit ihre Entwerthung nicht wirklichen Stillstand der Produktion und des Verkehrs auf Eisenbahnen und Kanälen, oder Aufgeben von angefangenen Unternehmungen ausdrückte, ... wurde die Nation um keinen Heller ärmer durch das Zerplatzen dieser Seifenblasen von nominellem Geldkapital (Marx 1894, S. 466).

Finanzkrisen

Aus seiner Kritik an Ricardos Quantitätstheorie des Geldes zog Marx den Schluss, dass Krisen nicht aus Störungen der Geldzirkulation (Umlauf von Bargeld) resultieren. Eine Krise hat „mit der currency nur insofern zu schaffen ..., als verrückte Einmischungen der Staatsgewalt in ihre Reglung die vorhandne Krise erschweren können wie 1847" (Marx 1851, S. 174).

Krisen entstehen vielmehr und unweigerlich aus einem fundamentalen Widerspruch des kapitalistischen Wirtschaftssystems, der hauptsächlich aus dem endogenen Kreditgeld resultiert. Das Kreditsystem, das sich durch zeitliche Trennung von Kauf und Verkauf entwickelt, ist einerseits Triebfeder der kapitalistischen Produktion, andererseits Haupthebel der Überproduktion und Überspekulation im Handel. Dabei führt mangelnde Haftung durch zu geringes Eigenkapital zu übermäßiger Risikobereitschaft:

Wenn das Kreditwesen als Haupthebel der Ueberproduktion und Ueberspekulation im Handel erscheint, so nur, weil der Reproduktionsproceß, der seiner Natur nach elastisch ist, hier bis zur äußersten Grenze forcirt wird, und zwar deshalb forcirt wird, weil ein großer Theil des gesellschaftlichen Kapitals von den Nichteigenthümern desselben angewandt wird, die daher ganz anders ins Zeug gehn als der ängstlich die Schranken seines Privatkapitals erwägende Eigenthümer, soweit er selbst fungirt. ... Das Kreditwesen beschleunigt daher die materielle Entwicklung der Produktivkräfte und die Herstellung des Weltmarkts, die als materielle Grundlagen der neuen Produktionsform bis auf einen gewissen Höhegrad herzustellen, die historische Aufgabe der kapitalistischen Produktionsweise ist. Gleichzeitig beschleunigt der Kredit die gewaltsamen Ausbrüche dieses Widerspruchs, die Krisen, und damit die Elemente der Auflösung der alten Produktionsweise (Marx 1894, S. 432).

Schon weil die Akkumulation von Leihkapital angeschwellt wird durch solche, von der wirklichen Akkumulation unabhängige, aber dennoch sie begleitende Momente, muß in bestimmten Phasen des Cyklus beständig Plethora von Geldkapital stattfinden, und diese Plethora mit der Ausbildung des Kredits sich entwickeln. Mit ihr muß sich also zugleich die

Nothwendigkeit entwickeln, den Produktionsproceß über seine kapitalistischen Schranken hinauszutreiben: Ueberhandel, Ueberproduktion, Ueberkredit. Gleichzeitig muß dies stets in Formen geschehn, die einen Rückschlag hervorrufen. … Die letzte Illusion des kapitalistischen Systems, als ob Kapital der Sprößling eigner Arbeit und Ersparung wäre, geht damit in die Brüche. Nicht nur besteht der Profit in Aneignung fremder Arbeit, sondern das Kapital, womit diese fremde Arbeit in Bewegung gesetzt und ausgebeutet wird, besteht aus fremdem Eigenthum, das der Geldkapitalist den industriellen Kapitalisten zur Verfügung stellt, und wofür er diesen seinerseits exploitirt (Marx 1894, S. 502–503).

Marx kritisiert damit auch die Auffassung von Banking-Theoretikern wie Fullarton und Tooke, dass Krisen allein im monetären Sektor durch Spekulation aus einem Überangebot an Geldkapital entstehen. Die Begrenzung der Akkumulation von Realkapital führe zu einer tendenziell fallenden Profitrate, sodass Krisen vielmehr aus einem Zusammenwirken der Akkumulation von Realkapital und Geldkapital entstehen (Miyata 2016, S. 23). So war z. B. die große internationale Finanzkrise und Bankenpanik 1866 nicht nur auf eine übermäßige Spekulation von Banken, sondern auch auf eine vorangegangene Depression in der Baumwollindustrie und Probleme in der Eisenbahnindustrie zurückzuführen. Engels und wahrscheinlich auch Marx, der zu dieser Zeit am letzten Entwurf des ersten Bandes des *Kapitals* arbeitete, hatten dabei auch vorausgesehen, dass die Einführung des Gesetzes beschränkter Haftung 1862 in England zu wachsender Überspekulation und anschließender Krise führen musste. Der zuvor wieder eingeführte Bank Act von 1844 musste in dieser Krise zum dritten Mal aufgehoben werden (Takenaga 2016).

Eine Finanzkrise, ausgelöst durch einen exogenen Schock, korrigiert die Überbewertung des an den Kapitalmärkten gehandelten Kreditgeldes als Zahlungsmittel:

> Wo daher die Kette der Zahlungen und ein künstliches System ihrer Ausgleichung sich entwickelt hat, schlägt bei Erschütterungen, die den Fluß der Zahlungen gewaltsam unterbrechen und den Mechanismus ihrer Ausgleichung stören, das Geld plötzlich aus seiner gasartigen hirngewebten Gestalt als Maß der Werte in hartes Geld oder Zahlungsmittel um. … Es ist dies das besondere Moment der Weltmarktskrisen, das Geldkrise heißt (Marx 1858–1861, S. 208).

Finanzkrisen sind unvermeidlich und können realwirtschaftliche Krisen verschärfen oder unabhängig davon auftreten:

> Solange der gesellschaftliche Charakter der Arbeit als das Gelddasein der Waare, und daher als ein Ding außer der wirklichen Produktion erscheint, sind Geldkrisen, unabhängig oder als Verschärfung wirklicher Krisen, unvermeidlich (Marx 1894, S. 511).

Im Gegensatz zur Mainstreamvolkswirtschaftslehre stellen solche Krisen keine Abweichungen von einem Gleichgewichtszustand dar, sondern Momente des Verwertungsprozesses, die insbesondere mit der Überakkumulation von Geldkapital zusammenhängen:

> Es ist dies die Aufhebung der kapitalistischen Produktionsweise innerhalb der kapitalistischen Produktionsweise selbst, und daher ein sich selbst aufhebender Widerspruch, der prima facie als bloßer Uebergangspunkt zu einer neuen Produktionsform sich darstellt. Als

solcher Widerspruch stellt er sich dann auch in der Erscheinung dar. Er stellt in gewissen Sphären das Monopol her und fordert daher die Staatseinmischung heraus. Er reproduzirt eine neue Finanzaristokratie, eine neue Sorte Parasiten in Gestalt von Projektenmachern, Gründern und bloß nominellen Direktoren; ein ganzes System des Schwindels und Betrugs mit Bezug auf Gründungen, Aktienausgabe und Aktienhandel. Es ist Privatproduktion ohne die Kontrolle des Privateigenthums (Marx 1894, S. 429–430).

Eine Finanzkrise stellt dabei keinen Zusammenbruch des Systems dar, sondern vielmehr eine Rekonstruktion, indem sich neue Produktionsweisen herausbilden:

> Die dem Kreditsystem immanenten doppelseitigen Charaktere: einerseits die Triebfeder der kapitalistischen Produktion, Bereicherung durch Ausbeutung fremder Arbeit, zum reinsten und kolossalsten Spiel- und Schwindelsystem zu entwickeln, und die Zahl der den gesellschaftlichen Reichthum ausbeutenden Wenigen immer mehr zu beschränken; andrerseits aber die Uebergangsform zu einer neuen Produktionsweise zu bilden, … (Marx 1894, S. 432).

Ohne Akkumulation von Geldkapital würde es nur realwirtschaftliche Konjunkturkrisen geben:

> Denken wir uns die ganze Gesellschaft bloß aus industriellen Kapitalisten und Lohnarbeitern zusammengesetzt. … Sehn wir ab ebenfalls von den Scheingeschäften und spekulativen Umsätzen, die das Kreditwesen fördert. Dann wäre eine Krise nur erklärlich aus Mißverhältniß der Produktion in verschiednen Zweigen, und aus einem Mißverhältniß, worin der Konsum der Kapitalisten selbst zu ihrer Akkumulation stände. … Es kommt aber nun zu diesem kommerciellen Kredit der eigentliche Geldkredit hinzu. Das Vorschießen der Industriellen und Kaufleute unter einander verquickt sich mit dem Vorschießen des Geldes an sie seitens der Bankiers und Geldverleiher. … So wird für jeden individuellen Fabrikanten oder Kaufmann sowohl die Nothwendigkeit eines starken Reservekapitals umgangen, wie die Abhängigkeit von den wirklichen Rückflüssen. Andrerseits aber komplicirt sich theils durch einfache Wechselreiterei, theils durch Waarengeschäfte zum Zweck der bloßen Wechselfabrikation der ganze Proceß so sehr, daß der Schein eines sehr soliden Geschäfts und flotter Rückflüsse noch ruhig fortexistiren kann, nachdem die Rückflüsse in der That schon längst nur noch auf Kosten theils geprellter Geldverleiher, theils geprellter Producenten gemacht worden sind. Daher scheint immer das Geschäft fast übertrieben gesund gerade unmittelbar vor dem Krach (Marx 1894, S. 480–481).

Der letzte Satz trifft auch auf die bis zuletzt vorherrschende Euphorie an den Finanzmärkten vor Ausbruch der Finanzkrise 2007 zu, die wohl auch deshalb kaum vorhergesehen wurde. Auch für das niedrige Zinsniveau danach findet sich eine Erklärung:

> Nicht jede Vermehrung des leihbaren Geldkapitals zeigt wirkliche Kapitalakkumulation oder Erweiterung des Reproduktionsprocesses an. Dies tritt am klarsten hervor in der Phase des industriellen Cyklus unmittelbar nach überstandner Krisis, wo Leihkapital massenhaft brach liegt. In solchen Momenten, wo der Produktionsproceß eingeschränkt ist …, wo die Preise der Waaren auf ihrem niedrigsten Punkt stehn, wo der Unternehmungsgeist gelähmt ist, herrscht niedriger Stand des Zinsfußes, der hier nichts anzeigt als Vermehrung des leihbaren Kapitals grade durch Kontraktion und Lähmung des industriellen Kapitals (Marx 1894, S. 482).

Bankenregulierung

Hätte die Finanzkrise durch Regulierung der Banken verhindert werden können? Von Marx wird dies verneint. Dabei beschreibt er auch die etablierte Sicht von konjunkturellen Schwankungen um den Wachstumspfad des Produktionspotenzials:

> Es verhält sich mit diesem industriellen Cyklus so, daß derselbe Kreislauf, nachdem der erste Anstoß einmal gegeben, sich periodisch reproduciren muß. Im Zustand der Abspannung sinkt die Produktion unter die Stufe, die sie im vorigen Cyklus erreicht, und wofür jetzt die technische Basis gelegt ist. In der Prosperität – der Mittelperiode – entwickelt sie sich weiter auf dieser Basis. In der Periode der Ueberproduktion und des Schwindels spannt sie die Produktivkräfte aufs höchste an, bis hinaus über die kapitalistischen Schranken des Produktionsprocesses. Daß es in der Periode der Krise an Zahlungsmitteln fehlt, ist selbsteinleuchtend. Die Konvertibilität der Wechsel hat sich substituirt der Metamorphose der Waaren selbst, und grade zu solcher Zeit um so mehr, jemehr ein Theil der Geschäftshäuser bloß auf Kredit arbeitet. Unwissende und verkehrte Bankgesetzgebung, wie die von 1844–45, kann diese Geldkrise erschweren. Aber keine Art Bankgesetzgebung kann die Krise beseitigen (Marx 1894, S. 485–486).

Liquiditätskrise und Geldpolitik durch die Zentralbank

In einer Finanzkrise wird immer mehr Geld gehortet. Der Zusammenbruch des Vertrauens der Banken untereinander führt zu einer Liquiditätskrise am Geldmarkt, wie sie auch 2007/2008 zutage getreten ist:

> Sowie die Krise hereinbricht, handelt es sich nur noch um Zahlungsmittel. Da aber jeder vom andern abhängig ist für den Eingang dieser Zahlungsmittel und keiner weiß, ob der andre imstand sein wird, am Verfalltag zu zahlen, tritt ein vollständiges Kirchthurmrennen ein um die im Markt befindlichen Zahlungsmittel, d. h. für Banknoten. Jeder schatzt davon auf, so viele er erhalten kann, und so verschwinden die Noten aus der Cirkulation am selben Tag, wo man sie am nöthigsten braucht (Marx 1894, S. 522).

> Endlich, im Moment der Krise, versagt die Wechselcirkulation gänzlich; kein Mensch kann Zahlungsversprechen brauchen, da jeder nur Baarzahlung nehmen will; nur die Banknote bewahrt, wenigstens bis jetzt in England, die Umlaufsfähigkeit, da die Nation mit ihrem Gesammtreichthum hinter der Bank von England steht (Marx 1894, S. 534).

Marx spricht sich für eine gesetzlich unbegrenzte Bereitstellung von Zentralbankgeld (damals staatlich anerkannte Banknoten der Emissionsbanken) in der Krise aus, der Ankauf schlechter Wertpapiere durch die Zentralbank kann jedoch keine Lösung sein:[22]

> In einem Produktionssystem, wo der ganze Zusammenhang des Reproduktionsprocesses auf dem Kredit beruht, wenn da der Kredit plötzlich aufhört und nur noch baare Zahlung gilt, muß augenscheinlich eine Krise eintreten, ein gewaltsamer Andrang nach Zahlungsmitteln. Auf den ersten Blick stellt sich daher die ganze Krise nur als Kreditkrise und Geldkrise

---

[22]Vgl. dazu ausführlich Winterfeld (2015).

dar. Und in der That handelt es sich nur um die Konvertibilität der Wechsel in Geld. Aber diese Wechsel repräsentiren der Mehrzahl nach wirkliche Käufe und Verkäufe, deren das gesellschaftliche Bedürfniß weit überschreitende Ausdehnung schließlich der ganzen Krisis zu Grunde liegt. Daneben aber stellt auch eine ungeheure Masse dieser Wechsel bloße Schwindelgeschäfte vor, die jetzt an's Tageslicht kommen und platzen; ferner mit fremdem Kapital getriebne, aber verunglückte Spekulationen; ... Das ganze künstliche System gewaltsamer Ausdehnung des Reproduktionsprocesses kann natürlich nicht dadurch kurirt werden, daß nun etwa eine Bank, z. B. die Bank von England, in ihrem Papier allen Schwindlern das fehlende Kapital gibt und die sämmtlichen entwertheten Waaren zu ihren alten Nominalwerthen kauft. Uebrigens erscheint hier alles verdreht, da in dieser papiernen Welt nirgendswo der reale Preis und seine realen Momente erscheinen ... der ganze Vorgang wird unbegreiflich; ... (Marx 1894, S. 486–487).

Die da sagen, daß blos Mangel an Zahlungsmitteln existirt, haben entweder blos die holders von bona fide securities im Auge, oder sind Narren, die glauben es sei die Pflicht, oder die Macht einer Bank, durch Papierzettel alle bankrotten Schwindler in zahlungsfähige Leute zu verwandeln (Marx 1863–1867, S. 594).

7.4   Zusammenfassung und Einordnung

Marx kann mit seiner unvollendeten Geld- und Kredittheorie die Finanzkrise 2007/2008 besser erklären als die heute üblicherweise gelehrten ökonomischen Theorien. Dies erschließt sich insbesondere aus der Lektüre des dritten Bandes des *Kapitals*, den *Ökonomischen Manuskripten* dazu (geschrieben 1863–1865) und den *Londoner Heften* (geschrieben 1850–1853).

Zentrale Aspekte für die Einordnung der Marx'schen Geld- und Kredittheorie sind seine Ansichten zu Wesen und Erscheinungsformen des Geldes, Endogenität und Neutralität des Geldes sowie Krediten, Zinsen und Krisen.

Im Gegensatz zur (neo)klassischen Geldtheorie sieht Marx Geld nicht nur als Tauschmittel, das wie ein Schmiermittel lediglich der Abwicklung realwirtschaftlicher Transaktionen dient und die Realwirtschaft nicht berührt. Vielmehr entsteht Geld auch aus Krediten zur zeitlichen Überbrückung von Zahlungen, welche für realwirtschaftliche Investitionen nachgefragt werden. Geld ist damit endogen und nicht neutral. Marx ist ein Gegner der Quantitätstheorie des Geldes und Currency School, welche Geld als neutral und exogen, d. h. von der Zentralbank kontrollierbar, betrachten und davon ausgehen, dass zu viel Geld langfristig nur zu einem Werteverfall des Geldes, d. h. Inflation, führt. Diese auch heute noch von Vertretern der Neoquantitätstheorie oder Monetaristen vertretene Ansicht kann zwar Inflation als langfristiges Phänomen erklären, jedoch keine Finanz- und Bankenkrisen. Dies gilt auch für die modernen neoklassischen Gleichgewichtsmodelle der Makroökonomik, in denen weder Geld noch Banken vorkommen.

Ebenso wie Keynes betrachtet Marx auch die Wertaufbewahrungsfunktion des Geldes, entwickelt aber daraus keine einzelwirtschaftliche Geldnachfragetheorie. Nach Keynes hängt die einzelwirtschaftliche Nachfrage nach Geld von der Höhe des Einkommens und der Verzinsung alternativer Anlagen wie festverzinslicher Wertpapiere ab. Eine Ausdehnung der Geldmenge würde bei gegebenem Volkseinkommen den Wertpapierzins senken, womit die Nachfrage nach Geld als Wertaufbewahrungsmittel abnimmt und realwirtschaftliche Investitionen angeregt werden, deren Rendite (Grenzleistungsfähigkeit des Kapitals) mindestens so hoch ist. Geld ist deshalb nach Keynes exogen, aber nicht neutral. Schwankungen der gesamtwirtschaftlichen Nachfrage auf Güter- und Geldmärkten können zu Krisen führen, die durch den Marktmechanismus nicht automatisch beseitigt werden. Keynes und Marx stimmen darin überein, dass monetäre Prozesse wie Spekulationen auf Finanzmärkten zu systemimmanenten Ungleichgewichten führen. Dies wird vom ökonomischen Mainstream verkannt, der mit der sog. neoklassischen Synthese die Keynes'sche Theorie als Theorie vorübergehender Abweichungen vom Vollbeschäftigungsgleichgewicht interpretierte und damit in die allgemeine Gleichgewichtstheorie integrierte (Stützle 2009; Hahn 1999, S. 59–63). Postkeynesianische Ansätze (z. B. Minsky, Kaldor) erweitern die keynesianische Geldtheorie durch portfoliotheoretische Überlegungen, Kreditnachfrage und Kreditangebot der Geschäftsbanken und erklären damit die Endogenität des Geldes (vgl. Busch 2004, S. 144). Neukeynesianische Ansätze eines finanziellen Akzelerators (z. B. Bernanke et al. 1996; Kiyotaki und Moore 1997) können durch Kredite getriebene Konjunkturzyklen erklären, beruhen aber wie die neoklassische Synthese auf der Annahme eines stabilen Gleichgewichts. Minsky, inspiriert von Keynes, erklärt dagegen größere Finanzkrisen als dynamische und unvermeidbare Entwicklungen im Finanzsystem und wird deshalb wieder viel gelesen (Minsky 1992; Economist 2016; Palley 2011).

Die Marx'sche Geld- und Kredittheorie unterscheidet sich von den Ansätzen des ökonomischen Mainstreams insbesondere durch die Auffassung einer gesellschaftlichen, von den Intentionen der einzelnen Wirtschaftssubjekte unabhängigen Dynamik, die nicht zu einem Gleichgewicht, sondern zu Widersprüchen und damit unweigerlich zu immer wiederkehrenden Katastrophen führt. Diese entwickeln sich aus der Überakkumulation von Geldkapital bei fehlender Profitabilität realwirtschaftlicher Investitionen, wobei sich auch die Erscheinungsformen des Geldes wandeln. Damit sieht Marx zunehmende Widersprüche durch wachsende Konzentration und Ungleichheit des Geldvermögens voraus.

Die Finanzkrise 2007/2008 wäre danach weder einzigartig noch auf das Versagen einzelner Marktakteure (und damit auch nicht auf eine vermeintliche „Gier") zurückzuführen. Folgende Merkmale bzw. treibenden Kräfte dieser Krise können mit Marx erklärt werden:

1. übermäßiges Wachstum der Kreditvergabe und Finanzintermediation durch Verbriefung und Verkauf von Ansprüchen auf zukünftige Erträge (fiktives Kapital),
2. Wachstum von virtuellem Geld aus der Kreditvergabe der Banken und multiple Geldschöpfung im fraktionalen Reservesystem,
3. Abkoppelung der Geldwirtschaft von der Realwirtschaft durch unproduktive Kredite und spekulative Blasen auf Finanzmärkten,

4. Anstieg von Geldkapitalzinsen über Renditen auf Realkapital durch spekulative, kreditfinanzierte Investitionen,
5. zunehmende Konzentration des Geldvermögens und zunehmender Anteil von Geldvermögensbesitzern relativ zu Unternehmern im nichtfinanziellen Sektor,
6. Platzen einer spekulativen Blase durch Zinsanstieg,
7. Ausbreitung der Krise durch gegenseitige Abhängigkeiten und Spiralmechanismen auf Märkten,
8. Liquiditätskrise am Interbankenmarkt durch Zusammenbruch von Vertrauen,
9. Zunahme der Geldvermögenskonzentration und niedriges Zinsniveau nach der Krise.

Marx spricht sich für eine unbegrenzte Bereitstellung von Zentralbankgeld in der Krise aus, wie wir sie heute in der liquiditätszuführenden und unkonventionellen Geldpolitik der Zentralbanken finden, weist aber darauf hin, dass ein Ankauf schlechter Wertpapiere zur Rettung von Banken das System nicht kurieren kann.

Eine solche Krise hätte nach Marx durch keine Bankenregulierung verhindert werden können. Er versteht darunter jedoch eine Regulierung der Geldschöpfung der Geschäftsbanken (z. B. 100 % Reservesatz[23]), wie sie heutzutage von den Befürwortern einer Vollgeldreform gefordert wird. Eine solche Regulierung würde die Krise eher verschärfen, da sie die Endogenität des Geldes aus dem Kreditbedarf der Wirtschaft außer Acht lässt. Über andere mögliche Maßnahmen der Bankenregulierung, wie die aktuellen Baseler Eigenkapitalvorschriften, hatte Marx noch nicht nachgedacht. Im Gegensatz zu den Vorschlägen einer Vollgeldreform setzen diese an der übermäßigen Verschuldung der Banken als Haupttreiber von Finanzkrisen an. Das Anreizproblem, bei zu wenig Eigenkapital und fehlender Haftung übermäßige Risiken einzugehen, hatte Marx durchaus gesehen. Zur damaligen Zeit gab es aber noch keine Einlagensicherungssysteme und bis 1862 wurden Banken in England als Personengesellschaften mit unbeschränkter Haftung geführt, sodass sie weniger Anreiz hatten, ihre Eigenkapitalquoten auf Kosten der Gesellschaft zu senken (Admati und Hellwig 2013, S. 30).

Nach Marx werden Bankenregulierungen den immanenten Widerspruch des kapitalistischen Wirtschaftssystems, wonach das endogene Kreditgeld zugleich Triebfeder der Produktion und Triebfeder der Überproduktion und Überspekulation ist, nicht beheben können. Das Kreditgeld wird sich nach Krisen und (Re)Regulierungen neue Wege und neue Erscheinungsformen[24] suchen, um die Renditen der Geldkapitalisten auf Kosten der

---

[23]Damals 100 % Golddeckung, heute 100 % Zentralbankgeld (Bargeld und Sichteinlagen der Geschäftsbanken bei der Zentralbank) bezogen auf Einlagen der Nichtbanken bei Geschäftsbanken.

[24]So sind z. B. die Aktivitäten von Schattenbanken wie Geldmarktfonds, Investmentfonds und Hedgefonds in den letzten Jahren stark gestiegen. Dabei handelt es sich um Kreditvermittlung durch Einheiten und Aktivitäten außerhalb des regulären Bankensystems. Die Erfahrungen aus der Finanzkrise 2007/2008 zeigen, dass einige Nichtbanken und Transaktionen in großem Umfang so agieren können, dass bankenähnliche Risiken (längerfristige Kreditvergabe auf der Grundlage kurzfristiger Finanzierung und Hebelwirkung) für die Finanzstabilität entstehen (FSB 2018).

industriellen Kapitalisten und Arbeitnehmer zu maximieren. Die nächste Finanzkrise ist damit vorprogrammiert.

Abschließend sei noch bemerkt, dass Elemente der Marx'schen Geld- und Kredittheorie bei Schumpeter (1883–1950) zu finden sind. Dieser hat ebenfalls den Kredit als Motor der wirtschaftlichen Entwicklung (Schumpeter 1926) und Geld als „ein Element des sozialen Gesamtprozesses" gesehen. Die Erforschung des Geldes ist seiner Meinung nach „Angelegenheit sowohl der ökonomischen Theorie als auch der Soziologie" (Schumpeter 1970, S. 12), aber auch anderer Disziplinen wie der Geschichte, Ethnologie und Statistik (Busch 2004, S. 139). Geldtheoretische Phänomene wie die aktuelle Finanzkrise werden aber selten multidisziplinär erklärt. Eine Ausnahme bilden die sozioökonomischen Analysen von Reifner (2017a, 2017b, 2017c), der wie Marx Geld primär als Kreditgeld auffasst und die Bedeutung produktiver Kredite für Wohlstand und Stabilität des Finanzsystems hervorhebt. Er kritisiert den verengten Blickwinkel der Ökonomen auf den Tauschwert des Geldes und seinen Gebrauch innerhalb kapitalistischer Produktionsverhältnisse. Tatsächlich existierte Geld weit vor dem Tausch (Graeber 2012; Herrmann 2016, S. 109 ff.) und wird neben der Tauschgesellschaft in den anderen Bereichen reziproker Wirtschaft verwendet. Durch Einbezug soziologischer Kategorien wie Herrschaft, Macht, Ausbeutung, Raub, Krieg, aber auch Kooperation und Kommunikation lassen sich die eigentlichen, tiefer liegenden Ursachen von Krisen, aber auch andere Formen der Kooperation erklären. So entstanden die wucherischen Hypothekenkredite der US-Subprime-Krise nicht aus einem ungerechten Tausch, sondern durch Ausbeutung unabdingbarer Gebrauchswertinteressen, des Grundbedürfnisses an Wohnung. Daraus wurde dann über die Verbriefung eine aufgeblasene In-sich-Zirkulation von Geld produziert, die ihre Nützlichkeit in der Organisation von Kooperation (Produktion wie Konsumption) nirgends mehr erweisen musste, bis es krachte. Bei den Ökonomen ist Geld nur Vermittler oder Katalysator für diese Entwicklungen. Dies greift zu kurz.[25] Marx leitet den Wert des Geldes zwar auch aus dem Tausch ab, der Tauschprozess beruht bei ihm aber auf Enteignung und Zwang. Gegenstände der Ökonomen, die den sozialen Gehalt und gesellschaftliche Verhältnisse ausklammern, kritisiert er in seiner „Kritik der politischen Ökonomie" (Untertitel des *Kapitals*) als fetischistisch (vgl. z. B. Heinrich 2017). Mit seiner Kredittheorie des Geldes im dritten Band des *Kapitals* erklärt er eine dem kapitalistischen Wirtschaftssystem immanente Ausbeutung von Kreditnehmern durch Kreditgeber.

---

[25]Daraus folgt auch, dass die gegenwärtigen Regulierungen nicht ausreichen. Eine nachhaltige Banken- und Finanzmarktregulierung müsste an der Entstehung wertloser Forderungen durch Wucher und Derivate ansetzen (Reifner 2017c).

Literatur

Admati AR, Hellwig MF (2013) The bankers' new clothes. What's wrong with banking and what to do about it. Princeton University Press, Princeton

Arnon A (2011) Monetary theory and policy from Hume and Smith to Wicksell. Money, credit, and the economy. Cambridge University Press, Cambridge

Bagehot W (1873) Lombard street: a description of the money market. Henry S. King and Co, London

Benes J, Kumhof M (2012) The Chicago plan revisited. IMF working paper 12/202, International Monetary Fund

Bernanke B, Gertler M, Gilchrist S (1996) The financial accelerator and the flight to quality. Rev Econ Stat 78(1):1–15

Bofinger P (2017) Realwirtschaftliche Modelle sind überholt. Frankfurter Allgemeine Zeitung, 19. Juli 2017. http://blogs.faz.net/fazit/2017/07/19/realwirtschaftliche-modelle-sind-ueberholt-8932/. Zugegriffen: 4. Aug. 2017

Busch U (2004) Alternative Geldtheorien und linker Geldfetischismus. UTOPIE Februar 2004(160):137–149

Colander D, Goldberg M, Haas A, Juselius K, Kirman A, Lux T, Sloth B (2009) The financial crisis and the systemic failure of the economics profession. Crit Rev 21(2–3):249–67

Deutsche Bundesbank (2004) Monatsbericht April 2004

Deutsche Bundesbank (2017) Monatsbericht April 2017

Economist (2016) Financial stability. Minsky's moment. The Economist, 30 July 2016. https://www.economist.com/economics-brief/2016/07/30/minskys-moment. Zugegriffen: 22 Mai 2018

FSB (2018) Global Shadow Banking Monitoring Report 2017. Financial Stability Board, 5 March 2018.

Graeber D (2012) Schulden: Die ersten 5000 Jahre. Klett-Cotta, Stuttgart

Hahn YB (1999) Die Geldtheorie von Marx und Keynes, Ein Vergleich in Bezug auf den Krisenbegriff in der Geldwirtschaft. Dissertation, FU Berlin

Haldane AG (2016) The dappled world. GLS Shackle Biennial Memorial Lecture, 10 November 2016, Bank of England

Haldane AG, Aikman D, Kapadia S, Hinterschweiger M (2017) Rethinking Financial Stability. Bank of England. https://www.bankofengland.co.uk/-/media/boe/files/speech/2017/rethinking-financial-stability.pdf?la=en&hash=C6F5991F2DD69E1C84610B0EBE51FB03F5F62E61. Zugegriffen: 10. Mai 2018

Haldane AG, Turrell AE (2018) An interdisciplinary model for macroeconomics. Oxf Rev Econ Policy 34(1–2):219–251

Heinrich M (2017) Die Wissenschaft vom Wert. Die Marxsche Kritik der politischen Ökonomie zwischen wissenschaftlicher Revolution und klassischer Tradition, 7. Aufl. Westfälisches Dampfboot, Münster

Hellwig M (2008) The causes of the financial crisis. CESifo Forum 4(2008):12–21

Herrmann U (2015) Die Krise der Ökonomen. taz, 2.12.2015. http://www.taz.de/!5252356/. Zugegriffen: 10. Mai 2018

Herrmann U (2016) Der Sieg des Kapitals: Wie der Reichtum in die Welt kam: Die Geschichte von Wachstum, Geld und Krisen, 7. Aufl. Piper, München

Herrmann U (2018) Kein Kapitalismus ist auch keine Lösung. Die Krise der heutigen Ökonomie oder Was wir von Smith, Marx und Keynes lernen können. Piper, München

Issing O (2014) Einführung in die Geldtheorie, 15. Aufl. Vahlen, München

Jarchow H-J (2010) Grundrisse der Geldtheorie, 12. Aufl. Lucius & Lucius, Stuttgart

Jarchow H-J (2017) Änderungen, insbesondere Aktualisierungen zu: Hans- Joachim Jarchow, Grundriss der Geldpolitik. 9., aktual. u. erw. Aufl., Stuttgart 2010. http://www.utb-shop.de/downloads/dl/file/id/563/aktualisierungen_stand_oktober_2017.pdf. Zugegriffen: 10. Mai 2018

Keynes JM (1936) The general theory of employment, interest and money. Harcourt, London

Kindleberger CP (2001) Manias, panics, and crashes: a history of financial crises, 4. Aufl. Wiley, New Jersey

Kiyotaki N, Moore J (1997) Credit cycles. J Polit Econ 105:211–248

Kogan A (1991) Aktuelle Probleme der Marxschen Geldtheorie in den „Grundrissen der Kritik der politischen Ökonomie". Marx-Engels-Jahrbuch 13:241–261

Krugman P (2011) The profession and the crisis. East Econ J 37(3):307–12

Leijonhufvud A (2000) Macroeconomic instability and coordination: selected essays. Elgar, Cheltenham

Marx K (1850–1853) Londoner Hefte 1850–1853, in: MEGA IV/7

Marx K (1851) Marx an Engels, 3. Februar 1851, In: MEW, Bd 27

Marx K (1857/1858) Ökonomische Manuskripte 1857/1858 (Grundrisse der Kritik der politischen Ökonomie) 2., unveränd. Aufl. 2006, in: MEGA II/1

Marx K (1859) Ökonomische Manuskripte und Schriften, 1858–1861. (Zur Kritik der politischen Ökonomie u. a.) 1980, in: MEGA II/2

Marx K (1863–1867) Ökonomische Manuskripte 1863–1867. Teil 2. (Manuskript 1863/65 zum 3. Buch des „Kapital"), 2. unveränd. Aufl. 2012, in: MEGA II/4.2

Marx K (1885) Das Kapital. Kritik der politischen Ökonomie. Zweiter Band. Herausgegeben von Friedrich Engels. Hamburg 1885. 2008, in: MEGA II/13

Marx K (1890) Das Kapital. Kritik der Politischen Ökonomie. Erster Band, Hamburg 1890. 1991, in: MEGA II/10

Marx K (1894) Das Kapital. Kritik der politischen Ökonomie. Dritter Band. Herausgegeben von Friedrich Engels. Hamburg 1894. 2004, in: MEGA II/15

Minsky H (1992) The financial instability hypothesis. The Jerome Levy Economics Institute of Bard College, Working paper No. 74

Minsky HP (2008) Stabilizing an unstable economy, Bd 1. McGraw Hill, New York

Miyata K (2016) Karl Marx's credit theory. The relation between the accumulation of monied capital and the accumulation of real capital. Marx-Engels Jahrbuch 2015/16. De Gruyter, Berlin, S 10–27

Moseley F (2015) Introduction. In: Moseley F (Hrsg) Marx's theory of money. Modern appraisals. Palgrave Macmillan, Basingstoke, S 1–18

Palley T (2011) A theory of Minsky super cycles and financial crisis. Contrib Polit Econ 30(1):31–46

Reifner U (2017a) Das Geld 1. Ökonomie des Geldes – Kooperation und Akkumulation. Springer VS, Wiesbaden

Reifner U (2017b) Das Geld 2. Soziologie des Geldes – Heuristik und Mythos. Springer VS, Wiesbaden

Reifner U (2017c) Die Finanzkrise. Für ein Wucher- und Glücksspielverbot. Springer VS, Wiesbaden

Roubini N, Mihm S (2010) Das Ende der Weltwirtschaft und ihre Zukunft – Crisis Economics. Campus, Frankfurt

Sachverständigenrat (2007) Jahresgutachten 2007/08, Drittes Kapitel: Stabilität des internationalen Finanzsystems. Sachverständigenrat zur Begutachtung der gesamtwirtschaftlichen Entwicklung. Wiesbaden

Schumpeter JA (1926) Theorie der wirtschaftlichen Entwicklung, 5. Aufl. Duncker & Humblot, Berlin (Wiederabdruck 1952)

Schumpeter JA (1965) Geschichte der ökonomischen Analyse I. Vandenhoeck & Ruprecht, Göttingen

Schumpeter JA (1970) Das Wesen des Geldes. Vandenhoeck & Ruprecht, Göttingen

Stiglitz JE (2018) Where modern macroeconomics went wrong. Oxf Rev Econ Policy 34(1–2):70–106

Stützle I (2009) To be or not to be a Keynesian – ist das die Frage? Kritik und Grenzen wirtschaftspolitischer Alternativen. PROKLA. Z Krit Sozial 39(157):607–623

Takenaga S (2016) Marx's Exzerpthefte of the later 1860s and the economic crisis of 1866. Marx-Engels Jahrbuch 2015/16. De Gruyter, Berlin, S 71–102

Wassina L (1983) Die Ausarbeitung der Geldtheorie durch Karl Marx in den Londoner Heften (1850–1851). Marx-Engels Jahrbuch, Nr. 6. De Gruyter, Berlin, S 148–172

Winterfeld M (2015) Die Überproduktionskrise, das Finanzkapital und die Gelddruckerei der Zentralbank. Zur Aktualisierung der Marxschen Geld- und Krisentheorie. Krit Perspekt 2015(10):1–42

Doris Neuberger ist Professorin für Volkswirtschaftslehre an der Universität Rostock, Research Fellow DIW Berlin, Forschungsdirektorin iff Hamburg und Kodirektorin CERBE (Center for Relationship Banking and Economics) Rom. Ihre Forschungsschwerpunkte sind Household Finance und Verbraucherschutz, Finanzierung von KMU, Industrieökonomik der Bank, Finanzsysteme, Gesellschaftliche Rolle von Banken.

The manufacturer's authorised representative in the EU is Springer
Nature Customer Service Centre GmbH, Europaplatz 3, 69115 Heidelberg,
Germany. If you have any concerns regarding our products, please
contact ProductSafety@springernature.com

Printed and bound by CPI Group (UK) Ltd, Croydon, CR0 4YY
29/04/2026
02099965-0004